Anti-semitismo e nacionalismo, negacionismo e memória

FUNDAÇÃO EDITORA DA UNESP

Presidente do Conselho Curador
Marcos Macari

Diretor-Presidente
José Castilho Marques Neto

Editor Executivo
Jézio Hernani Bomfim Gutierre

Conselho Editorial Acadêmico
Antonio Celso Ferreira
Cláudio Antonio Rabello Coelho
Elizabeth Berwerth Stucchi
Kester Carrara
Maria do Rosário Longo Mortatti
Maria Encarnação Beltrão Sposito
Maria Heloísa Martins Dias
Mario Fernando Bolognesi
Paulo José Brando Santilli
Roberto André Kraenkel

Editores Assistentes
Anderson Nobara
Denise Katchuian Dognini
Dida Bessana

CARLOS GUSTAVO NÓBREGA DE JESUS

Anti-semitismo e nacionalismo, negacionismo e memória
Revisão Editora e as estratégias da intolerância (1987-2003)

© 2006 Editora UNESP

Direitos de publicação reservados à:
Fundação Editora da UNESP (FEU)
Praça da Sé, 108
01001-900 – São Paulo – SP
Tel.: (0xx11) 3242-7171
Fax: (0xx11) 3242-7172
www.editoraunesp.com.br
feu@editora.unesp.br

CIP – Brasil. Catalogação na fonte
Sindicato Nacional dos Editores de Livros, RJ

J56a

Jesus, Carlos Gustavo Nóbrega de
Anti-semitismo e nacionalismo, negacionismo e memória: Revisão Editora e as estratégias da intolerância, 1987-2003/Carlos Gustavo Nóbrega de Jesus. — São Paulo: Editora UNESP, 2006.

Anexos
Inclui bibliografia
ISBN 85-7139-713-9

1. Castan, S. E. 2. Revisão Editora. 3. Negação do holocausto - Brasil.
4. Literatura de negação do holocausto - Brasil. 5. Anti-semitismo - Brasil.
6. Neonazismo - Brasil. I. Título.

06-3950.   CDD 070.5098165
                                                           CDU 655.41(816.5)

Este livro é publicado pelo projeto *Edição de Textos de Docentes e Pós-Graduados da UNESP* – Pró-Reitoria de Pós-Graduação da UNESP (PROPG) / Fundação Editora da UNESP (FEU)

Editora afiliada:

*Dedico este trabalho a Roberto Paulo e Diva Nóbrega,
meus avós, que despertaram em mim o gosto pela leitura.*

AGRADECIMENTOS

Para a realização deste trabalho, contei com ajuda de várias pessoas e instituições, às quais gostaria de agradecer.

Primeiramente, à professora Tania Regina de Luca, não só por seu profissionalismo e sua dedicação, já conhecidos e reconhecidos, mas, antes de tudo, por ter confiado em mim e ter se dedicado integralmente a este trabalho.

Ao CNPq, por ter possibilitado minha dedicação integral à pesquisa.

À Unesp de Assis, por ter possibilitado minha formação acadêmica da graduação à pós-graduação.

Aos professores Jaime Pinsk e René Gertz, pelo apoio e interesse pelo trabalho.

Aos professores Paulo Henrique Martinez e Zélia Lopes da Silva, pelas preciosas leituras no exame de qualificação.

Ao professor Antonio Celso Ferreira, pelos conselhos e contribuições em sua disciplina Teoria e Método.

A Sueli e Fátima, da seção de pós-graduação.

Ao Conselho de Pós-graduação, com o qual muito aprendi e convivi durante dois anos.

Aos meus pais Lucia e Carlos, por estarem sempre por perto nos momentos difíceis.

Ao meu irmão Carlos Márcio, por acreditar em meu trabalho e sempre me ajudar.

Aos meus avós Diva e Roberto, que, além de me apoiarem, sempre incentivaram meu gosto pela leitura desde a infância.

Aos meus tios José Paulo e Fábio, por me ajudarem nos momentos difíceis.

A Maria José, que cuidou de mim desde pequeno e a ela reservo o posto de segunda mãe.

A Rodrigo Novello, Welly, Ramiro, Marquinhos e Marco Antônio, amigos de Sorocaba, que sempre me escutaram e me ajudaram.

Aos colegas do grupo de estudo "Intelectuais e Cultura", pelo apoio e contribuição.

Aos amigos Sancho, Sérgio Fonseca, Jose Estevam, João Fernando, Celso Carvalho, Patrícia Marcondes, Carol, Grazielle, Fábio Roela, Valéria, Camila Ruiz, Edvaldo, Eduardo Giavara, Eduardo Martins, Rogério Hivano, Rogério Entriger, Francis, Marco Aurélio (Valadão), Carlão, Vinicius, Edinei (Go), Josinei, André e Alexandre Fiúza, pelo apoio nos anos de pesquisa.

Finalmente, à minha companheira Renata, a quem devo toda minha gratidão por estar sempre ao meu lado, cuidar de mim, me apoiar e, principalmente, por ter tido paciência para agüentar meu mau humor, típico daqueles que pesquisam.

Visão de 1944

Meus olhos são pequenos para ver a massa de silêncio concentrada
por sobre a onda severa, piso oceânico esperando a passagem dos soldados. [...]

Meus olhos são pequenos para ver o transporte de caixa de comida,
de roupas, de remédios, de bandagens para um ponto da Itália onde se morre.

Meus olhos são pequenos para ver o corpo pegajento das mulheres
que foram lindas, beijo cancelado na produção de tanques e granadas. [...]

Meus olhos são pequenos para ver a fila de judeus de roupa negra,
de barba negra, prontos a seguir para perto do muro – e o muro é branco. [...]

Meus olhos são pequenos para ver países mutilados como troncos,
proibidos de viver, mas em que a vida lateja subterrânea e vingadora. [...]

Meus olhos são pequenos para ver atrás da guerra, atrás de outras derrotas,
essa imagem calada, que se aviva, que ganha em cor, em forma e profusão. [...]

Meus olhos são pequenos para ver essa mensagem franca pelos mares,
entre coisas outrora envilecidas e agora a todos, todas ofertadas.

Meus olhos são pequenos para ver o mundo que se esvai em sujo e sangue,
outro mundo que brota, qual nelumbo – mas vêem, pasmam, baixam deslumbrados.

Carlos Drummond de Andrade

Sumário

Introdução   15

1 Negacionismo e intolerância no final do século XX   21
2 Negacionismo e memória: pressupostos discursivos   51
3 O anti-semitismo e a Revisão Editora   93
4 Dos processos às novas estratégias   121

Considerações finais   155
Fontes e referências bibliográficas   161
Anexos   175

PREFÁCIO

O interesse pela Segunda Guerra Mundial nunca se circunscreveu ao restrito círculo dos especialistas, como bem atesta não apenas a quantidade e a diversidade da produção historiográfica, mas também os muitos filmes, documentários, romances, literatura de testemunho, exposições e debates em torno do tema. A passagem do cinqüentenário do final dos combates em 2005, efeméride comemorada pelos governos de uma Europa que se esforça por ultrapassar diferenças e apresentar-se coesa, recolocou o evento na agenda da mídia, num momento em que o número de sobreviventes é cada vez mais raro. Em breve, não haverá mais ninguém que possa, com a autoridade conferida pela experiência direta, afirmar "eu estive lá e vi".

Nesse contexto em que os historiadores estão prestes a se tornar os únicos intérpretes de acontecimentos tão traumáticos, coloca-se em xeque a existência do Holocausto. Questão aparentemente sem sentido e surpreendente que, há algumas décadas, não se ousaria propor. Entretanto, por mais que pareça absurda, é bom tomá-la a sério. É certo que a investida provém de pequenos grupos marcados pelo fanatismo, porém não se pode desprezar o fato de que contam, para difundir idéias e valores, com a internet, potente meio de comunicação de massa.

O trabalho de Carlos Gustavo tem o mérito de propor esse debate. O autor contextualiza o surgimento do neonazismo e acompanha como, no interior da própria produção acadêmica, algumas vozes elaboraram um discurso que se auto-intitula revisionista, por pretender reavaliar o Holocausto. Tal discurso – ancorado na idéia de que toda verdade histórica é relativa, que os documentos são parciais e que não há como estabelecer uma interpretação definitiva em História – pretende contestar os dados sobre o número dos que pereceram e, no limite, até mesmo a existência do extermínio em massa. Esse relativismo extremado está, como destaca o autor, em profundo desacordo com os procedimentos teórico-metodológicos adotados pelos historiadores profissionais, que têm se oposto de forma veemente a essas grosseiras manipulações do passado.

O cerne da pesquisa concentra-se na Revisão Editora, porta-voz nacional das idéias aqui alinhavadas. O surgimento da empresa, a trajetória pessoal de seu proprietário, as obras e produtos oferecidos pela Revisão são exaustivamente analisados. Vale destacar o cuidado em diferenciar as várias fases da editora, desde os seus primórdios até o momento em que, acusada de discriminação racial, passou a enfrentar a justiça. Esse percurso só foi possível graças ao acompanhamento sistemático dos catálogos e das várias páginas que compuseram o *site* da Revisão Editora ao longo do tempo. E se o meio virtual é marcado pela falta de perenidade e fluidez, ressalte-se que foi graças ao pesquisador que se preservaram as sucessivas formas como a página apresentou-se aos internautas.

Ademais da correção acadêmica e riqueza do corpo documental apresentado, não se deve perder de vista a importância do trabalho no contexto contemporâneo, cada vez mais marcado pela intolerância e pelo desrespeito à diversidade. O debate em torno da memória e da interpretação do passado constitui-se num ato político, que se interconecta de forma complexa com os dilemas que atravessam o presente, como bem alerta o autor.

Tania Regina de Luca
Depto. de História/Unesp-Assis

Introdução

O intuito deste trabalho é analisar a trajetória e as propostas da Revisão Editora, desde sua fundação, em 1987, até o ano de 2003.[1] A empresa, sediada em Porto Alegre, pertence a Siegfried Ellwanger, descendente de imigrantes alemães, que adotou o pseudônimo de S. E. Castan.

A Revisão especializou-se em difundir propostas que contestam a existência do Holocausto, o que a insere no movimento denominado revisionismo histórico. Com número não desprezível de adeptos nos Estados Unidos e Europa, o movimento propõe-se a reinterpretar os acontecimentos da Segunda Guerra Mundial, o que lhe valeu, nos meios acadêmicos, a denominação de negacionista, pois, analisando-o detalhadamente, nota-se que a principal característica de seus adeptos é a defesa do anti-semitismo e, principalmente, a negação do Holocausto. A Revisão Editora constituiu-se no principal pólo

---

1 Há discordância em respeito ao ano de fundação da Revisão como empresa. No *site* da editora, constavam duas entrevistas de Castan em que ele faz menção à fundação. Em uma, ele afirma que a data de fundação da editora é 1987; e em outra, ele diz que foi em 1989. Conferir: "Como o jornal *Zero Hora* mutilou importante entrevista de S. E. Castan" (agosto de 2000); "Entrevista de S.E. Castan não publicada pela revista *Isto é*", (fevereiro de 2000). Conferir Anexo. No artigo de Blikstein (1999) sobre a editora, a data da fundação consta como 1987. Natália dos Reis Cruz (1997, p.41-2) afirma que a editora passou a existir logo após o lançamento do livro *Holocausto – judeu ou alemão?*, que teve sua primeira edição publicada pela Editora Palloti, em 1987. Com isso, no estudo aqui apresentado, tomou-se o ano de 1987 como parâmetro, pois se pretendeu pesquisar não só a empresa Revisão Editora, mas também o intuito de Castan em publicar livros que contestassem o Holocausto. Ainda nesse ano de 1987, a segunda edição desse primeiro livro da Revisão teria sido feita por Castan de forma caseira, sem o selo da editora. Assim, pode-se dizer que o nascimento da editora, mesmo que de forma não-oficial, se deu em 1987.

16 CARLOS GUSTAVO NÓBREGA DE JESUS

dessas propostas no Brasil, além de figurar, em textos especializados, como responsável por atitudes neonazistas (Carvalho & Khan, 1994).

Alguns estudiosos diferenciam neonazismo e nazismo pelo fato de o primeiro não se pautar pela dicotomia superioridade/inferioridade racial, mas, antes, pela segregação, baseada na premissa de que cada povo deve manter sua identidade cultural e nacional, ainda que existam entre eles incompatibilidades que impediriam a ambivalência e o compartilhamento do mesmo espaço. A discriminação, que era racial, agora seria cultural (Barker, 1981, p.23-3).

Natália dos Reis Cruz (1997, p.16), autora de trabalho pioneiro sobre o neonazismo e a Revisão Editora, afirma que essa nova linha discriminatória, chamada de "novo racismo", é baseada na premissa de que

> todas as raças e culturas possuem o direito ao desenvolvimento pleno e irrestrito, porém, devem se manter separadas e independentes, ou mais precisamente, este desenvolvimento deve se dar dentro dos limites bem definidos, no interior da cultura própria a cada uma delas.

A Revisão, entretanto, não comungava dessa leitura culturalista, atrelando-se ao velho nazismo, o que levou a autora a considerá-la eminentemente nazista (cf. idem, p.38).

A análise atenta da trajetória da Revisão Editora neste trabalho evidencia que ela passou por três momentos distintos. O primeiro, de 1987 até 1996, diz respeito aos livros publicados ou revendidos pela editora, associados ao negacionismo e ao anti-semitismo. O segundo, de 1996 a 1999, relaciona-se à forma de divulgação das obras. Nessa época, S. E. Castan envolveu-se em vários processos e viu-se obrigado a valer-se de artifícios para contornar proibições legais. E, finalmente, o último momento, de 1999 a 2003, que se configura pela análise da forma como se deu a disposição do material da editora em seu *site* na internet. Nessa fase, a internet tornou-se o veículo privilegiado de divulgação, e foi preciso atentar para o fato de como a página foi utilizada em torno dos ideais da empresa.

Deve-se salientar que as iniciativas visavam camuflar o caráter racista e intolerante da editora, que, depois da atuação do poder público, teve de diversificar e intensificar sua ação a fim de tentar manter-se em funcionamento. Entretanto, quanto mais Castan tentava dissimular suas intenções, mais claras e explícitas acabava por torná-las. Assim, nos dois últimos momentos, a Revisão Editora apropriou-se de valores provenientes de grupos distintos, que incluíam nacionalistas, xenófobos, nazistas, neonazistas e anti-semitas. Vale mencionar que, para um leitor incauto, tais estratagemas, de fato, poderiam acabar por tornar difusos os principais intuitos da editora.

Esse amplo contexto permite apontar os limites da tentativa de definir a editora a partir do par nazismo/neonazismo. A documentação referente aos dois últimos momentos, ou seja, os acórdãos do processo aberto contra Castan pelo Supremo Tribunal de Justiça de Porto Alegre, o catálogo da editora e os textos do *site* foram importantes para entender a trajetória da Revisão, pois possibilitaram não só viabilizar suas estratégias, mas também contribuíram para entender como ela funcionava, desde sua prática de divulgação e comercialização até seu discurso pontuado por apropriações de diversos grupos.

Natália dos Reis Cruz estudou a editora até 1996 – portanto, antes de Castan ser alcançado pela Justiça –, não tendo a oportunidade de trabalhar com a documentação referente aos dois últimos momentos da Revisão Editora. Tal iniciativa pode explicar o fato de a historiadora não enxergar a estratégia da editora, que iria muito além do comprometimento com o nazismo, dialogando com outros movimentos e grupos. É até mesmo possível notar nas obras de Castan a tentativa de distanciar-se de um suposto comprometimento com o nazismo.[2] A estratégia para fugir desse estigma vai marcar toda a prática e todo o discurso da Revisão. É com essa preocupação que Castan vai fazer questão de destacar o anti-sionismo como o principal elemento agregador da editora. No entanto, tal artimanha soa como incoerente, pois, a todo momento, o discurso é rearticulado nas obras da editora com o intuito de reabilitar os crimes e os criminosos nazistas.[3]

Ao entabular diálogo com outros movimentos, como o integralismo, Castan evitava comprometer-se diretamente com o nazismo, o que poderia comprometer a própria sobrevivência de sua empresa. Assim, pode-se afirmar

---

2 Nota-se tal posicionamento nesta passagem: "Aos que, de várias formas [...] nos acusam de nazistas, e de racistas, chegando a ponto de denunciar-nos ao Ministério da Justiça, queremos reafirmar nossa condição de total isenção quanto a credos religiosos de qualquer espécie, partidos políticos de qualquer ideologia, e raças de qualquer cor" (Castan, 1990, p.183).

3 Em seu primeiro livro, *Holocausto – judeu ou alemão?* (1987, p.11-6), o autor preocupou-se em tentar desvincular o nacional-socialismo do racismo, afirmando que Hitler não teria sido intolerante em relação a Jesse Owens.

18 CARLOS GUSTAVO NÓBREGA DE JESUS

que este trabalho visou evidenciar que a intolerância e o diálogo com diversas ideologias, movimentos e iniciativas políticas foram o ponto principal da prática da Revisão Editora.

O uso do conceito de cultura política pode auxiliar na compreensão dos valores abraçados pela Revisão Editora. Para Jean-François Sirinelli (in Berstein, 1998, p.350), "a cultura política deve ser entendida como uma espécie de código e de um conjunto de referentes, formalizados no seio de um partido ou, mais largamente, difundidos no seio de uma família ou de uma tradição política". No caso em apreço, trata-se da sobrevivência de um pensamento de extrema-direita que se vale da moderna tecnologia para poder atingir amplas e diversificadas camadas sociais. Leituras do passado e propostas de futuro agregam indivíduos em torno de grupos, partidos, jornais, revistas e editoras, tal como ocorreu com a Revisão Editora.

Nas páginas e nos textos de seu *site* na internet fica evidente o comprometimento político e ideológico com o negacionismo, o anti-semitismo e o nacionalismo. É bom lembrar, com Roger Chartier (1990, p.17), que o compartilhar de um grupo num dado espaço social é que o torna legítimo:

> As representações do mundo social assim construídas, embora aspirem à universalidade de um diagnóstico fundado na razão, são sempre determinadas pelos interesses de grupos que as forjam. Daí, para cada caso, o necessário relacionamento dos discursos proferidos com a posição de quem os utiliza [...] As percepções do mundo social não são de forma alguma discursos neutros: produzem estratégias e práticas (sociais, escolares, políticas) que tendem a impor uma autoridade à custa de outros, por ela menosprezados, a legitimar um projeto reformador ou a justificar, para os próprios indivíduos, as suas escolhas, as suas condutas. Por isso esta investigação sobre as representações tem tanta importância como as lutas econômicas para compreender os mecanismos pelos quais os grupos se impõem ou tentam se impor, a sua concepção do mundo social, os valores que são seus, e o seu domínio.

A Revisão agregou autores, obras e também propostas políticas, sociais e culturais, que permitem vislumbrar a sociedade tal como gostariam que fosse.[4]

---

4 Tais propostas da editora, manipuladas por meio de representações semelhantes do passado, podem dialogar com o que Chartier (1990, p.27) denomina "práticas articuladas", que produzem historicamente "as estruturas do mundo social".

Para dar conta desse mundo imaginado, é importante ter presente que a Revisão não pode ser tomada como algo isolado e único, pois foi criada nas últimas décadas do século XX, num momento marcado por grandes transformações, fruto da globalização, da revolução da informática e de um amplo reordenamento da política internacional contemporânea das gangues neonazistas, dos nacionalismos xenófobos, dos movimentos separatistas e fascistas.

No Capítulo 1, pretendeu-se localizar a editora nesse contexto, sem perder de vista as alterações conhecidas pela própria disciplina histórica, componente importante da argumentação neofascista abraçada pelos autores da Revisão. Daí julgou-se relevante explicitar o que é o negacionismo, preocupando-se em criticar e discutir o método utilizado para formular as teses que negam a veracidade do Holocausto.

Os dois capítulos seguintes são dedicados à primeira fase da Revisão Editora (1987-1996). No Capítulo 2, analisa-se criticamente o discurso presente nas obras da editora, atentando para as estratégias utilizadas por meio da memória e do negacionismo. Houve preocupação em evidenciar o caráter apologético e racista das obras dos dois principais autores ligados à Revisão: S. E. Castan e Sérgio Oliveira, ex-militar do Exército e integrante da Academia Sul-Brasileira de Letras de Pelotas (RS). No Capítulo 3, analisa-se a questão do anti-semitismo, tanto das obras da editora quanto do discurso intelectual e político dos anos 30 e 40. A volta ao passado é necessária, pois é perceptível a apropriação do discurso anti-semita de intelectuais integralistas nas obras desses autores estudados. Os livros analisados testemunham não só o discurso anti-semita caracterizador da editora, mas também permitem o estabelecimento de comparações com o discurso antijudaico presente no Brasil nos anos 30 e 40. Tal reflexão permitiu perceber que o anti-semitismo era fator relevante dentro da editora, sendo responsável por agregar obras e autores de países e temporalidades diversas.

O Capítulo 4 abrange a segunda (1996-1999) e a terceira fases (1999-2003), nas quais se notou que o fator comum nos livros e autores não era mais o anti-semitismo, mas sim o nacionalismo. Tal mudança deve ser entendida como mais uma estratégia empregada pela editora para escapar às proibições legais. Em 1999, a editora passou a divulgar seu ideário e a comercializar seus livros pela internet. Os textos vinculados em sua página constituem as fontes relativas a esse período.[5] Deve-se deixar claro que o anti-semitismo e o negacionismo aparentemente perderam espaço nesse momento; no entanto, não desapareceram; ao contrário, foram diluídos no discurso nacionalista, álibi utilizado para fazer frente às contestações judiciais.

As três fases constituem-se momentos distintos do funcionamento da empresa; no entanto, não se pode perder de vista a principal iniciativa da editora: a difusão de propostas intolerantes baseadas no anti-semitismo, aspecto que não perdeu vigor em momento algum, ainda que possa ter sido disseminado e diluído em propostas de outro cunho.

---

5 É importante frisar que os textos foram impressos e arquivados, e grande parte desses escritos se insere como Anexo neste livro.

1
NEGACIONISMO E INTOLERÂNCIA NO FINAL DO SÉCULO XX

Histórico de intolerância

A Revisão Editora foi fundada em 1987, por Siegfried Ellwanger, descendente de imigrantes alemães, nascido em Candelária (RS), em 1928. Ainda jovem, Ellwanger abandonou os estudos por falta de condições financeiras. Depois de rápida passagem pelo corpo de fuzileiros navais do Rio de Janeiro, tornou-se um abastado empresário no ramo de ferro e aço e foi o responsável pela instalação da trefilação a frio de barras de ferro e aço em seu estado natal.

No começo dos anos 1980, S. Ellwanger iniciou pesquisas a respeito da Segunda Guerra Mundial. Em 1987, adotou o pseudônimo S. E. Castan e publicou seu primeiro livro, *Holocausto – judeu ou alemão?*: nos bastidores da mentira do século, cujo lançamento ocorreu em fevereiro, no balneário de Capão de Canoas, Rio Grande do Sul. A primeira impressão foi feita pela Editora Palloti. A repercussão da obra culminou com a fundação de sua própria editora, Revisão Editora Ltda. (cf. Cruz, 1997, p.42).

Especula-se que Castan tenha vendido parte de seus bens para fundar a editora. Entretanto, o fato de livrarias e editoras negacionistas comunicarem-se e comercializarem umas os livros das outras leva alguns historiadores a considerarem a hipótese da existência de uma rede mundial de ajuda mútua voltada a essas publicações, financiada por vários órgãos internacionais ligados ao movimento negacionista.[1] No caso da Revisão Editora, tal

---

1 O historiador espanhol César Vidal, autor do livro *La revisión del Holocausto*, e Sara Epstein, integrante da Fundação Baruch Spinoza é que levantam a hipótese da rede de editoras nega-

22 CARLOS GUSTAVO NÓBREGA DE JESUS

questão ganhou relevância pelo fato de o *Holocausto – judeu ou alemão?* ter figurado nos anos 90 na lista dos livros mais vendidos da congênere espanhola da Revisão, a Livraria Europa, localizada em Barcelona.[2] A origem exata do capital empregado na editora não é conhecida, mas o mais provável é que a empresa tenha sido fundada a partir do empenho financeiro do próprio Castan, que já era um conhecido empresário da capital gaúcha.[3]

A sede da Revisão Editora localiza-se no primeiro andar de um pequeno prédio residencial, em uma rua pouco movimentada da Zona Leste de Porto Alegre (RS), Rua Voltaire Pires, n.300, cj.1.[4]

A editora foi fundada três anos após o fim do regime militar e no ano da Assembléia Constituinte; portanto, numa época marcada pelo desejo de democracia, reprimida durante os vinte anos de censura. O ex-presidente Fernando Henrique Cardoso (2003, p.A4) exemplifica o clima da época comparando-o com maio de 1968 na França, em que era proibido proibir, uma época de "catarse nacional", isto é, "uma espécie de grande sonho nacional".

Ainda a respeito do clima nacional pós-ditadura, pode-se dizer que o primeiro presidente civil depois de vinte anos de regime militar, José Sarney, assumiu o cargo, em 1985, com dois compromissos políticos principais: "a revogação das leis que vinham do regime militar", o chamado "entulho autoritário"; e a eleição de uma Assembléia Constituinte, "encarregada de elaborar uma nova Constituição" (Fausto, 1998, p.519). Tais iniciativas, propostas pelo novo governo, exemplificariam o clima sociopolítico da época,

---

cionistas. Segundo Sara, "A Livraria Europa é só o centro de uma ampla rede de produção e distribuição que tem por trás diversas gráficas e um público cativo" (in Viladarga, 1995, p.D12).

2 O dado foi confirmado pelo responsável, na época, pela Livraria Europa, o militante de extrema-direita Pedro Varela Geiss.

3 O fato de Castan ter vendido grande parte das ações de sua empresa para fundar a Revisão Editora é uma incógnita. Na obra editada pela Revisão *A história do livro mais perseguido do Brasil* (1991), o jornalista Sérgio Jockymann confirma tal informação. No entanto, essa explicação deve ser questionada, pois no começo dos anos 90, quando foi lançado o livro, Castan já era alvo de vários processos, fato que pode ter obrigado o autor e editor a levantar uma alta soma de dinheiro para cobrir os custos dos processos. Outra hipótese levantada é que a informação pode ter sido formulada no seio da própria editora, pois a historiadora Natália dos Reis Cruz (1997, p.41-5) afirma que, alguns anos após a editora ser fundada, havia críticos e jornalistas que acusavam o editor de receber ajuda financeira de grupos ligadas ao neonazismo internacional e grupos radicais ligados à causa árabe no Oriente Médio.

4 De acordo com as fontes, livros e processos, a editora permanece com o mesmo endereço desde a sua fundação.

marcado por lutas pela retomada dos direitos civis suprimidos durante o militarismo. Todo esse clima pós-ditadura contribuiu para a principal característica da Carta Constitucional de 1988: os amplos direitos civis e a irrestrita liberdade de expressão.[5] A carta foi denominada Cidadã pelo então presidente da Assembléia Constituinte, o senador Ulisses Guimarães, pois, no que se refere aos direitos civis e democráticos, a Constituição representou um grande avanço para a sociedade brasileira. Tal fato não significa que a Carta de 1988 ficou isenta de vários problemas, pois "refletiu as pressões dos diferentes grupos da sociedade [...] Em um país cujas leis valem pouco, os vários grupos trataram assim de fixar o máximo de regras no texto constitucional, como uma espécie de maior garantia de seu cumprimento" (Fausto, 1998, p.524-5).

Esse clima pós-ditadura, marcado pelo trauma da repressão e pela reprovação de tudo que pudesse limitar a liberdade de expressão, certamente contribuiu para que Castan pudesse se apoiar no discurso de irrestrita liberdade de expressão para disseminar suas idéias totalitárias. Assim foi, até ele ser julgado e condenado em 1996 pelo Supremo Tribunal de Justiça de Porto Alegre.

A questão tornou-se muito delicada, pois nos anos 80 e 90 os traumas da censura ainda repercutiam no País. O problema não se fixou somente na lei de liberdade de expressão ou na Carta Constitucional, mas também no entendimento da definição de tal iniciativa, que, por sua vez, remete à discussão acerca de tolerância e intolerância.

Na teoria, o Estado liberal caracteriza-se por um poder político neutro que, segundo Paul Ricoeur (2000, p.22-3),

> não professa religião alguma, nem privilegia qualquer comunidade eclesiástica, mas protege todos os cultos em nome da liberdade de expressão. Em nossas sociedades liberais constitucionais, essa neutralidade do Estado e de todas instituições públicas é uma aquisição, ainda que a sociedade continue à mercê de uma competição ferrenha [...]

---

5 Após quinze anos de Constituição, o ex-vice-presidente da República Marco Maciel (2003, p.A8) aponta que o clima pós-ditadura também causou alguns efeitos negativos: "Ela foi feita após um período autoritário. O legislador fez a Constituição olhando para o retrovisor. As propostas não eram olhando para frente, mas para o que já tinha ocorrido". Cf. também Fausto (1998, p.524).

24 CARLOS GUSTAVO NÓBREGA DE JESUS

Associada à neutralidade do Estado, a tradição política liberal justificou sua característica tolerante pelo princípio do pluralismo, isto é, a preservação de uma real diversidade de opiniões. À primeira vista, tal questão parece interpretada segundo a noção de tolerância e de liberdade de expressão, referente ao pensamento liberal dos séculos XVII e XVIII, época em que a tolerância estava definida segundo um contexto diverso do contemporâneo, intimamente ligada às perseguições religiosas.[6] Além disso, pode-se dizer que esse pensamento liberal dos séculos XVII e XVIII marcou a base das leis democráticas liberais contemporâneas, por não descartar a hipótese de que "atos, declarações ou comportamentos que podem ameaçar, a curto ou longo prazo, a existência da tolerância, são intoleráveis" (Sperber, 2000, p.91). Nesse contexto, Voltaire (1993, p.109) afirmava que

para que um governo não tenha o direito de punir os erros dos homens, é necessário que esses erros não sejam crimes; eles só são crimes quando perturbam a sociedade; perturbam a sociedade a partir do momento que inspiram o fanatismo. Cumpre, pois, que os homens comecem por não ser fanáticos para merecer a tolerância.[7]

Stuart Mill (1963, p.85 e p.12) também compartilhava de um posicionamento análogo, afirmando que a tolerância é uma conduta que

consiste, primeiramente, em não prejudicar os direitos de outrem [...] ou seja, tal princípio é o de que a autoproteção é o único objetivo pelo qual se pode garantir aos homens, individual ou coletivamente, interferir na liberdade de ação de qualquer um deles, o que "consiste em prevenir danos a terceiros".

---

6 A emblemática obra de Voltaire (1993), *Tratado sobre a tolerância*, deixa evidente tal iniciativa, pois o filósofo escreve o tratado para elucidar a questão da tolerância religiosa, em uma época que a perseguição de protestantes na França era muito intensa. Nessa obra, Voltaire esclarece o argumento que usou para salvar a memória do protestante Jean Calais, morto injustamente pela Igreja Católica, em 1762. Locke (1964, p.9-10) foi outro filósofo que trabalhou com a definição de tolerância segundo os preceitos das perseguições religiosas. Em *Carta a respeito da tolerância*, ele afirma que as crenças religiosas não devem ser impostas nem proibidas, pois não são pensamentos voluntários. Assim, "cuidar das almas não incumbe ao magistrado civil, porque o poder de que dispõe consiste apenas em força exterior, a religião verdadeira e salvadora, porém, consiste na persuasão interior do espírito".

7 Fica evidente a posição do filósofo na passagem em que procura entender a iniciativa do Império Romano em não aceitar a religião cristã antes de Constantino, em virtude de ser intolerante a qualquer outra religião (cf. Voltaire, 1959, p.294).

Ao seguir as bases dessa filosofia política dos séculos XVII e XVIII, pode-se dizer que na democracia liberal do século XX, a tolerância e a liberdade de expressão também têm limites, e tudo o que ultrapassa tais limites é interpretado como intolerância. Dessa forma, a tolerância pode ser limitada a três casos. Primeiro, não se deve tolerar a prática que questione a tolerância. Segundo, há de se tolerar a prática da liberdade de expressão, os interesses, os direitos de todas as pessoas, desde que tais iniciativas não firam a liberdade do outro. Por último, os limites da tolerância não devem ser ultrapassados a ponto de prejudicar "certas condições sociais comuns" (idem, p.15).

A partir de tais concepções, a questão a ser suscitada neste trabalho está em saber em que "medida a liberdade de expressar seu pensamento e de publicá-lo pode ser exercida sem causar mal a outrem" (Sperber, 2000, p.92). Canto Sperber alerta:

> O consenso é quase unânime sobre não poder tolerar publicações que façam apologia ao racismo ou ao estupro, mas ainda é preciso saber como justificar uma tal limitação da tolerância. Provavelmente, ressaltando, que essas publicações exprimem falsas opiniões morais. Mais precisamente, fazendo lembrar que, pelo fato de essas opiniões serem quase sempre expressas em tal ou qual circunstâncias, em relação a tal ou qual indivíduo ou coletividade, não podem, por isso mesmo, deixar de causar mal a essas pessoas ou coletividades. (idem, p.94)

Tal discussão possibilitou perceber que, simultaneamente ao processo de criação da Revisão Editora, predominava no País um certo "pluralismo otimista".[8] No entanto, na própria Constituição fica claro o limite da liberdade de expressão, pois no artigo 5°, a carta lembra que as garantias dadas no texto constitucional não podem excluir os outros direitos estabelecidos por ela ou por tratados internacionais.[9]

---

8 Há duas formas de se interpretar a tolerância dentro da filosofia liberal: a linha otimista considera que o pluralismo deve ser aplicado com a máxima tolerância possível. "Assim teríamos uma possibilidade infinita de justificativas para as características negativas da existência, até o bem deixaria de existir. Portanto, o traço comum às interpretações otimistas do pluralismo é considerar que, se levarmos a sério o pluralismo, não podemos impor nenhum limite à tolerância [...]". A outra interpretação do pluralismo, mais crítica e próxima da realidade, "Destaca o aspecto 'trágico' da tese segundo a qual os modos de vida e os valores não podem ser seguidos simultaneamente, portanto, é absolutamente essencial que haja um limite à tolerância com que aplicamos o princípio de pluralismo" (Sperber, 2000, p.96).

9 Cf. Constituição da República Federativa do Brasil, 27.ed., Art. 5°, § 10, p.18.

26 CARLOS GUSTAVO NÓBREGA DE JESUS

Nos primeiros anos de funcionamento da editora, o pluralismo e a tolerância irrestrita serviram de justificativa para o livre-comércio e as publicações de obras anti-semitas. Com essa atitude, Castan conseguiu, até mesmo, ser indenizado pelo município de Porto Alegre, que o declarou *persona non grata* por fazer apologia ao racismo.

No começo dos anos 90, no entanto, a tolerância passou a ser vista não como um princípio, "mas uma atitude de espírito na aplicação de um princípio, um ideal, uma exigência, mas que não permite determinar, realmente, as condições de sua aplicação" (Sperber, 2000, p.94). Em 1992, as primeiras obras da editora foram apreendidas e constituiu-se um processo contra Castan.

O contexto político do começo dos anos 90 também contribuiu para um novo encaminhamento do problema. Nessa época, o Brasil sofria uma intensa crise econômica, observada pelas várias tentativas de planos para conter a inflação, iniciados na década de 1980.[10]

Depois de vinte anos de ditadura, em 1989, Fernando Collor de Mello foi eleito, democraticamente, presidente do Brasil. Entretanto, já nos primeiros anos de mandato, seu governo foi marcado por inúmeras crises.

Na esfera econômica, Collor implantou os planos Collor I e II que, entre outras iniciativas, incluíam medidas como o confisco temporário dos depósitos bancários e aplicações financeiras, a retomada do cruzeiro como moeda, o congelamento de preços, a demissão de funcionários públicos e a privatização de estatais. No que se refere à questão política, Collor foi acusado de corrupção por utilizar a máquina estatal para beneficiar colaboradores de campanha. Tais situações possibilitaram que o congresso constituísse a Comissão Parlamentar de Inquérito (CPI), que resultou no primeiro *impeachment* presidencial da América Latina, em 29 de setembro de 1992.

A decisão formal de afastamento partiu do Congresso Nacional, mas a pressão social foi fundamental, surgindo manifestações nas ruas e mostrando

---

10 Em 28 de fevereiro de 1986, Sarney anunciou o plano Cruzado, seguido pelos planos Verão e Bresser, que, como o primeiro, serviram mais como uma estratégia política para restaurar a imagem do governo, já corroído em 1986, do que como uma iniciativa eficaz para estabelecer a economia do País. Em parte, tal estratégia política deu resultados, pois, antes do plano naufragar, aparentou-se que poderia surtir um efeito positivo. Foi nesse contexto de otimismo que o PMDB, nas eleições de 1986, elegeu 22 dos 23 governadores, e preencheu a maioria das cadeiras da Câmara e do Senado; fato importante, já que essas duas instâncias iriam compor a Assembléia Constituinte de 1987.

que, pelo menos aparentemente, a democracia, depois de anos de ditadura, fazia-se notar de modo marcante no final do século XX. Dessa forma, em 1992, o país respirava um clima de justiça política e social, e nos rastros do afastamento do presidente, a questão da luta pela ética também ganhou projeção nacional.

Foi seguindo tal efervescência popular e política que grupos ligados aos Direitos Humanos e à comunidade judaica apelaram para a justiça contra as publicações de Castan. Nesse mesmo ano, pela primeira vez, os livros da editora foram cassados pelo Supremo Tribunal de Justiça (STJ) de Porto Alegre, processo que se estenderia até 1996, quando as Câmaras Reunidas de Porto Alegre, avaliando que a lei de liberdade de expressão não podia se sobrepor à de racismo, condenou Castan a cumprir pena de quatro anos por racismo.

Nacionalismo e xenofobia no final do século XX

Ao se apropriar do discurso democrático, efervescente no País, vários outros movimentos dialogaram com algumas premissas apontadas pela Revisão. Julgando que a abertura política possibilitaria sua livre-iniciativa, surgiram movimentos como os separatistas no Sul, a República do Pampa e o Sul é o Meu País;[11] em Minas Gerais, Movimento Nova Inconfidência; em São Paulo, formou-se o Partido Nacional Socialista Brasileiro (PNSB), depois denominado Partido Revolucionário Brasileiro, gangues de jovens neonazistas, como os Carecas do ABC e os Carecas do subúrbio, identificados com os *skinheads* ingleses (cf. Costa, 2000, p.43-85); e no Rio de Janeiro, constituiu-se movimento que procurava retomar a Ação Integralista Brasileira, de Plínio Salgado.

Diferentemente, no entanto, dos grupos nacionalistas, como o Sul é o Meu País, República do Pampa e Movimento Nova Inconfidência, o discurso da editora não é marcado pelo separatismo; ao contrário, Castan apela para a centralização política. Enquanto esses grupos criticam a Constituição por seu modelo federativo muito sensível, a editora baseia-se na crítica à

---

11 Sobre o movimento separatista o Sul é o Meu País, conferir Paula (2001, p.139).

28 CARLOS GUSTAVO NÓBREGA DE JESUS

federação como modelo de divisão política. Notou-se, assim, que a editora está comprometida com um modelo ditatorial centralizado, baseado não só na crença de sua integração territorial, mas também cultural e racial. A questão da xenofobia para a Revisão também é diversa, pois, na opinião de Castan, os problemas com os estrangeiros não estão simplesmente no fato de serem "invasores" que professam outra cultura em busca de emprego, mas, sim, porque, inevitavelmente, em sua maioria, estão ligados à organização judaica mundial.[12]

Pode-se dizer que mesmo florescendo quase todos ao mesmo tempo, ao reivindicar espaço na nova ordem democrática instalada no País, tais movimentos deixam evidentes suas particularidades. A maioria tem em comum um discurso nostálgico, baseado no nacionalismo exacerbado e em um ressentimento de exclusão ocasionado por suas ideologias radicais e intolerantes. Esses grupos utilizam-se da democracia para fazer valer seus interesses, pois esse é "o regime que, contrariamente aos regimes autoritários ou absolutistas, possui a vocação de ouvir os ecos dos ressentimentos, dar-lhes um certo direito de expressão, nos limites das leis" (Ansart, 2001, p.28).

Não se pode, contudo, afirmar que a abertura democrática foi catalisadora e determinante para o ressurgimento de tais movimentos. Não só no Brasil, como em todo o mundo, no final da década de 1980, surgiram movimentos nacionalistas, xenófobos e também fascistas alimentados pelo fim da guerra fria e pela queda do socialismo.

No Leste Europeu, políticos demagogos utilizaram o momento de instabilidade para divulgar propostas nacionalistas. Em uma fase de fragmentação política, tal discurso soou como uma alternativa reconfortante para vários grupos e movimentos que ainda estavam sem rumo diante de uma incerta realidade política e econômica. O discurso protecionista e xenófobo-fascista ressoava numa massa desempregada e desesperada como um conforto ilusório.[13]

---

12 Tal fato acaba com a hipótese de que a editora surgiu no Rio Grande do Sul no rastro dos movimentos separatistas do Sul que se formaram, entre outros motivos, pelo grande número de imigrantes daquela região. A tese de que a imigração no Sul possibilitou os movimentos separatistas é de Andrade (1999, p.169).

13 Deve-se salientar que há várias explicações para o reaparecimento de nacionalismos fascistas no Leste Europeu. Como aconteceu com a liberal-democracia no Ocidente, ao fim da Segunda Guerra Mundial, muitos grupos, militantes e colaboradores do fascismo foram acolhidos pelo regime do Leste Europeu. Políticos e líderes da extrema-direita foram absolvidos de jul-

ANTI-SEMITISMO E NACIONALISMO, NEGACIONISMO E MEMÓRIA 29

No que se refere à Europa Ocidental, pode-se dizer que vários grupos e movimentos nacionalistas começaram a surgir já na década de 1970. A indústria européia estava em franca desaceleração, em razão da crise do petróleo e da competição dos produtos de países orientais cujas economias começaram a se sobressair na esfera mundial. A questão étnica e xenofóbica, que dava seus indícios já na década de 1970, iria aumentar no começo dos anos 1980, com a importação da mão-de-obra do terceiro mundo (África e parte da Ásia), para suprir os problemas econômicos da produção, resultantes da crise e da estagnação demográfica européia da década de 1970. Para certos setores da indústria do velho continente, esses trabalhadores representavam um custo menor e, conseqüentemente, uma lucratividade maior para subsistir. Assim, em uma época em que a oferta de emprego já parecia dar sinais de escassez, esses trabalhadores africanos e asiáticos começaram a ser vistos como invasores por boa parte da população européia (cf. Vizentini, 2000, p.19-49).

A xenofobia crescente na Europa via o outro, o diferente, como indesejável. Essa discriminação não era apenas racial, mas também cultural. O discurso em favor da cidadania perdia espaço para o nacionalismo excludente, que parecia chamar mais a atenção em virtude dessa nova realidade política e cultural. Tal contexto, juntamente com o desemprego, cujos índices eram alarmantes no mundo todo a partir dos anos 80, fez surgir disputas étnicas que se desdobraram em um exacerbado nacionalismo e na xenofobia em países da Europa Ocidental.[14]

Não só na Europa, contudo, como em todo mundo, a formação de blocos econômicos internacionais e a limitação dos Estados-Nação possibilitaram protestos de vários povos contra a política global, na tentativa de preservar, em alguns casos, sua cultura e demarcar seu território.

O enfraquecimento do Estado-Nação possibilitou o surgimento de novos Estados, defendidos por grupos interessados em um monopólio étnico e

---

gamento ao se declararem comunistas. Muitos grupos fascistas ficaram marginalizados no mundo socialista e reaparecerem após a queda do regime no cenário político, graças ao regime comunista, que permitiu a permanência desses movimentos dentro da "cortina de ferro" (cf. Hockenos, 1995, p. 29-30).

14 Segundo Hobsbawm (1999, p.393-421), o Estado-Nação não poderia mais intervir nas crises de produções que dispensavam mais a mão-de-obra do que a economia de mercado gerava empregos. Tal contexto criou o desemprego e a tensão, pois até então a sociedade européia estava acostumada a ter garantido o seu emprego.

30 CARLOS GUSTAVO NÓBREGA DE JESUS

lingüístico. No entanto, segundo Hobsbawm (1999), a crise econômica e o nacionalismo das "décadas de crise" iriam se diferenciar do começo do século XX, ou seja, dos anos 20 e 30. Esse novo nacionalismo, do final do século XX, não poderia se comparar nem mesmo ao do começo do século XIX, que serviu para a criação do Estado-Nação. O surgimento de agrupamentos humanos não está ligado à "autodeterminação social", isto é, com o desejo de criar Estados territoriais identificados com um determinado povo, que era a essência do nacionalismo:

> a essência da política étnica ou assemelhada em sociedades urbanas, ou seja, sociedades quase por definições heterogêneas, era competir com outros grupos semelhantes por uma fatia dos recursos do Estado não étnico, usando a ferramenta política da lealdade grupal. O que a política de identidade étnica teve em comum com o nacionalismo *fin-de-siécle* foi a insistência em que a identidade de grupo da pessoa consistia numa característica existencial, supostamente primordial, imutável e portanto permanente, partilhada com outros membros do grupo e com mais ninguém. (Hobsbawm, 1999, p.417)

Nesse contexto político, Octavio Ianni (1997, p.181) chama a atenção para o fluxo de migrações, que causou respostas negativas, principalmente em países ditos de Primeiro Mundo:

> Reagem negativamente à entrada de trabalhadores provenientes do antigo terceiro mundo e também do ex-Segundo Mundo. Apelam às tradições nacionais, aos valores morais, às identidades ou aos fundamentalismos culturais, para barrar, tutelar, submeter, controlar ou expulsar asiáticos, eslavos, árabes, africanos, caribenhos e outros. Falam em xenofobias e etnocismo, quando praticam fundamentalismos e racismos.

No começo dos anos 90, com a globalização, os movimentos migratórios aumentaram, gerando o ódio aos estrangeiros, responsabilizados pelo desemprego (cf. Koltar, 1997, p.70). O fenômeno da globalização é visto por Elimar Pinheiro como o fator responsável pela xenofobia e o nacionalismo, pois enfraqueceu o Estado-Nação, responsável direto no processo de contenção das desigualdades sociais, que, por sua vez, estimularia a migração e a xenofobia, influenciando o surgimento de movimentos nacionalistas (cf. Nascimento, 1997, p.18). Nesse contexto, pode-se afirmar que, no final do século XX, não foram poucos os movimentos nacionalistas afeitos ao fascismo. A ideologia nazi-fascista encontrou, em tais movimentos, um ambiente propício para se manifestar (cf. Julliard, 1997; Florentin, 1994).

Pode-se concluir, dessa forma, que nesse período a globalização teve um caráter duplo. Se, por um lado, mostrou-se um fenômeno positivo por possibilitar o diálogo transcultural, incentivando o surgimento de uma cultura global, por outro, ocasionou o choque entre essas culturas, ou seja, grupos locais não aceitaram a "comunicação intercultural" surgida com a globalização. O receio de que essa troca política, econômica e cultural pudesse suprimir a tradição e as culturas locais fez surgir movimentos étnicos e nacionalistas que dialogaram, intensamente, com a xenofobia e com o fascismo.[15]

Após o ataque terrorista de 11 de setembro de 2001 às torres gêmeas do World Trade Center em Nova York, os contatos interculturais ficaram totalmente comprometidos. O controle das fronteiras, que nunca deixara de ser rígido, ficou ainda mais exigente. Sendo assim, a imigração diminuiu, mas o nacionalismo e a xenofobia intensificaram-se ainda mais, em virtude do discurso da guerra antiterror.

As trocas culturais no final do século XX foram mantidas pela globalização da comunicação, possibilitada principalmente pela revolução tecnológica que se intensificou na década de 1990. A comunicação globalizada fez circular mensagens até então impossíveis de romper as fronteiras territoriais. Nesse sentido, a internet teve um papel de destaque não apenas por contribuir para a globalização da comunicação, mas também por servir como poderosa arma nas mãos de grupos nacionalistas e separatistas, como o movimento zapatista em Chiapas no México, que se beneficiou da infovia para suas táticas de guerrilha.[16]

A respeito desse amplo processo político-cultural do final do século XX, deve-se concordar com Lúcia Lippi Oliveira (2002, p.341), segundo a qual a globalização está possibilitando o surgimento de uma situação ambígua:

> O processo de globalização está levando a uma situação que pode ser considerada em princípio contraditória: a exposição excessiva ao mundo, uma de suas marcas, dá origem, por outro lado, a movimentos de revitalização do pequeno,

---

15 Sobre o caráter dialético da globalização, conferir Guirbeneau (1997, p.141).
16 Sobre a contribuição da internet para o movimento zapatista do México, conferir Ortiz (1997).

32 CARLOS GUSTAVO NÓBREGA DE JESUS

do particular, do local. Há uma recomposição de tradições locais, um movimento no sentido de se reconhecer e valorizar diferenças entre culturas. Os jornais, as revistas e a televisão estão fornecendo diariamente sinais desse processo, embora isso também não aconteça da mesma maneira com a mesma intensidade em todos lugares. Mas não há como negar que o mundo e o Brasil, diante da rapidez das transformações e da insegurança do presente, estão privilegiando o passado, e que a memória se torna uma obsessão cultural de proporções monumentais.

Em um período de grandes transformações como o final do século XX, para discutir a problemática de diversificados movimentos nacionalistas, deve-se partir da hipótese de que "cada época fabrica mentalmente a sua representação do passado histórico".[17] Apropriando-se desse princípio, a Revisão Editora tentou justificar sua versão dos fatos referentes à Segunda Guerra Mundial; no entanto, não levou em conta que tal "construção" passa por determinações caras à história, que por sua vez está ligada a uma certa objetividade. Segundo Le Goff (1992):

> Toda história é bem contemporânea, na medida em que o passado é apreendido no presente (por isso mesmo) [...] Compete ao historiador fazer um estudo "objetivo" do passado sob a sua dupla forma. Comprometido na história, não atingirá certamente a verdadeira "objetividade", mas nenhuma outra história é possível.

A negação do Holocausto defendida por Castan, além de corresponder à apropriação e distorção de uma discussão historiográfica, é o reflexo do momento em que foi fundada, os anos 80 e 90, marcados pela valorização do passado e pela aceleração da história, que levou "as massas dos países industrializados a ligarem-se nostalgicamente às suas raízes" (Le Goff, 1992, p.220).

As décadas de 1980 e 1990 foram conturbadas por incertezas e inseguranças, por guerras étnicas e fundamentalismos religiosos, e, por isso, pontuada pela valorização de um passado, que teve uma "cronologia mal limitada [...] cujos efeitos comutativos já não são regulados pelas leis do progresso

---

17 A constatação do historiador Jacques Le Goff (1992, p.26) parte da tese de que organizar o passado por meio do presente é a função social da história.

[...]", e nesse sentido, a "crise do futuro e incertezas presentes exigem um passado legível sem mediações [...]" (Rioux, 1998, p.328).

Pode-se afirmar que o contexto histórico, político e social da época em que a Revisão foi fundada influenciou sua tortuosa leitura do passado. Le Goff (1992, p.28) chamou a atenção para a problemática do final do século XX:

> a historiografia surge como seqüência de novas leituras do passado, plena de perdas e ressurreições, falhas de memória e revisões. Estas atualizações também podem afetar o vocabulário do historiador, introduzindo-lhe anacronismos conceituais e verbais, que falseiam gravemente a qualidade de seu trabalho.

Dentro dessa perspectiva ampla, um problema mais delicado refere-se à questão da memória. Com o intuito de marcar a identidade de povos com um passado comum, o final do século XX foi pródigo na recorrência à memória, aos heróis e a grandes feitos do passado. Para os grupos nacionalistas, a memória, além de ser um objeto, um instrumento de manipulação, é também um fator agregador, pois é "um elemento essencial do que se costuma chamar de identidade, individual ou coletiva, cuja busca é uma das atividades das sociedades de hoje" (Le Goff, 1992, p.420).

Nesse sentido, a revalorização do passado e o surgimento de grupos nacionalistas e guerras étnicas contribuíram para que a memória ganhasse relevância não apenas na esfera historiográfica, mas também na esfera social, cultural e política. A sensível perda de referências em todos esses segmentos foi um fator estimulante para a valorização da memória.

A presença da memória e da história em momentos como esses foi pontuada por Roney Cytrynowicz (2000, p.196):

> Em uma época marcada pela globalização do espaço e pela virtualização do tempo, parece haver uma verdadeira necessidade política, educacional e afetiva tanto de memória como de história, de buscarmos raízes e vínculos, de buscar lugares e tempos de inserção mais seguros [...] de pesquisar as opções passadas para recuperar a capacidade de pensar, criticar e imaginar outras possibilidades para viver e organizar a nossa vida pessoal e social [...]

Em relação a esse momento de incertezas e revisitações do passado, pode-se afirmar que "o espaço global e o tempo virtual nos têm levado à direção oposta a de sujeitos, nos relegando ao papel de consumidores e de espectadores

34 CARLOS GUSTAVO NÓBREGA DE JESUS

da história" (ibidem); para voltar a ser sujeito dessa história e romper com tal passividade, o trabalho consciente com memória e história é fundamental.

Os revisionismos e os movimentos nacionalistas, diligentes na luta pela legitimidade de suas próprias memórias, apropriaram-se dos acontecimentos totalitários para impor seus interesses puramente políticos, diluídos em críticas de aparência histórica. Foi dessa forma e nesse contexto que se tornou possível pontuar o chamado revisionismo histórico, designado como negacionismo nos meios acadêmicos,[18] movimento que consiste em negar a morte sistemática dos judeus nos campos de concentração, na tentativa de redimir os crimes de guerra nazista.

Revisionismo negacionista

Pierre Vidal-Naquet afirma que, provavelmente,

os primeiros revisionistas foram aqueles que trabalharam, durante a Segunda Guerra, no serviço de informações das potências aliadas. Na torrente de informações que provinha dos territórios ocupados, havia o verdadeiro, o menos verdadeiro e o falso. Não se colocava em dúvida o sentido do que estava acontecendo, mas era sempre possível hesitar entre essa ou aquela versão dos acontecimentos [...][19]

Mesmo levando em consideração a afirmação de um dos maiores especialistas no assunto, é difícil determinar uma gênese ou um modelo político-cultural para o revisionismo negacionista; pois, para dar credibilidade às teses

---

18 O termo negacionismo é priorizado neste trabalho, uma vez que o verdadeiro intento do revisionismo histórico não é fazer uma revisão crítica dos fatos. Para dar credibilidade às iniciativas políticas e ideológicas ligadas ao anti-semitismo, essa escola nega, sem nenhum critério historiográfico, uma série de acontecimentos. Michel de Certeau (2000, p.11) afirma que a historiografia tem "a função de relacionar dois termos 'antinômicos': o 'discurso e o real'. Sendo assim, pode-se dizer que os revisionistas não fazem história, pois percorrem o caminho inverso, tentando achar o irreal no discurso".

19 Merece destaque a coletânea de artigos sobre o negacionismo, na qual, além de desmontar o princípio narrativo dos negadores do Holocausto, o historiador francês traça um histórico do movimento (cf. Vidal-Naquet, 1987, p.124-5). Os cinco artigos reunidos na obra foram escritos entre junho de 1980 e junho de 1987. Apenas o quinto artigo, que dá título ao livro, é inédito.

defendidas, seus adeptos apropriam-se de diversas tendências e ideologias, muitas vezes contraditórias.[20] Na Alemanha e nos Estados Unidos, onde foram formuladas as principais teses e grande parte da produção negacionista, o movimento está intimamente ligado à extrema-direita.

Nos Estados Unidos, o movimento é responsável por uma entidade, o Institute for Historical Review, com sede em Newport Beach (Califórnia). O Instituto tem forte ligação com o Liberty Lobby, uma das mais antigas associações xenófobas e fascistas do país, que dispõe de forte esquema propagandístico: publicações de livros, um jornal anual (*Journal of Historical Review*), e um *site* (http://www.ihr.org).[21] Segundo Luis Millman (2000, p.140):

> A indústria negacionista norte-americana é, desde a década de 80, a mais poderosa e atuante. Organizada em torno do Institute for Historical Review (IHR), que realiza seu Congresso Revisionista Mundial anualmente, essa indústria é coordenada por Greg Raven e Marc Waber. Atualmente, o IHR é dirigido por Lewis Brandon (que usa o pseudônimo de David Macloud). Seu fundador é Willis Carto, um dos mais ativos xenófobos ultradireitistas americanos, que preside o Liberty Lobby desde a década de 60.

Para Vidal-Naquet (1987, p.135), os revisionistas negacionistas alemães também "são estreitamente ligados a um determinado meio: uma extrema-direita herdeira do nazismo que sonha reabilitá-lo". O historiador alemão Dietfrid Krause Vilmar (2000, p.110), professor da Universidade de Kassel, lembra que:

> As manifestações públicas de Hitler, das suas conversas, dos registros do diário de Goebbels ao discurso de Himmler, que não deixam dúvidas quanto à expulsão e ao extermínio dos judeus, ou bem simplesmente são excluídos deste tipo de literatura (Negacionista) ou são interpretadas de forma grotesca.

Tal postura é evidente na narrativa do negacionista alemão Wilhem Stalich (apud Vilmar, 2000, p.111), que, ao tentar negar o extermínio sistemático

---

20 Na Itália, na Suécia e na Austrália, o negacionismo combina seu anti-semitismo com uma extrema-esquerda revolucionária.

21 Página do Institute Historical Review. Disponível em: < http://www.ihr.org >acessado em 27.9.2002.

36 CARLOS GUSTAVO NÓBREGA DE JESUS

dos judeus, faz uso de alguns discursos de Hitler, sem questionar a natureza da fonte utilizada:

> Sobretudo não encontramos no discurso de Hitler ou em outras das suas manifestações, sequer uma única indicação do suposto papel desempenhado pelos campos de concentração, entre eles particularmente do campo de Auschwitz-Bikernou, como centros do alegado extermínio dos judeus que estaria planejado.

A Alemanha é um importante local de produção do pensamento negacionista. Até a década de 1980, a divulgação desse ideário deu-se por meio de partidos, publicações e encontros da extrema-direita (cf. Vidal-Naquet, 1987, p.134-5). Foi somente a partir de 1985 que o negacionismo começou a chamar a atenção da mídia e dos meios acadêmicos alemães. Em virtude das comemorações dos quarentas anos do fim da Segunda Guerra Mundial, o então presidente dos Estados Unidos, Ronald Reagan, em 8 de maio de 1985, na cidade de Bitburg, Alemanha Ocidental, fez um discurso lamentando as mortes de soldados alemães e participou do culto às vítimas da guerra em um cemitério destinado aos combatentes dos dois conflitos mundiais (Hockenos, 1995, p.65-6). O acontecimento foi distorcido pelos negacionistas e pela extrema-direita alemã, com o intuito de legitimar as posições que insistem em tomar os alemães como vítimas da Segunda Guerra, juntamente com aliados e judeus. A fim de, assim, legitimar os crimes de guerra e colocar todos, incluindo oficiais da SS, como mártires. Tal fato ocorreu concomitantemente ao chamado Debate dos Historiadores, controvérsia gerada pelo posicionamento de alguns historiadores, como Ernest Nolte[22] e A. Hillgruber, que procuravam relativizar as implicações dos crimes nazistas. Se consideravam o Holocausto um acontecimento impossível de ser negado, afirmavam que tais crimes não se constituíam uma singularidade do nazismo, já que o bolchevismo, por exemplo, teria sido responsável por catástrofes semelhantes.[23]

---

22 Segundo Natália dos Reis Cruz (1997, p.132): "Ernest Nolte é um historiador que ganhou reconhecimento com o livro O fascismo em sua época, onde tenta inserir o nazismo e o extermínio no conjunto de desenvolvimento do totalitarismo, retirando a singularidade do extermínio nazista".

23 Nolte (1989, p.11-5) tenta justificar o extermínio segundo a afirmação de que Hitler teria receio da ameaça bolchevique; identificando os judeus com o bolchevismo, passou a exterminar esse povo, acreditando serem seus inimigos de guerra.

O debate extravasou os meios científicos e chegou à grande imprensa. J. Habermas colocou-se publicamente contra tais afirmações, apontando o caráter nacionalista extremado de tais declarações, que tentava justificar o injustificável.[24] Lembrava que não seria comparando as atrocidades nazistas com outros crimes que se acharia alguma explicação plausível para o Holocausto (Nolte, 1989, p.16-27). Habermas argumentou ainda que o patriotismo deveria se firmar a partir de acontecimentos ocorridos após o pacto constitucional de 1949, responsável pela recolocação da Alemanha na esfera da democracia. O filósofo assinalou que esse discurso era "uma forma de liquidação dos prejuízos", que se "consubstanciava em tendências apologéticas da historiografia alemã relativa ao período contemporâneo".[25]

Tal como ocorreu na época da visita de Reagan ao cemitério, os negacionistas também se apropriaram e distorceram a discussão citada, a fim de legitimar suas teses. Diante de tais acontecimentos, o negacionismo alemão, que já era forte dentro da extrema-direita, ganhou espaço na mídia e também no meio acadêmico.

Se, atualmente, os Estados Unidos e a Alemanha detêm o maior número de publicações e boa parte das teses negacionistas, foi na França que o movimento ganhou relevância pela primeira vez, sendo sustentado, desde sua origem, por vários intelectuais ligados ao meio acadêmico francês, além de haver contado com a editora La Vieille Taupe [A Velha Toupeira] para divulgar as produções negacionistas. Não se pode, entretanto, desprezar o fato de o anti-semitismo ter uma longa trajetória na França, como atesta Charles Maurras e sua Ação Francesa, responsável pelo jornal *L'Action Française* (Winock, 2000, p. 92-102, 236-47, 266-310, 407-18 e 455-66).

Novas interpretações sobre o Holocausto começaram a ganhar espaço na França a partir da década de 1960, com algumas publicações da La Vieille Taupe. Tal editora foi fundada em 1965 por Pierre Guillaume, membro do grupo trotskista Socialismo ou Barbárie (SOB). O SOB defendia a idéia de

---

24 O debate se encontra no artigo de Habermas, "Tendências apologéticas". Originalmente, o artigo fez parte do livro *Eine art Shadensabwickung*, de 1987, que por sua vez é uma versão dos artigos publicados no jornal alemão *Der Zeit*, no decorrer do ano de 1986.

25 O fragmento citado por Vidal-Naquet foi extraído da primeira publicação da "controvérsia" no *Der Zeit*, em 11 de julho de 1986. A discussão continuou com a publicação de novos artigos de Habermas nos dias 7 de julho e 12 de setembro do mesmo ano (Habermas, *Eine Art Schadensabwicklung*, apud Vidal-Naquet, 1987, p.192).

38 CARLOS GUSTAVO NÓBREGA DE JESUS

que a luta revolucionária deveria ser travada tanto contra o terrorismo buro-
crático quanto contra o domínio capitalista. Segundo Vidal-Naquet (1987,
p.179), o SOB:

> Nasceu como uma corrente do partido Comunista Internacionalista (trotskis-
> ta), corrente animada sobretudo por Cornelius Castoriadis e Claude Lefort, que
> rompeu com o trotskismo a partir de uma crítica radical à burocracia soviética.
> Tornava-se absurdo criticar com ferocidade o stalinismo e, ao mesmo tempo,
> defender incondicionalmente a URSS. A URSS era uma sociedade de classes,
> mesmo que a burocracia não devesse ser confundida com a burguesia que efe-
> tivamente destruíra.

No final dos anos 60, seguindo o exemplo do SOB, a editora rompeu com
o trotskismo. No entanto, o distanciamento da editora da política ideológica esquerdista foi um processo que ocorreu gradualmente. Nessa época
surgiram, no seio da editora, as primeiras críticas a respeito do Holocausto,
ligadas a grupos de esquerda.

Em 1970, foi veiculada pela La Vieille Taupe uma obra anônima, denominada *Auschwitz ou o grande álibi*, que havia sido divulgada pela primeira
vez em 1960, por um movimento marxista italiano, Programa Comunista,
fundado por Amadeo Bordiga, que consistia numa dissidência do Partido
Comunista Italiano (Millman, 2000, p.135, nota 17; Vidal-Naquet, 1987,
p.23). Os membros do Programa Comunista afirmavam que os judeus foram
exterminados de acordo com ideais capitalistas do Terceiro Reich. O anti-
semitismo de Hitler era substituído pelo interesse econômico produtivo da
Alemanha nazista. Os judeus não seriam exterminados nas câmaras de gás,
mas nos próprios campos de trabalho, prática por eles denominada "homi-
cídio por gases artesanais" (Thion apud Vidal-Naquet, 1987, p.26). Tais
concepções apoiavam-se na afirmação de que os campos de concentração
eram, na verdade, campos de exploração, no sentido econômico do termo. O
genocídio era admitido, mas suas causas e métodos eram questionados. Essa
explicação é denominada por Vidal-Naquet (1987, p.23) como revisionista
"materialista reducionista".

A explicação materialista não elimina a culpabilidade de Hitler e nem
a magnitude do genocídio. A frase de Vidal-Naquet (1987, p.26) é emblemática: "exterminar homens, mesmo com métodos industriais, não é, nesse

ANTI-SEMITISMO E NACIONALISMO, NEGACIONISMO E MEMÓRIA 39

século XX, exatamente o mesmo que enlatar ervilhas". Dentre as várias justificativas para desconstruir tal explicação, destacam-se duas. A primeira sustenta-se no fato de haver muitos campos de trabalho conjugados aos de extermínio, como em Auschwitz, e também, por sua vez, por existir aqueles unicamente com a função de exterminar, como Chelmno, Sobibor e Belzec. Isso prova que o intuito dos nazistas não era só explorar a mão-de-obra dos prisioneiros. Segundo Vidal-Naquet (1987, p.167-8):

> o regime nazista criou os campos não para fazer homens e mulheres trabalharem, mas para lá encerrá-los [...] O trabalho nos campos de concentração também tinha uma função de esgotamento e controle. Em relação ao "trabalho livre", o trabalho concentracionário, em regime de escravidão, tinha também a característica de uma mão-de-obra quase indefinidamente renovável. Como foi isso no caso dos judeus? É evidente que nos lugares de extermínio puro e simples, Chelmno, Sobibor, Belzec e Treblinka, o único trabalho disponível era a manutenção da máquina de matar e as recuperações feitas nas vítimas [...] mas Auschwitz e Maidnek, enormes centros industriais, foram a prova vívida de que o extermínio podia caminhar lado a lado com a exploração do trabalho forçado.

A outra explicação se refere ao fato de que essa iniciativa de extermínio em massa dos judeus está notificada em documentos referentes aos campos, por meio de expressões como "tratamento especial", presente no discurso de Himmler, ou "ações especiais", anotados no diário do médico de Auschwitz, Johann Paul Kramer, preso em 1945.[26]

Segundo Vidal-Naquet, tais codificações foram decifradas pelos serviços de informação e inteligência dos aliados e, posteriormente, sistematizadas por Jean Pierre Faye (apud Vidal-Naquet, 1987, p.28-9), que deixou claro que o intuito dos nazistas era exterminar os judeus, e não apenas explorar seu potencial de trabalho até o esgotamento físico. No entanto, essa linguagem codificada não foi considerada nas pesquisas feitas pelos "materialistas", o que os levou a considerações reducionistas acerca do Holocausto:

> A querela sobre a racionalidade industrial esconde, de fato, uma ignorância profunda sobre o que é um sistema totalitário. Não é um organismo funcionando

---

26 Em relação ao discurso de Himmler, pronunciado em Posen, em 6 de outubro de 1943, e sobre os relatos de Kramer em seu diário, ver Vidal-Naquet (1987, p.27-8 e 73-4).

40 CARLOS GUSTAVO NÓBREGA DE JESUS

regularmente. As oposições de interesses entre os que queriam, antes de mais nada, matar e os que queriam utilizar a mão-de-obra, mesmo judia, estão atestadas tanto nos documentos da época quanto por testemunhos posteriores [...] Encontraremos, no entanto, entre os que falam, de um mesmo medo diante do real, uma mesma linguagem disfarçada. Podemos lembrar que o "tratamento especial" já era um termo codificado para designar extermínio [...] mas podemos exigir que o "materialista" S. Thion tenha aberto as "Linguagens Totalitárias" de Jean Pierre Faye? (Vidal-Naquet, 1987, p.26)

Dentre os intelectuais que compartilharam os ideais do revisionismo "materialista" na França e que tiveram as obras comercializadas pela La Vieille Taupe destacavam-se o sociólogo, pacifista e pesquisador do Centro Nacional de Pesquisa da França Serge Thion e Paul Rassinier. Este último, no entanto, fez parte de uma linha mais radical do movimento "revisionismo materialista". No decorrer dos anos, foi se comprometendo com premissas que forneceriam subsídios à negação do extermínio judeu e, no limite, questionariam o próprio genocídio.

Rassinier foi professor de História e Geografia no liceu de Belfort (Norte da França), durante os anos 20. Comunista e depois socialista, em 1942, posicionou-se contra a ocupação alemã, tendo sido preso em 1943 pela Gestapo e enviado para o campo de Buchenwald, e, em seguida, para Dora-Nordhaussen. Após a guerra, em 1948, lançou seu primeiro livro, *Passage de la ligne* [*Passagem da linha*], no qual descreve os sofrimentos no campo de concentração de Nordhaussen.

Após vários contatos com militantes de extrema-direita, Rassinier começou a publicar teses anti-semitas, baseadas na velha idéia do complô judaico mundial. Recebeu particular influência de Maurice Bardèche, filiado à extrema-direita e um dos primeiros a enunciar algumas das afirmações que se tornariam comuns no pensamento negacionista francês.[27] Seu ideário pode ser acompanhado no manifesto *Qu'est-ce que le fascisme?* [*Que é o fascismo?*] (1961), no qual apresenta o fascismo como a única opção perante o liberalismo e o bolchevismo, num mundo bipolarizado (Millman, 2000, p.129).

---

27 A imprensa era o principal esteio dos movimentos nacionalista e anti-semita que viriam a contribuir com o colaboracionismo durante a ocupação na França, podendo-se citar o jornal *Je Sui Partout* e a revista *Jeune Droite*, da qual, Maurice Bardèche foi o principal articulista (Winock, 2000, p.267-9).

Apesar de Rassinier ter sido prisioneiro em campos, sua dúvida do genocídio judeu é expressa nos últimos livros. A passagem por Dora, onde não houve câmaras de gás, e o fato de sua deportação condizer mais com o de um "pequeno condenado de base do que de um militante político" (Vidal-Naquet, 1987, p.57) podem ter contribuído para suas generalizações a respeito de todos os campos. No entanto, foi a adesão ao anti-semitismo que fez que um indivíduo de esquerda se vinculasse a militantes de extrema-direita. Tal passagem é evidente a partir da segunda edição de *Le mensonge de Ulisses* [*A mentira de Ulisses*] (1954), cujo prefácio é do anti-semita Albert Paraz. No entanto, é nas obras posteriores, editadas pela La Vieille Taupe – *Le drame des juifes européens* [*O drama de judeus europeus*] (1964), *L'operátion "Vicaire"* [A operação "Vicário"] (1965) e *Les responsables de la Seconde Guerre Mondiale* [*Os responsáveis pela Segunda Guerra Mundial*] (1967) –, que os aspectos do negacionismo são mais evidentes (Millman, 2000, p.133-41).

No final dos anos 70, sua postura foi endossada e sistematizada pelo professor de literatura Robert Faurisson. Anglo-francês nascido em 1929, Faurisson "entra em cena dez anos depois da morte de Rassinier e, no final dos anos 70, torna-se o nome mais expressivo dos negacionistas". Em outubro de 1978, na posição de professor de literatura da Universidade de Lyon, enviou uma carta ao jornal *L'Express* comentando e defendendo a posição de Louis Darquier Pellepoix, "um alto funcionário da República de Vichy", que em uma entrevista a esse jornal afirmou que as câmaras de gás não teriam existido. No mesmo ano, várias associações anti-racistas impetraram um processo contra o professor, questionando suas pesquisas (idem, p.133). Ainda em 1978, Faurisson foi proibido de lecionar literatura na Universidade da qual era professor e foi alvo de um segundo processo movido por Leon Paliakov, que o acusou de difamação (cf. Vidal-Naquet, 1987, p.210).

Além das propostas de Rassinier, Faurisson fez uso de teses negacionistas de maior envergadura, como a do norte-americano Arthur Butz, autor do livro, *The Hoax of the 20th Century* [*A fraude do século XX*], que reduz Auschwitz a um discurso propagandístico formulado por judeus e pelos vencedores da Segunda Guerra Mundial.

Faurisson também se apóia no texto apócrifo, *Protocolos dos sábios de Sião*, e nas premissas anticomunistas e anti-semitas do nacionalista húngaro Louis Marschalko, que afirma em *World Conquerors* [*Conquistadores do*

42 CARLOS GUSTAVO NÓBREGA DE JESUS

mundo] que os verdadeiros criminosos de guerra foram os judeus. A originalidade nunca esteve entre as virtudes das obras de Faurisson. Segundo Vidal-Naquet (1987, p.138), o negacionista francês "deve muito a Butz. Suas fórmulas que provocaram estardalhaço são, na verdade, uma simples adaptação-tradução de um texto alemão". Vidal-Naquet refere-se ao trabalho de W. D. Rothe, *Die Endlösung der Judenfrage* (1974), de quem Faurisson plagiou a seguinte frase: "Jamais Hitler ordenou ou admitiu que alguém fosse morto em virtude de sua raça ou religião" (ibidem).

Essa apropriação de textos e materiais entre os negacionistas é uma constante. Dietrfrid Krause afirma que eles

> gostam de copiar coisas uns dos outros e também citar uns aos outros. Entretanto, a quantidade de material que eles apresentam revela-se, mais de perto, muito pobre. Assim, dos 132 livros citados nas referências bibliográficas por Stalich, em o "Mito de Auschwitz", a metade é irrelevante – mera leitura anti-semita contemporânea – e a outra metade é constituída de livros de negadores do Holocausto. (Vilmar, 2000, p.112)

Apesar da falta de originalidade, Faurisson tem lugar de destaque nos meios negacionistas, pois foi a partir de seu trabalho que tal ideário aportou em países como Argentina, Austrália, Brasil, Canadá, além de haver sido aceito com grande simpatia nos Estados Unidos e na Alemanha. Ele foi pioneiro na estratégia de combinar várias teses revisionistas, anti-semitas, nacionalistas em uma única linha argumentativa que aparentava cientificidade.[28] De outra parte, Faurisson ocupou espaço institucional importante, sendo professor de literatura da Universidade de Lyon.

Em dezembro de 1978, publicou no jornal *Le Monde* o artigo "O problema da câmara de gás". Com argumentação semelhante à de Rassinier, ques-

---

28 Robert Faurisson encomendou uma pesquisa ao engenheiro Fred Leuchter Jr., norte-americano, construtor de câmara de gás para as prisões nos Estados Unidos da América, para que esse tentasse provar que as câmaras de gás em Auschwitz não eram usadas para matar, mas para desinfecção dos prisioneiros. Da pesquisa surgiu um livro, *The Leuchter Report: the end of a mith*, 1987, editado na Europa pela instituição revisionista *Annales D'Histoire Révisionniste*, de Paris. Vidal-Naquet em sua coletânea de artigos, após uma extensa análise com colaboração de especialistas químicos, desconstrói as afirmações contidas no relatório encomendado por Faurisson (Bloch, P. "Anexo: Zyklon B", in Vidal-Naquet, 1987, p.93-9).

ANTI-SEMITISMO E NACIONALISMO, NEGACIONISMO E MEMÓRIA 43

tionava a existência das máquinas de morte nos campos de concentração.[29] O artigo marcou a inserção do autor em diversas discussões na mídia e no meio acadêmico francês. Em 1980, o sociólogo Serge Thion publicou *Vérité historique ou vérité politique? Le dossier de l'affaire Faurisson. La question des chambres à gaz* [*Verdade histórica ou verdade política? O dossiê do caso Faurisson. A questão das câmaras de gás*], obra na qual defende as idéias e a pessoa de Faurisson.[30]

No mesmo ano, o prestigiado lingüista norte-americano Noam Chomsky escreveu o prefácio do livro de Faurisson, *Mémoire en défense* [*Memória em defesa*], e uma petição intitulada "Serão as câmaras de gás indispensáveis para nossa felicidade?", defendendo o direito de Faurisson continuar suas pesquisas, pois, naquele momento, existia certa pressão da mídia e do meio intelectual francês para que elas fossem interrompidas.[31] A petição circulou em 1980 nas universidades norte-americanas e foi publicada no mesmo ano em *Vérité historique ou vérité politique*, de Thion. A imprensa deu grande destaque para o texto polêmico que envolveu Chomsky e Vidal-Naquet, contrário à atitude do lingüista.[32]

---

29 Esse artigo publicado no *Le Monde*, em 29 de dezembro de 1978, foi seguido por uma resposta do intelectual G. Wellers. Segundo Vidal-Naquet (1987, p.139, nota 71), o jornal colocou-se contrário a Faurisson.

30 Segundo Millman (2000, p.135), citando Thion: "Thion admitia que Faurisson era 'um homem de direita, ou mais precisamente, alguém com o perfil de um anarquista de extrema-direita'. Em seguida, no entanto, atenuava a caracterização: 'devemos lembrar que até o começo deste caso, muitos de seus alunos e colegas o tomavam como alguém de esquerda. Por qualquer padrão, ele é um homem só' Thion, S. Vérité historique ou vérité politique?".

31 Trecho da petição: "O Dr. Faurisson tem atuado como um professor respeitável de literatura francesa do século XX e de crítica de documentos, por quatro anos na Universidade de Lyon 2, França... Nós protestamos fortemente contra os esforços de que querem privá-lo de sua liberdade de fala e expressão e condenamos a vergonhosa campanha para silenciá-lo. Apoiamos fortemente o direito do professor Faurisson à liberdade acadêmica e demandamos que representantes da universidade e do governo façam todo possível para garantir sua integridade e o livre exercício de seus direitos legais" (Chomsky apud Millman, 2000, p.139, nota 22).

32 Deve-se deixar claro que Chomsky nunca aderiu ao negacionismo de Faurisson: "O conhecido lingüista americano não é revisionista e jamais sustentou as teses de Faurisson. Sua intervenção no 'affair' deveu-se mais à sua agenda 'libertário-anarco-sindicalista' e às suas relações pessoais com Thion [...] mesmo que tal apoio tenha significado, na prática, a utilização do nome de Chomsky para a promoção de um mistificador de ultradireita travestido de pesquisador" (Millman, 2000, p.139). Sobre a discussão entre Chomsky e Vidal-Naquet, ver Vidal-Naquet (1987, p.101-7).

Enquanto a publicidade em torno de Faurisson crescia na mídia, Vidal--Naquet (1987, p.139), participante ativo das discussões, destacava seus artigos no jornal *Libération:*

> A discussão foi mais intensa em *Libération* (dela participei com uma entrevista a D. Eribon, 24-25 de janeiro de 1981); pareceu encerrar-se no número de 11-12 de julho de 1981 por um artigo de L. Paul Boncour intitulado "Pur en finir avec l'affaire Faurisson", mas teve várias repercussões, em último lugar a 28 de maio de 1987, quando foi publicada na seção de carta dos leitores uma combinação dos dois temas principais do revisionismo: "técnica" e "terceiro-mundismo", o que, no dia seguinte, acarretou um violento esclarecimento de Serg July e a demissão do redator responsável.

Pela primeira vez, temas como a negação das câmaras de gás e o questionamento do número de mortos nos campos de concentração ganharam um espaço tão significativo na mídia e nas universidades. Foi também nesse momento, final dos anos 80, que Faurisson conseguiu o apoio do grupo político que mais se beneficiaria com o negacionismo: a extrema-direita anti-semita (idem, p.182).

La Vieille Taupe, que já publicara vários livros de Rassinier, passou a editar também as obras de Faurisson. As dificuldades financeiras que enfrentava a editora contribuíram para que ela se aproveitasse da publicidade em torno do nome desse intelectual. Pierre Guillaume, fundador da editora, também acreditava que os campos de concentração eram, na verdade, campos de exploração econômica, e estendeu a negação dos campos de extermínio à crítica do capitalismo, "convencido assim de ter compreendido os segredos da revolução e do capitalismo mundiais". Esse fato, aliado "à vontade do grupo da Vieille Taupe de fazer uma publicidade de escândalo", encontrou em Faurisson o homem certo "que zombava da revolução mundial como de uma praga, mas que, a serviço de uma paixão anti-semita delirante, sonhava para si uma glória escandalosa" (idem, p.178).

Em 1978, após as repercussões do artigo publicado no *Le Monde*, a editora rompeu de vez com o ideário de sua fundação e passou a abraçar o negacionismo:

> A Velha Toupeira cruza a linha da denúncia do antifascismo quando realiza a eliminação conceitual do genocídio. A existência das câmaras de gás passa a ser

ANTI-SEMITISMO E NACIONALISMO, NEGACIONISMO E MEMÓRIA 45

descrita como um engodo fabricado pelas oligarquias capitalistas que apóiam econômica e ideologicamente o Estado de Israel [...] Anti-Soviética, antiburguesa, por fim antitrotskista, anti-sionista e intérprete autêntica da história revolucionária, a seita passaria a modelar, na vida e nas idéias de Paul Rassinier e Robert Faurisson, a sua guerra ideológica contra o capitalismo e o sionismo. (Millman, 2000, p.136)

No começo dos anos 80, pode-se dizer que o revisionismo materialista de La Vielle Taupe cedeu lugar ao negacionismo professado por Faurisson. A partir de então, moldou-se a essência do revisionismo negacionista francês, que percorreria o mundo:

> Trata-se de uma fórmula capaz de dissolver diferenças aparentemente inconciliáveis, unindo dissidentes franceses do anarcotrotskismo e racistas obsessivos, [...] Paul Rassinier, Arthur Butz, e Robert Faurisson fez de grupelhos inexpressivos da esquerda como a Velha Toupeira e de entidades racistas, como o Institute for Historical Review dos Estados Unidos, sedes de exploração em grande escala de um simulacro pseudocientífico nazista. O investimento simultâneo na humanização de Hitler (e de seu regime) e na satanização dos judeus, sustenta uma indústria editorial de milhões de livros e ainda ajuda a conquistar votos em toda a Europa (cerca de 15% do eleitorado).[33]

Partindo de tais afirmações, pode-se afirmar que o revisionismo negacionista está pautado pelos seguintes argumentos:

1- Não houve o genocídio e as câmaras de gás não existiram. O Zyklon B era usado especificamente para desinfecção dos presos enfermos.

2- A "solução final" não foi a tentativa de exterminar os judeus, mas sim a de expulsá-los para o Leste Europeu.

3- As mortes dos judeus foram naturais, ou ocasionadas por tifo, ou bombardeio aliado. O número de mortos, na opinião da maioria dos negacionistas, não passaria de duzentos mil.[34]

---

33 O autor está se referindo aos votos da extrema-direita européia, linha política que apoiou o negacionismo, e se beneficiou com ele e seu reconhecimento perante alguns setores da sociedade e do meio acadêmico europeu e norte-americano.

34 A maioria negacionista apóia-se nas contas de Rassinier, segundo as quais 80% dos judeus do Leste se salvaram (cf. Vidal-Naquet, 1987, p.62). Segundo um negacionista alemão: "Não

46 CARLOS GUSTAVO NÓBREGA DE JESUS

4- Alemanha não é responsável pela Segunda Guerra. O país e os oficiais nazistas são, como o povo alemão, vítimas de uma guerra criada pelos judeus.

5- O genocídio é uma propaganda judia e dos países vencedores da guerra.[35]

Para legitimar suas afirmações, os negacionistas apropriam-se de certas práticas teórico-metodológicas que dizem respeito à história, lingüística e filosofia, com destaque para o relativismo histórico e as considerações a respeito da interpretação das fontes.[36] Pretende-se questionar o discurso historiográfico construído sobre o nazismo a partir da relativização do valor dos documentos como portadores de verdade. Argumenta-se que os historiadores admitem trabalhar com múltiplas interpretações, sem que se possa considerar uma delas dotada de veracidade absoluta. A partir dessas afirmações genéricas e simplificadoras, propõem-se a desmascarar o que consideram a versão histórica dos vencedores da guerra e dar voz aos vencidos. É interessante marcar que, para negar o Holocausto, eles mobilizam o positivismo e adotam o empirismo na análise do corpo documental. Assim, se, no primeiro momento, desqualificam o trabalho historiográfico por considerá-lo uma arma manipulada por grupos, em seguida contrapõem sua leitura dos episódios, elaborada a partir de uma compreensão linear das fontes e sem admitir que, também nesse caso, o que se tem é uma versão que poderia estar tão comprometida quanto a que desejam combater.

---

existe qualquer documento digno desse nome que confirme que a perda total da população judaica durante a última guerra tenha sido de mais de duzentas mil pessoas. Acrescentamos também que estão incluídos no número total de vítimas judias os casos de morte natural" (Roeder, Prefácio, in Chritophersen, T, *Le mensonges de Auschwitz*, apud Vidal-Naquet, 1987, p.37). Faurisson fala de um milhão de judeus mortos, e, na sua opinião, metade morreu como soldados e outros, pela "guerra" nos campos. Quanto ao número de mortos em Auschwitz, judeus e não-judeus, chegou a cerca de cinqüenta mil (Faurisson, *Mémoire en défense*, apud Vidal-Naquet, 1987, p.38).

35 Essas são as linhas argumentativas negacionistas levantadas principalmente por Vidal-Naquet (1987, p.36-46).

36 Vale lembrar, também, as considerações de Jacques Le Goff sobre a objetividade do documento. Ele adverte que a utilização do documento como prova, tal como supunham os positivistas, deixa de ter sentido a partir do momento que se problematiza a relação documento/monumento, ou seja, quando o vestígio do passado é encarado como produto da sociedade que o fabricou (Le Goff, Documento Monumento, 1992, p.545).

A ênfase no problema da "verdade" do conhecimento histórico constitui-se em questão central no discurso dos negadores do Holocausto. Assim, manipulando fatos e documentos, tomam a concepção da verdade para si, espoliando a memória.

A tendência de críticos literários e de parte da comunidade de historiadores a alertar para a tênue linha que distingue ficção e verdade acaba subsidiando discursos ideológicos e tendenciosos, como o dos negacionistas. Ao se apropriarem, de forma simplista, da idéia de que não há parâmetro para a verdade histórica, os negacionistas reivindicam um lugar para seu discurso ou para sua "verdade". Eric Hobsbawm (1999, p.286) trata tal problema desta forma:

> A história como ficção, contudo, recebeu um reforço acadêmico de uma esfera inesperada: "o crescente ceticismo concernente ao projeto iluminista de realidade". A moda do que é conhecido (pelo menos no discurso acadêmico anglo-saxão) pelo vago termo "pós-modernismo", felizmente não ganhou tanto terreno entre os historiadores quanto aos teóricos de literatura e da cultura e antropólogos sociais, mesmo nos EUA, mas é relevante a questão em pauta, já que lança dúvida sobre a distinção entre fato e ficção, realidade objetiva e discurso conceitual. É profundamente relativista. Se não há nenhuma distinção clara entre o que é verdadeiro e o que sentimos ser verdadeiro, então minha própria construção de realidade é tão boa quanto a sua ou a de outrem, pois "o discurso é produtor desse mundo, não o espelho".

Hayden White, crítico que chamou a atenção para o caráter discursivo da História, tem sido alvo de várias críticas que reconhecem a necessidade de o historiador estar atento aos aspectos propriamente narrativos de seus textos, não obstante abdicando da evidência e das especificidades da produção de saber na área. Nesse sentido, Chartier (1994; Ferreira, 1996) posiciona-se como o principal crítico da postura de White:

> Contra uma tal abordagem ou tal *shift* [de White], é preciso lembrar que a ambição de conhecimento é constitutiva da própria intencionalidade histórica. Ela funda as operações específicas da disciplina: construção e tratamento dos dados, produção de hipóteses, crítica e verificação de resultados, validação da adequação entre o discurso e o conhecimento e seu objeto. Mesmo que escreva de uma forma literária, o historiador não faz literatura, e isto pelo fato de sua

48 CARLOS GUSTAVO NÓBREGA DE JESUS

dupla dependência. Dependência em relação ao arquivo, portanto em relação ao passado do qual ele é vestígio.

A propensão de White ao relativismo e as conseqüências dessa tendência na interpretação dos documentos foram amplamente discutidas também por Carlo Ginzburg (1994), no artigo "Solo un testigo" ["Somente um testemunho"], em que o historiador italiano critica a tolerância de White, lembrando que suas considerações podem dar credibilidade a qualquer discurso, incluindo o de negacionistas como Faurisson.

White (apud Ginzburg, 1994, p.12) afirma que: "Devemos estar atentos contra um sentimentalismo que nos conduziria a rechaçar uma concepção só por ter sido relacionada com ideologias fascistas". Esse fragmento, retirado por Ginzburg do texto "The Politics of Historical Interpretation", presente em *The Content of the Form*, faz o historiador italiano concluir que se o processo narrativo negacionista de Faurisson provasse alguma vez ser eficaz, seria considerado por White como verdadeiro:

> Esta conclusão é o resultado de uma atitude tolerante? Como temos visto, White argumenta que seu asceticismo e seu relativismo podem proporcionar os fundamentos epistemológicos e morais da tolerância. Mas essa pretensão é histórica e logicamente insustentável. Histórica, porque a tolerância tem sido teorizada por indivíduos que tinham fortes convicções teóricas e morais (é típica frase de Voltaire: "Combaterá para defender a liberdade de expressão do meu oponente?"). Logicamente porque o ascetismo absoluto se contradiz, se não for estendido também à tolerância como primeiro regulador. Além de que, quando as diferenças teóricas e morais não estão relacionadas fundamentalmente com a verdade, não há nada que tolerar. (Ginzburg, 1994, p.13)

As considerações de Ginzburg alertam ainda para as questões éticas colocadas pelo Holocausto. Se grande parte dos documentos do genocídio foi destruída pelos nazistas, os testemunhos de sobreviventes dos campos de concentração, como Primo Levi, não podem ser descartados. O raciocínio do historiador italiano é pertinente, pois a questão da memória dos sobreviventes dos campos de concentração é uma das fontes descartadas no método de pesquisa empregado pelos negacionistas. Não por acaso, Vidal-Naquet (1987, p.10), em um de seus ensaios, denomina-os como "Assassinos da memória", concluindo que:

uma história do crime nazista que não abarcasse a, ou melhor, as memórias, que não revelasse as transformações da memória seria uma história bem pobre. Os assassinos da memória escolheram bem o seu objetivo: querem atingir uma comunidade nas mil fibras ainda dolorosas que a ligam a seu próprio passado.

O negacionismo devido a seu método de pesquisa e suas conclusões controversas suscita inevitáveis discussões historiográficas no meio acadêmico. Trabalhos como os de Norman Finkelstein (2000), professor de Teoria Política em Nova York, têm colaborado para acirrar ainda mais a polêmica. O autor, filho de judeus sobreviventes dos campos de concentração, sem se propor a discutir propriamente a questão do Holocausto, denuncia a utilização econômica e política do fato pela elite judaica, tida como o grupo étnico mais bem-sucedido dos Estados Unidos.

O debate sobre o tema tem sido também problematizado por historiadores brasileiros, como Edgar De Decca (2001, p.28-35), que alerta a historiografia para o cuidado com o crescimento de tal movimento e aponta um fator positivo a respeito do suposto revisionismo:

> O Holocausto não será esquecido em virtude do atual revisionismo. Ao contrário, pelo fato de o revisionismo instigar a retomada de visão crítica do conhecimento histórico, ele torna evidente que os maiores perigos nos espreitam quando o discurso histórico se alia aos discursos dos poderosos e dos vencedores.[37]

As discussões, porém, não têm sido circunscritas a publicações e congressos. A historiadora Deborah Lipstadt (apud Vilmar, 2000, p.123-21), que chegou a ser alvo de um processo movido pelo negacionista David Irving, destaca a relevância de discutir a negação do Holocausto:

> Necessitamos nos ocupar da questão porque as forças da razão são vulneráveis e porque a sociedade é suscetível a idéias aberrantes. As pessoas que habitam reinos imaginários e irracionais, a exemplo de pessoas que negam a existência de Auschwitz, criaram correntes de opinião poderosa, em termos históricos, como o próprio nacional-socialismo.[38]

---

37 Outro historiador brasileiro que comenta o movimento negacionista é Roney Cytrynowicz (1992, p.267).

38 A historiadora Deborah Lipstadt foi acionada pelo negacionista David Irving, acusada de ter abalado a reputação do historiador citado com o livro *Denying the Holocaust* (1993). Lipstadt

Os negacionistas utilizam várias estratégias para atribuir uma aparência científica legitimadora de suas teses, tais como: inversão de sentido de um dado documento, análise literal de fontes codificadas; e, o que é mais comum, alçam à condição de fato uma série de afirmações que não se apóiam em evidências suficientes para torná-las confiáveis. Analogamente, valem-se de fontes altamente comprometidas com ideais ligados às tendências políticas e ideológicas de extrema-direita. A análise da narrativa negacionista não pode prescindir dos alertas de Eric Hobsbawm (2000, p.281-2, 289-90):

> Sem entrar no debate teórico sobre essas questões, é essencial que os historiadores defendam o fundamento de sua disciplina: a supremacia de evidência. Se os seus textos são ficções, como o são em certo sentido, constituindo-se de composições literárias, a matéria-prima dessas ficções são fatos verificáveis. O fato de que os fornos nazistas tenham existido ou não pode ser estabelecido por meio de evidências. Uma vez que isso foi estabelecido, os que negam sua existência não estão escrevendo história, quaisquer que sejam suas técnicas narrativas (no entanto) conquanto não seja difícil rejeitar as teses de Faurisson, não podemos, sem uma elaborada discussão rejeitar o argumento de David Irving, como fazem muitos especialistas na área.

---

foi absolvida em abril de 2000. Irving fundamentou sua acusação nas memórias que Adolf Eichmann escreveu na Argentina. O negacionista insistia em afirmar que comprovaria a inexistência das câmaras de gás, estratégia que não deu certo, pois Deborah Lipstadt conseguiu que o governo israelense liberasse para a Justiça diários originais que Eichmann escreveu durante sua prisão em Jerusalém.

2
NEGACIONISMO E MEMÓRIA: PRESSUPOSTOS DISCURSIVOS

Entre boletins e livros

Nos primeiros anos, a publicidade da Revisão Editora desenvolvia-se por meio dos *Boletins Informativos de Esclarecimento ao País* (EPs), que eram distribuídos sob a forma de panfletos, na cidade de Porto Alegre.

> **Boletim-EP/ESCLARECIMENTO AO PAÍS** — Primeiro informativo revisionista do Brasil. Publicação independente de interesse geral, apartidária e apolítica, dedicada à crítica da História à luz da lógica e da razão. Jornalista Responsável Carlos F. Menz - Reg. Prof. 3.704. Endereço para correspondência Rua Voltaire Pires 300, conjunto 01 — 90640-160 Porto Alegre, RS — NOV/92.
>
> **Boletim-EP/Esclarecimento ao País**

Até novembro de 1992, foram distribuídos cinco EPs, que tiveram periodicidade irregular. Segundo explicação contida no próprio boletim, foi a partir desse ano que os EPs passaram a ser distribuídos semestralmente:

> AMIGO: Você está recebendo o primeiro número do informativo revisionista Boletim-EP/ Esclarecimento ao País, que inicia pelo n.6 porque os EPs anteriores eram em forma de panfleto ou publicações na imprensa. A partir de agora, ampliado, terá periodicidade e será enviado à nossa legião de fiéis leitores e amigos que se propuserem a colaborar com sua manutenção. Este primeiro número é gratuito e está sendo enviado também a todas as entidades e pessoas do nosso relacionamento, inclusive autoridades civis, militares e eclesiásticas. (EPs, n.6, 1992, p.2)

52 CARLOS GUSTAVO NÓBREGA DE JESUS

Foi por meio dos EPs que a Revisão Editora divulgou seus primeiros livros. A lista de títulos reduzia-se a 16 obras divulgadas nos boletins e era denominada BIBLIOTECA FUNDAMENTAL REVISÃO:

BIBLIOTECA FUNDAMENTAL REVISÃO

Adquira, Leia, Divulgue — Os livros fundamentais para a compreensão da História Moderna.

*N° 1 — HOLOCAUSTO: JUDEU OU ALEMÃO?, de S. E. Castan. A bíblia revisionista.
N° 2 — ACABOU O GÁS!, de S. E. Castan. A ciência desmente as câmaras de gás.
N° 3 — S.O.S. ALEMANHA, de S. E. Castan. Sensacionais revelações e constatações.
*N° 4 — OS CONQUISTADORES DO MUNDO, de Louis Marschalko. Quem nos governa? Indispensável em qualquer biblioteca.
*N° 5 — BRASIL, COLÔNIA DE BANQUEIROS, de Gustavo Barroso. Conheça a origem da nossa dívida.
*N° 6 — OS PROTOCOLOS DOS SÁBIOS DE SIÃO, comentado por G. Barroso. O famoso plano de dominação mundial.
*N° 7 — O JUDEU INTERNACIONAL, de Henry Ford. Opiniões e previsões do gênio da indústria automobilística.
N° 8 — O MASSACRE DE KATYN, de Sérgio Oliveira. Ponto final da farsa.
*N° 9 — HITLER CULPADO OU INOCENTE?, de Sérgio Oliveira. Novíssimos fatos e provas.
N° 10 — CARTA AO PAPA, do general Leon Degrelle. Um apelo sincero à paz.
N° 12 — QUEM ESCREVEU O DIÁRIO DE ANNE FRANK?, de Robert Faurisson. Uma das mentiras mais divulgadas é desmascarada.
*N° 13 — HISTÓRIA SECRETA DO BRASIL, Vol. I, de Gustavo Barroso. Conheça a nossa História.
N° 13A — Volume II de HISTÓRIA SECRETA DO BRASIL.
N° 14 — CONDENADO À MORTE, de Georges Laperche. A outra face da "resistência francesa".
N° 15 — A HISTÓRIA DO LIVRO MAIS PERSEGUIDO DO BRASIL, da Equipe do jornal RS. Para compreender o "Caso Castan".
N° 76 — A IMPLOSÃO DA MENTIRA DO SÉCULO, de S. E. Castan. O derradeiro ato da farsa do "holocausto".
PEDIDOS: TERTIUS LIVROS LTDA. Rua Voltaire Pires 300, conj. 01 - Bairro Santo Antônio, PORTO ALEGRE, RS. Fone/Fax (051) 223.16.43.

(* Livros ainda não liberados pela Justiça)

Nessa lista, encontram-se obras de autores nacionais e estrangeiros. Entre os primeiros, temos os dois principais nomes ligados à editora, S. E. Castan e Sérgio Oliveira, uma equipe de reportagem e o líder da ala anti-semita radical do integralismo, Gustavo Barroso. Dos autores estrangeiros, destacam-se Robert Faurisson e o famoso empresário ligado à indústria automobilística, Henry Ford. Todas as obras foram editadas em português.

A maioria dos títulos questiona acontecimentos ou personalidades ligadas, de uma forma ou outra, à Segunda Guerra Mundial e ao Holocausto, como ocorre em *Holocausto – judeu ou alemão?*: nos bastidores da mentira do século (Figura 1); *Acabou o gás!... O fim de um mito – O Relatório Leuchter sobre as alegadas câmaras de gás* (Figura 2); e *A implosão da mentira do século* (Figura 3), as três obras de S. E. Castan.

ANTI-SEMITISMO E NACIONALISMO, NEGACIONISMO E MEMÓRIA   53

Figura 1

Figura 2

Figura 3

O mesmo pode-se dizer de *Hitler: culpado ou inocente?*, de Sérgio Oliveira (Figura 4); e de *Quem escreveu o Diário de Anne Frank*, de Robert Faurisson (Figura 5).

Figura 4

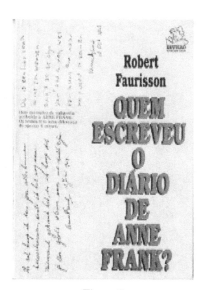

Figura 5

Outros títulos guardam, direta e especificamente, ligação com o anti-semitismo, como a tradução de Gustavo Barroso de *Os protocolos dos sábios de Sião* e *O judeu Internacional*, de Henry Ford.

Figura 6

Figura 7

À primeira vista, entretanto, há títulos que evidenciam comprometimento com o nacionalismo, como *S.O.S. para Alemanha*, de Castan (Figura 6); e as obras de Gustavo Barroso *História secreta do Brasil I e II* e *Brasil:* colônia de banqueiros (Figura 7).

Somente pelos títulos da listagem podem-se perceber os temas privilegiados pela "Biblioteca Fundamental da Revisão Editora": o anti-semitismo, o questionamento de alguns acontecimentos ligados à Segunda Guerra Mundial e o nacionalismo.

O próprio nome da editora, Revisão, indica sua concepção histórica. No entanto, não é difícil perceber que, na realidade, trata-se de uma postura negacionista. Os responsáveis compartilham tal leitura do passado, pois verifica-se que, juntamente com as obras da editora, estão as de vários autores ligados ao negacionismo, como Robert Faurisson. Em seu livro publicado pela Revisão, *Quem escreveu o Diário de Anne Frank?*, Faurisson questiona a autenticidade do diário, alertando que a tinta esferográfica usada por Anne Frank não existiria naquela época, o que lhe permite supor tratar-se de farsa montada por movimentos judaicos.[1]

Outros autores estrangeiros presentes na lista também dialogam com o negacionismo. León DeGrelle (1989), por exemplo, foi chefe das forças voluntárias belgas que lutaram do lado alemão na Segunda Guerra Mundial. Em *Carta ao papa* (Figura 8), traduzida pela Revisão, ao saber que o chefe da Igreja Católica visitaria o campo de concentração de Auschwitz, em junho de 1979, o autor acreditou ser seu dever comunicar ao pontífice que o Holocausto consistia numa "fraude propagandística" manipulada pelos vencedores da guerra e pelos judeus.

Na obra *Os conquistadores do mundo* (Figura 9), publicada pela Revisão, o húngaro Louis Marschalko (1992, p.59), influente pensador negacionista, afirma que os judeus pretendiam dominar o mundo e eram os verdadeiros responsáveis pelo conflito mundial:

> Usando uma interpretação errônea do conceito racial, os judeus fingiram que os alemães estavam alegando supremacia única para a Alemanha sobre todos os

---

1 Mesmo se o diário se constituísse de passagens que não condissessem com a realidade ou mesmo que tivessem trechos suprimidos do original, como afirma Faurisson, tais fatos não mudariam a tragédia do destino de Anne Frank (Vidal-Naquet, 1987, p.35).

outros países. Assim, eles conseguiriam isolar os outros países da Alemanha. Eles distorceram a teoria racial, insinuando que a Alemanha queria conquistar o mundo, e com base nessa teoria estava reivindicando a supremacia mundial.

Figura 8

Figura 9

A respeito de Castan e Sérgio Oliveira, dois autores nacionais contemporâneos que escrevem para a Revisão, Natália dos Reis Cruz (1997, p.146), relacionando-os intimamente com os pressupostos negacionistas, assinala as motivações políticas e ideológicas desses indivíduos e a forma como utilizam as fontes históricas:

> A editora Revisão adota, portanto, um pressuposto teórico de cunho relativista, como objetivo de desqualificar a história do nazismo, que se baseia no não-reconhecimento da existência do genocídio. Não obstante, é importante ressaltar que a editora, ao partir do princípio do relativismo, pressupõe que este só se adequa (sic) a seus adversários, ou seja, aos que afirmam que o extermínio efetivamente ocorreu. A tese da editora, baseada na negação do genocídio, ficaria de fora do alcance do relativismo, isto é, tratar-se-ia de uma verdade absoluta.

Ao considerar tais argumentos da historiadora, pode-se concluir que o revisionismo histórico da Revisão Editora é só uma artimanha para, na verdade, ocultar a adesão de seus colaboradores à ideologia nazista e ao negacionismo (Cruz, 1997, p.4).[2]

Nesse contexto, é importante chamar a atenção para questão da qualidade gráfica dos Boletins e dos livros da Revisão Editora, pois é claramente notável, pelas imagens reproduzidas, a falta de apuro na diagramação dos Boletins e nas capas dos livros. Tal fato revela o caráter caseiro e não-profissional do trabalho, um indício de que a editora dispunha de recursos modestos. De outra parte, é obvio o caráter quase clandestino do material. Também é possível imaginar que, mesmo dispondo de capital, talvez Castan receasse fazer uso de empresas solidamente estabelecidas no mercado, tendo em vista o conteúdo do material, o que pode tê-lo levado a optar por uma saída amadora. No entanto, a baixa qualidade gráfica dos livros não significa que as capas fossem pouco chamativas ou atraentes. As cores fortes e os títulos polêmicos buscavam compensar o modesto trabalho editorial.

Cytrynowicz (1992, p.257) exemplifica a situação afirmando que "os livros da Revisão chegaram a figurar na lista dos dez mais vendidos em Porto Alegre. Capas atraentes prometendo 'verdades ocultas' sobre um assunto tão explorado certamente intensificam as vendas, na onda dos livros místicos".

Parece correto afirmar que o que Castan realmente queria era divulgar suas teses negacionistas antes de obter lucro, razão pela qual a distribuição dos Boletins era gratuita e exibia baixa qualidade gráfica como os livros. A atração, como evidenciou Cytrynowicz, ocorreria mais pelo assunto polêmico aliado a cores e títulos chamativos das capas do que pela qualidade gráfica da publicação.

É a análise sistemática das obras de Castan e Sérgio Oliveira, no entanto, que pode esclarecer com maior segurança a natureza de seus compromissos políticos e ideológicos.

Discurso negacionista

As primeiras obras de Sérgio Oliveira e S. E. Castan particularizam-se pela força de dois componentes interligados: o anti-semitismo e o nega-

---

2 Para conferir a análise do discurso em que Natália procura evidenciar essa estratégia política, ver Cruz (1997, p.138-96).

58 CARLOS GUSTAVO NÓBREGA DE JESUS

cionismo, este não sendo mais do que, especialmente, uma compilação de autores franceses.

Holocausto – judeu ou alemão?, de S. E. Castan (1990, p.13-4), trabalho de estréia do autor, estaria, segundo informações da editora, na trigésima edição.[3] Segundo Natália dos Reis Cruz (1997, p.42), o lançamento do livro ocorreu em fevereiro de 1987, no balneário de Capão de Canoas, Rio Grande do Sul, e deu-se antes da fundação da Revisão Editora. A primeira impressão foi feita pela Editora Palloti.

Nesse primeiro livro, já se observa o comprometimento de Castan com o negacionismo, pois ele tenta provar que o genocídio não aconteceu, e que o Holocausto foi forjado pelos vencedores da guerra para atender a interesses políticos e econômicos. No prefácio da sétima edição, o autor não esconde a simpatia pela Alemanha e salienta que as pesquisas históricas realizadas por ele e outros intelectuais ligados à Revisão Editora chocam-se com os interesses de grandes grupos internacionais, a maioria deles ligados à comunidade judaica. Castan questiona as provas históricas apresentadas em relação ao Holocausto, colocando em dúvida principalmente as afirmações provenientes de relatos orais e testemunhas oculares que, segundo ele, seriam de duvidosa confiabilidade e estariam a serviço do sionismo internacional.

O livro fornece uma longa retrospectiva do nazismo na Europa. Em relação às Olimpíadas de Berlim (1936), insiste que Jesse Owens, atleta norte-americano negro, ganhador de quatro medalhas de ouro no atletismo, jamais foi alvo de preconceito por parte de Hitler. O mal-entendido teria sido fruto da imprensa internacional, ligada aos movimentos judaicos. A preocupação de Castan é desvincular o racismo da política de Hitler, postura que se aplica à sua própria produção e às outras obras da Revisão. Segundo Castan (1987, p.11, 13 e 16),

> membros do COI (Comitê Olímpico Internacional) solicitaram a Hitler para que não mais cumprimentasse publicamente os vencedores de qualquer competição. Naturalmente, após o pedido do COI, não houve mais cumprimentos do Führer [...] O negrão era tão querido e popular entre o povo alemão que não teve, após a primeira vitória, praticamente mais descanso, pois onde andava tinha de dar autógrafos. Após a vitória, no revezamento, viu-se obrigado a mudar

---

3 Não se descarta a hipótese de que tais números tenham sido manipulados pela editora. Em nenhum momento informou-se a quantidade de exemplares por edição.

de residência para fugir de caçadores de autógrafos (Racistas nunca fariam isto!) [...] Racismo contra negros? Com certeza houve, mas não foi do lado alemão, que festejou e glorificou as vitórias de Jesse Owens, tornando-o seu ídolo.

As fontes utilizadas por Castan para averiguar os acontecimentos das Olimpíadas de Berlim são de duvidosa confiabilidade, pois estavam intimamente comprometidas com o regime nazista:

> Fora as quatro notáveis vitórias de Jesse Owens, que teriam derrubado o mito "ariano", nada se encontra na imprensa e mesmo bibliotecas, que mostre o quadro de honra, com o resultado final de todos os países participantes, medalha por medalha [...] Em agosto de 1985, finalmente consegui o que tanto procurava. Foi na Biblioteca Nacional de Viena, e o livro chama-se "So Kampfte und Siegte die Jugend der Welt" (Assim lutou e venceu a Juventude do Mundo). (idem, p.15)

Fica claro que o documento, que mostrava a Alemanha como a vencedora das Olimpíadas, pertencia a algum órgão ligado à política nacional-socialista. A imparcialidade nos fatos, tão requerida pelos colaboradores da editora, parece não ser incorporada à metodologia negacionista, especialmente no que diz respeito à abordagem das fontes. Só os documentos que lhe interessam são considerados, como é o caso desse livro usado para comprovar a vitória alemã nas Olimpíadas de 1936. Paradoxalmente, todo documento que venha comprovar o genocídio judeu e que seja da mesma época não é utilizado por Castan.

Segundo Vidal-Naquet (1987, p.41), esse é um procedimento similar entre adeptos do negacionismo, pois "todo testemunho, todo documento anterior à liberação é falso ou considerado boato. Por exemplo, os documentos escritos por membros do Sonderkommand de Auschwitz, escondidos por eles e encontrados após a guerra, são documentos que descrevem com precisão e confirmam tudo o que se sabe sobre o funcionamento das câmaras de gás", e não por acaso são deixados de lado por aqueles que questionam a veracidade do Holocausto.

A não-utilização desses documentos comprometidos com o nazismo evidencia a hipótese de que não se deve desconsiderar a simpatia de Castan pelas diretrizes do regime de Hitler, pois, seguindo as pretensões negacionistas, há uma preocupação em redimir o Terceiro Reich de várias acusações,

60 CARLOS GUSTAVO NÓBREGA DE JESUS

com a finalidade de obter-se a redenção dos crimes nazistas e de seus oficiais mais importantes:

> (Mengele) não era aquilo que a grande imprensa apresentava [...] Estava fugido, sim, como muitos outros, para não mofar nas prisões, como Rudolf Hess, e também para não ser morto como Eichmann e milhares de outros, que não tiveram uma pátria para defendê-los, pelo contrário, que ainda se presta para perseguir os que lutaram e se sacrificaram por ela. (Castan, 1987, p.204)

Castan preocupa-se com o futuro da Alemanha e afirma que penalizar os nazistas pelos crimes agride todo o povo alemão, e não só a cúpula do Terceiro Reich. Argumenta que as críticas insultam toda a nação alemã, que deveria ser respeitada em razão de sua história e sua riqueza cultural. No intuito de negar iniciativas de extermínio de populações, Castan coloca os nazistas, juntamente com o "povo alemão", na posição de vítimas da Segunda Guerra Mundial. De acordo com seus argumentos, a população da Alemanha foi vítima do conflito, fato que não ocorreu com os judeus, pois morreram de várias outras causas, como o tifo. Os alemães, por sua vez, teriam sofrido em razão dos bombardeios dos Aliados e pelo padecimento conhecido nos campos de prisioneiros. Tais acontecimentos teriam sido silenciados pelos vencedores da guerra. Dessa constatação vem a pergunta do livro: *Holocausto – judeu ou alemão?*. Para Castan (1987, p.257), o que existiu foi um Holocausto alemão:

> Refiro-me a cidade de Dresden onde foi executado mais um planejado ataque de EXTERMÍNIO CONTRA O POVO ALEMÃO, DESTA VEZ PORÉM UMA CIDADE ENTUPIDA DE REFUGIADOS [...] Trata-se, sem a menor dúvida, DO MAIOR ASSASSINATO DE CIVIS QUE A HUMANIDADE JÁ ASSISTIU EM TODOS OS TEMPOS... Acredito que somente reverenciam Hiroshima, porque a destruição de Dresden apenas era a continuação do PLANEJADO GENOCÍDIO ALEMÃO EM ANDAMENTO!!! Porque lembrar as mortes de "Nazistas", "Arianos", "Racistas", "Matadores de Judeu" e "Gente que queria dominar o Mundo"[...] (grifos do original)

O massacre do povo judeu não pode ser comparado com a situação da população civil morta nos bombardeios, pois foi sistematizado, pensado e organizado; e o mais importante, eles estavam presos, confinados em campos, sem perspectivas e possibilidades de fugir de seu destino final que seria a morte.[4] Obviamente, isso não significa que os outros civis, fossem eles de países aliados ou do eixo, não devam ser considerados vítimas da guerra. Os bombardeios de Dresden, Hiroshima e Nagasaki fizeram vítimas incalculáveis, entre elas a população alemã. Mas tal questão não pode servir para reivindicar a vitimização dos oficiais nazistas e colocar militares e civis que morreram nos bombardeios no mesmo patamar. Diferentemente dos civis, os oficiais participavam ativamente do conflito e do genocídio judeu, lutando na guerra segundo seus interesses políticos e ideológicos.

Com tais argumentos, fica evidente que Castan, na tentativa de dar credibilidade às suas teses, vale-se de generalizações inapropriadas. Seguindo método semelhante, ele analisa a história do nacional-socialismo até o julgamento de Nuremberg. No decorrer do texto, sobressai uma característica peculiar de seus livros: a linguagem agressiva e, até mesmo, vulgar, como se percebe no trecho relativo ao fato de Paul Rassinier ter sido proibido de comparecer ao julgamento:

> Foi retirado do trem, na fronteira com a Alemanha, por ser considerado IN-DESEJÁVEL!!! O homem que estava ajudando a tirar a culpa que era imputada aos próprios alemães, ao invés da estátua que merece, ERA UM INDESEJÁVEL. Isto na verdade chama-se: SUBSERVIÊNCIA PARA CACHORRO SAFADO NENHUM BOTAR DEFEITO!!! (Castan, 1987, p.139 – grifos do original)

---

4 Sobre a questão dos danos de guerra ao povo alemão e sua comparação aos judeus, Vidal--Naquet (1987, p.64) afirma: "O povo alemão sofreu horrivelmente, como sofreram outros povos que não foram vencidos, os russos, os poloneses, os iugoslavos, os tchecoslovacos e os gregos. Na Europa oriental, em algumas outras regiões (Holanda e Grécia), os judeus não foram vencidos, foram suprimidos. Nem sempre é fácil compreender o que isto significa". A polêmica gerada acerca desse assunto surge com a tese de doutorado de Daniel Jonah Goldhagen (1999). O professor de ciência política de Harvard aponta a população civil alemã como voluntários de Hitler no extermínio, tendo assim também sua parcela de culpa sobre o genocídio. Para Goldhagen (1999), o anti-semitismo estava tão arraigado na coletividade que a população civil alemã não teria encarado o assassinato dos judeus como uma atrocidade. O cientista político não concorda que os cidadãos alemães matavam os judeus obrigados ou convencidos pela propaganda política de Hitler. No entanto, o nazi-fascismo sempre teve como sua marca indelével o intuito de ser um movimento de massas, e Hitler ficou conhecido pela habilidade de convencer e conduzir essas massas. Bill Bufford (1992, p.235), jornalista e sociólogo americano, radicado na Inglaterra, ao analisar os *hooligans*, chegou à conclusão, depois de permanecer alguns anos em meio às torcidas, de que a violência de massa, aquela partilhada sob um suposto "anonimato, exerce um apelo insidioso que pode chegar ao ponto do irresistível até na mente mais esclarecida".

O anti-semitismo também é evidente em várias passagens do livro *Holocausto – judeu ou alemão?*. Um dos casos mais notórios se percebe quando Castan transcreve uma passagem da obra de Henry Ford, também publicada pela editora, *O judeu internacional*, explicitando que os judeus "formam um Estado dentro de outro Estado" (apud Castan, 1987, p.26; Ford, 1989, p.65). Esta passagem do suposto livro de Ford exemplifica bem o conteúdo da obra publicada pela Revisão:

> O Judeu é adversário de toda ordem social não judaica [...] O judeu é um autocrata encarniçado [...] A democracia é apenas um argumento utilizado pelos agitadores judeus, para se elevarem a um nível superior àquele em que se julgam subalugados. Assim que conseguem, empregam imediatamente seus métodos, para determinadas preferências, como se essas lhes coubessem por direito natural. (Ford, 1989, p.65)

Por ter denunciado o perigo do poder econômico e político dos judeus, Castan insinua que Ford sofreu pressões de ordem física, financeira e judicial que o obrigaram a se retratar junto às organizações judaicas.[5] No entanto, ao pesquisar a respeito de Henry Ford, não se obteve nenhuma informação sobre a suposta carta do empresário dirigida à comunidade judaica, tampouco foram encontradas provas de que Ford tenha sofrido alguma pressão física ou psicológica por parte dessa comunidade. Nas bibliografias de Ford, não há menção a *O judeu internacional*; no entanto, segundo Cytrynowicz, a obra de Ford "teve seis edições entre 1920-1922".[6] Deve-se

---

5 Castan reproduz carta de Ford à comunidade judaica (cf. Castan, 1987, p.21). Em *A implosão da mentira do século*, Castan (1992) voltou ao assunto: "O sionismo, através da imprensa, sempre indica que o livro *O judeu internacional*, de Henry Ford, que a Revisão reeditou (anteriormente havia sido editada pela livraria do Globo), seria uma obra praticamente apócrifa, pois Ford [...] teria desmentido tudo que publicara". Sobre razões do "desmentido", Castan (1992, p.102-3) afirma: "Em 1927, ano do desmentido, as fábricas deviam estar à porta da falência, pois não tinham conseguido vender [...] 15,3% da produção americana [...] Em 1930, voltou novamente para a liderança, com 40% da produção total dos EUA". Segundo ele, o grande beneficiado de tudo isso foi a General Motors, empresa comandada pelo Grupo Judaico Morgan.

6 A biografia do empresário norte-americano foi pesquisada nas principais enciclopédias, como *Delta Larousse*, *Barsa*, *Mirador* e *Britannica* e não se encontrou referência sobre o livro *O judeu internacional* em nenhuma de suas coletâneas bibliográficas. A menção a essa obra foi feita por Cytrynowicz (1992, p.44).

ressaltar que o que interessa nessa discussão, para Castan, não é a autenticidade da carta ou do livro de Ford, mas sim a possibilidade de o notório empresário norte-armericano poder ter compartilhado de premissas antijudaicas, fator que, em seu ponto de vista, poderia colaborar para dar uma suposta credibilidade a suas teses anti-semitas.

Nesse sentido, toda a contextualização referente à Segunda Guerra Mundial e ao pós-guerra é mobilizada com o intuito de incriminar os judeus pelo desencadeamento do conflito, fato que, por sua vez, justificaria a perseguição desses pelos alemães.

Em alguns momentos, a justificativa para outro tipo de perseguição recai também sobre os judeus, como é o caso dos ataques nazistas à União Soviética:

> Acontece que, da mesma forma como tinha acontecido na Alemanha de 1918, os judeus tinham assumido os cargos chaves mais importantes por ocasião da derrubada do tzarismo em 1917. Era esse, pois, o motivo básico dos ataques do nacional-socialismo contra a União Soviética. (Castan, 1987, p.38-9)

Não é difícil perceber que a intolerância do discurso de Castan tem os judeus como alvo quase que exclusivo.

No final do livro, seguindo as diretrizes do negacionismo, o autor põe em dúvida os documentos e os testemunhos utilizados para incriminar os nazistas, e, como não poderia ser diferente, questiona a existência das câmaras de gás, o número de judeus mortos, a eliminação sistemática nos campos de concentração. Atribui a responsabilidade da guerra aos judeus, acusando-os de arquitetar um plano sionista para dominar os meios de comunicação, a economia e a política. Todos esses fatores configuram que em sua primeira obra Castan está, a todo momento, tentando justificar, ou mesmo camuflar, um forte componente anti-semita.

Em 1990, Castan publicou *S.O.S. para Alemanha*: separada, ocupada, submissa. O livro parece ter sido escrito com duplo objetivo: na primeira parte, rebater as críticas a *Holocausto – judeu ou alemão?* e, na segunda, elaborar um contraponto à "ocupação" da Alemanha, após 1945. Na opinião de Castan, a Alemanha estava nas mãos das nações aliadas e ao governo alemão nada restava fazer. Acrescenta-se que os dois lados, União Soviética e Estados Unidos, eram comandados por sionistas. Essa seria a razão de os alemães não terem podido se opor aos vitoriosos e contestar "a mentira do

64 CARLOS GUSTAVO NÓBREGA DE JESUS

século", isto é, a morte de milhões de judeus, as câmaras de gás; enfim, tudo o que representou o Holocausto.

Repetindo argumentos da obra anterior, Castan continua a afirmar, em *S.O.S. para Alemanha*, que o Terceiro Reich, o povo alemão e os oficiais nazistas foram vítimas dessas "mentiras", não devendo ser responsabilizados por elas da forma como lhe impuseram os sionistas. No final do livro, Castan comenta a queda do Muro de Berlim, mas lamenta que tal acontecimento não iria reunificar a Alemanha, uma vez que a existência de uma Alemanha forte não atendia aos interesses sionistas de americanos e soviéticos. É importante salientar que nessa obra Castan dirige seu anti-semitismo ao contexto brasileiro. Há várias considerações a respeito das multinacionais instaladas no Brasil e sobre a ligação delas com a comunidade judaica.

Esse foi o único livro escrito por autores diretamente vinculados à Revisão que não apresentou o título relativo ao negacionismo. No entanto, retomam-se questões também caras à negação do Holocausto já discutidas em *Holocausto – judeu ou alemão?*.

Entre *Holocausto – judeu ou alemão?* e *S.O.S. para Alemanha*, Castan publicou, em 1988, pela Revisão Editora, o livro *Acabou o gás: o fim de um mito*, no qual comenta *The Leuchter Report – the end of a mith* (1987), relatório editado na Europa pela instituição revisionista *Annales d'Histoire Révisionniste* de Paris (1988), que foi anexado à obra. Na apresentação, ele afirma:

> São poucos os momentos na história quando um documento tem o poder de estraçalhar um mito histórico de vulto e lenda tão acentuados como o "Holocausto" judeu, com sua afirmação de que aos alemães mataram por gás milhões de judeus nos campos de concentração da Polônia, no curso da Segunda Guerra Mundial [...] O relatório Leuchter é um desses raros e preciosos documentos. (Castan, 1989, p.7)

O livro e as considerações do engenheiro constituem mais um artifício que pretende dar a aparência de cientificidade às afirmações do revisionismo histórico. O relatório foi fruto de encomenda dos negacionistas Robert Faurisson e Ernest Zundel. O engenheiro contratado deveria fazer um laudo das câmaras de gás no complexo Auschwitz, Birkeneau e Madjnek. Tal laudo poderia contribuir para o desfecho do processo movido contra o canadense Ernest Zundel, autor de livros apologéticos contra a veracidade do Holocausto. Com o relatório em mãos, Leuchter testemunhou a favor de Zundel.

No prefácio do relatório, de autoria de Faurisson, lê-se:

> Suas conclusões eram claras: havia provas esmagadoras de que não tinham existido câmaras de gás para execução de seres humanos em Auschwitz, Birkeneau e Madjnek, que tais alegadas câmaras, nesses locais, não poderiam ter sido, nessa época ou nos dias de hoje, usadas ou seriamente levadas em conta para funcionar como câmaras de execução pelo gás [...] Os níveis extremamente baixos de cianuretos encontrados em alguns crematórios se deviam, a meu ver, à desinfecção dos mesmos (judeus) durante a guerra [...] todos os estudos e exames feitos das alegadas câmaras de gás alemãs usando o Zyklon B deviam ser iniciados como um estudo das câmaras de gás norte-americanas. (apud Castan, 1989, p.14-15)

A pesquisa do engenheiro baseia-se em conclusões e verificações simplistas, uma vez que muitas das instalações haviam sido destruídas pelos nazistas no fim da guerra. Leuchter afirmou:

> Seria de esperar uma detecção mais elevada de cianureto nas amostras colhidas das alegadas câmaras de gás (devido à medida maior de gás alegadamente usada ali) do que a encontrada na amostra de controle. Como ocorreu o oposto, devemos concluir que essas instalações não eram câmaras de execução por gás [...] A evidência ou prova quanto à função do Krema é inexistente, uma vez que o forno do Krema I foi inteiramente reconstruído e do Krema II estão parcialmente destruídos. (O relatório Leuchter, apud Castan, 1989, p.39)

Vidal-Naquet (1987, p.43-4), comentando os procedimentos, pondera que o engenheiro

> mobiliza todo um arsenal pseudotécnico para mostrar a impossibilidade material do extermínio maciço por gás. Quanto as suas considerações sobre as câmaras de gás, que servem para a execução de condenados à morte em alguns Estados americanos e sobre as precauções a respeito a seu emprego, não provam em absoluto que o extermínio em massa por gás era impraticável, compara coisas incomparáveis [...] A operação de exterminar por gás [...] pode ser realizada em condições imensamente diferentes.

Anexo à obra de Vidal-Naquet, há o texto de Pitch Bloch a respeito dos componentes do "Zyklon B. Fica claro de que o mesmo é feito a partir do 'ácido cianídrico' (ou prússico), um veneno poderoso para o sangue de todos animais superiores", o que descarta a hipótese de ter sido utilizado só na desinfecção dos presos. Trata-se de ácido com característica "muito volátil, apresentado na Alemanha sob uma forma *adsorvida* sobre um apoio sólido, o que explicaria o fato de testemunhos terem falado sobre sólidos utilizados nas câmaras de gás".[7]

No livro *Acabou o gás...*, em nenhum momento Castan e/ou Faurisson citam a operação T4, a primeira experiência feita com os doentes mentais, que se tornaram clandestinas a partir 1939.[8]

É evidente que o Relatório Leuchter e sua versão brasileira, comentada por Castan, tentam dar aparência científica às teses negacionistas, esbarrando, porém, na falta de evidências técnicas e na carência de um respaldo documental para sustentar suas pretensas constatações.

No ano de 1991, a Revisão editou a obra *A história do livro mais perseguido do Brasil*, de Sérgio Jockymann, na época dono do *Jornal do Jockymann*, que circulava em Porto Alegre e se caracterizava por um posicionamento político liberal.[9] O livro caracteriza-se pela reprodução de uma série de reportagens publicadas no citado jornal, e o conteúdo dessas reportagens parece objetivar a defesa de publicação de *Holocausto – judeu ou alemão?*. O seguinte trecho evidencia o conteúdo das reportagens:

> Vou publicar a série de reportagens sobre o livro *Holocausto – judeu ou alemão?* e sobre seu autor, Siegfried Ellwanger Castan, por duas razões. Primeiro porque ela é vital para nossa democracia, porque põe em questão a causa da liberdade. Segundo, porque é uma excepcional matéria de interesse jornalístico.[10]

Jockymann comenta as dificuldades e o sucesso da venda do livro *Holocausto – judeu ou alemão?*. Preocupa-se em esclarecer que S. E. Castan não recebeu financiamento de nenhum órgão comprometido com neonazismo ou de qualquer outro movimento ligado à extrema-direita, pois teria vendido suas propriedades para financiar a editora Revisão, que passou por

---

7 Winnacker, Chemische: Tecnologie Organische II (apud Vidal-Naquet, 1987, p.94).

8 Segundo Vidal-Naquet (1987, p.165), tal extermínio passou a ser feito clandestinamente em virtude da pressão da igreja, que não teve a mesma preocupação com o genocídio dos judeus.

9 Segundo Natália dos Reis Cruz (1997, p.43), o jornal deixou de circular na década de 1990.

10 Equipe de Reportagem da RS. *A história do livro mais perseguido do Brasil* (1991, p.7).

ANTI-SEMITISMO E NACIONALISMO, NEGACIONISMO E MEMÓRIA **67**

crise financeira logo após sua fundação, em 1987.[11] As reportagens podem não estar comprometidas com o ideário da Revisão Editora, e sim com a ideologia liberal que marcava o jornal que, por sua vez, primava pela liberdade de expressão para todos os segmentos da sociedade. No entanto, tal posicionamento de Jockymann, antes de ser tendencioso, revelou-se de certa forma comprometedor, pois ficou evidente que as reportagens apropriadas e distorcidas, serviram para legitimar as obras e as iniciativas de Castan, tanto que foram compiladas e editadas pela Revisão. Castan utilizou tais reportagens para dar credibilidade às suas iniciativas editoriais de obras como *Holocausto – judeu ou alemão?*.

Nesse sentido, mesmo que Jockymann não fosse comprometido com as ideologias defendidas pela Revisão, o posicionamento de um jornal reivindicando um lugar para tais publicações seria de grande valia para Castan, já que, no começo da década de 1990, a editora começou a ser alvo de várias críticas por parte da imprensa e de órgãos públicos que cobravam da Justiça um posicionamento acerca do limite da liberdade de expressão.

Em maio de 1992, Castan lançou *A implosão da mentira do século*. A obra segue a mesma fórmula dos livros anteriores. No entanto, o autor volta sua atenção para a contestação dos fatores que, segundo ele, fazem parte da "mentira do século". Castan retoma as teses de Leuchter, qualifica de ficcional o montante de seis milhões e a existência das câmaras de gás, além de sustentar que a morte dos judeus teria acontecido em decorrência do tifo, que se espalhou nos campos de trabalho, e não por extermínio deliberado:

> O número de 6 milhões de judeus que teriam sido assassinados pelos alemães, em câmara de gás, surgiu pouco tempo após o término da Segunda Guerra Mundial. Esse mágico e diabólico número de propaganda foi usado para funções específicas: justificativa aliada para as destruições e crimes cometidos contra o povo alemão durante e após a guerra. Pressão sionista para indenização e extorsões. E, o mais importante, a "vitimização" permanente e definitiva do povo judeu, com a finalidade de desestimular pelo estigma do anti-semitismo, objeções ao plano político-ideológico da dominação mundial do sionismo. (Castan, 1992, p.14)

A contestação do número de vítimas e as inúmeras justificativas para as mortes nos campos são uma constante no discurso negacionista. A explicação

---

11 Equipe de Reportagem da RS (idem, p.24 e 70).

68 CARLOS GUSTAVO NÓBREGA DE JESUS

centrada no tifo é de Faurisson, que se apropria do termo codificado "ações especiais", empregado pelo médico de Auschwitz, Johan Paul Kremer, para designar o extermínio. Em sua opinião, a expressão representaria a separação dos judeus doentes daqueles que estariam com boa saúde:

> É preciso citar corretamente o Diário do médico Johan Paul Kremer. Assim, será possível ver que, se fala dos horrores de Auschwitz, é por alusão aos horrores da epidemia de tifo de setembro-outubro de 1942. A 3 de outubro, escreverá "Em Auschwitz, há ruas inteiras cobertas de tifo" [...] A triagem dos doentes e dos saudáveis era a seleção ou uma das formas de "ação especial" do médico. Nunca escreveu que Auschwitz era um *Vernichtungslager*, ou seja, de acordo com a terminologia inventada pelos Aliados depois da guerra, um "campo de extermínio"[...] Na verdade escreveu: Não é por nada que Auschwitz é chamado de campo de aniquilação (*das Lager der Vernichtung*).[12]

Nota-se que Faurisson deturpa o sentido das palavras e de pequenos termos, de modo a alterar totalmente o sentido da situação. Vidal-Naquet (1987, p.79) afirma que o "mito" do extermínio judeu por tifo foi a conseqüência de um "engano" de Faurisson, "um erro de tradução":

> O fato de Auschwitz ser o *Lager der Vernichtung* não tem relação com as epidemias de tifo. De fato, Faurisson, tão preocupado com exatidão em matéria de tradução não percebeu que Kremer não emprega o verbo *vernichten* para o tifo, pois escreve, a 3 de outubro: "Em Auschwitz, há ruas inteiras abatidas pelo tifo" (*In Auschwitz liegen ganze Strassenzüge an Typhus darnieder*). A diferença de verbo (*darniederliegen* ao invés de *vernichten*) é significativa, e Faurisson deixou-se enganar pela tradução do editor polonês [...] A interpretação de Faurisson, portanto, não é aceitável e com ela, está destruída a explicação de mortalidade por tifo em Auschwitz [...]

Além da argumentação de Faurisson, em *A implosão da mentira do século*, Castan utilizou outro fator como instrumento de manipulação. No campo de Auschwitz-Birkeneau, foram colocadas placas em memória dos quatro milhões de judeus mortos. No entanto, o autor afirma que em 1989, após

---

12 As traduções do alemão estão reproduzidas de acordo com o texto integral da obra de Vidal-Naquet traduzida para o português (Faurisson, *Mémoire en defense*, apud Vidal-Naquet, 1987, p.77).

a Cruz Vermelha liberar as listas dos mortos em Auschwitz, o museu estadual local informou que as mortes nos campos teriam ficado entre um milhão e um milhão e meio (Castan, 1992, p.30-1). Tal afirmação logo foi apropriada pelos negacionistas e generalizadas para justificar suas teses:

> PELAS NOVAS VERIFICAÇÕES [...] tinham sido "apenas" entre UM E UM MILHÃO. Uma redução de 2,5 a 3 milhões de vítimas, equivalente a população do Uruguai!!! [...] Os inimigos do povo alemão, entre os quais seus próprios governantes, fazem de tudo para que o mundo não conheça o verdadeiro número de pessoas que morreram nos campos de concentração administrados pelos alemães durante toda a guerra [...] Não fica mal chamar esta farsa de um VERDADEIRO CRIME DE DESINFORMAÇÃO CONTRA A HUMANIDADE e que somente foi possível graças ao terrível poder do SIONISMO INTERNACIONAL que soube até hoje ofuscar a verdade. (ibidem)

Tais argumentos, direcionados para questões numéricas, não alteram a relevância histórica do Holocausto. Castan, na verdade, pretende desviar a atenção do leitor para o número de mortos, quando o ponto central da discussão seria o genocídio em si, a morte sistemática de seres humanos. Mesmo que as informações de Castan pudessem ser consideradas, deve-se dizer que em relação a números a diferença de um milhão e meio para quatro milhões é significativa, mas em relação a massacre e barbárie, tal diferença não altera a natureza do desastre humano que foram os campos de concentração.

A "implosão" constante no título do livro nada mais é do que um novo argumento para teses já defendidas em outros livros e que nada inovam em face do arsenal de argumentos dos negacionistas europeus e norte-americanos. O que difere essa obra de suas similares internacionais e, especialmente, de *Holocausto – judeu alemão?* é o anti-semitismo aplicado à esfera nacional. Como em *S.O.S. para Alemanha*, podem-se notar artigos com títulos: "Sionistas x Henry Ford e brasileiros", "Fabio Feldman, a usura disfarçada de ecologismo", "Monumento aos seis milhões no Butantã". Em *Implosão da mentira do século* nota-se, claramente, que o anti-semitismo e o anti-sionismo começam a ser empregados para discutir os problemas econômicos e políticos do Brasil.

As principais características dos livros de Castan também aparecem nas obras de Sérgio Oliveira, outro autor ligado à editora. No entanto, Sérgio é mais discreto nas críticas e no modo de empregar as palavras. Ex-militar, ele

70 CARLOS GUSTAVO NÓBREGA DE JESUS

começou a escrever textos e livros de caráter anti-semita depois de ter se tornado leitor das publicações da editora Revisão. Integra a Academia Sul--Brasileira de Letras de Pelotas (RS), na qual ocupa a cadeira número quinze. Na listagem referente à "Biblioteca Fundamental da Revisão Editora" há duas obras de sua autoria, publicadas no mesmo ano: *Hitler, culpado ou inocente?* (1989) e *O massacre de Katyn* (1989).

No último deles, Sérgio Oliveira detém-se no massacre de oficiais poloneses da floresta de Katyn, atribuindo a responsabilidade do acontecimento ao exército soviético e não ao alemão. Seguindo as iniciativas negacionistas, o ex-militar generalizou tal acontecimento, alegando a existência de um complô tramado para colocar os alemães na posição de verdadeiros culpados por todo tipo de massacre ocorrido durante a Segunda Guerra Mundial. Obviamente, entre eles estaria a morte sistemática dos judeus nos campos, fato que o autor nega.

A tal respeito, Vidal-Naquet (1987, p.34) indaga: "Desde quando, para dar um exemplo extremado, o fato de a propaganda hitlerista ter revelado ao mundo o massacre de Katyn suprime sua realidade (a realidade a respeito do massacre judeu)?". E conclui: "Se é verdade que os hitleristas podiam dizer a verdade sobre Katyn, não é menos verdade que os soviéticos pudessem dizê-la sobre Auschwitz" (idem, p.48). A afirmação de Vidal-Naquet é pertinente, pois não é a constatação de um engano em relação a um fato, não isolado (cf. Portelli, 1998, p.103-30), que vai mudar todo o contexto de outro acontecimento. O equívoco em relação aos verdadeiros culpados do massacre de Katyn não justifica a negação do Holocausto judeu.

Nota-se grande preocupação do autor em colocar os nazistas na posição de vítimas da Segunda Guerra Mundial, relativizando seus crimes, acusando os judeus de serem os responsáveis pelo início do conflito e os Aliados de serem os verdadeiros criminosos de guerra. A linguagem está mais próxima da acadêmica, e o autor reconhece que houve grande número de judeus mortos, embora questione o montante de vítimas, além de não atribuir aos alemães nenhuma responsabilidade pelo ocorrido. Tais posturas marcam as diferenças entre Sérgio Oliveira e Castan.

Em *Hitler: culpado ou inocente?* (1989), Sérgio persiste na afirmação de que os judeus são os responsáveis pela guerra, fato que provaria a inocência de Hitler. Segundo o autor, os judeus teriam um plano para financiar os socialistas, que, por sua vez, dominariam a Alemanha. Hitler teria se tornado chefe do Estado alemão para impedir essa tomada de poder, frustrando o projeto. Na opinião de Sérgio Oliveira (1990, p.26-45), a Alemanha invadiu a Polônia por receio de ser invadida, pois, havia vários anos, segundo ele, os poloneses perseguiam o povo alemão e pretendiam anexar territórios em nome do poder judaico. De acordo com seu raciocínio, a culpa atribuída a Hitler pelo desencadear da guerra e pela perseguição aos judeus era injusta, já que essas atitudes só foram tomadas em conseqüência de um conflito instigado de fato pelo povo judeu, o verdadeiro culpado e o principal inimigo da Alemanha.

Mesmo ancorado nos pressupostos e métodos negacionistas, Sérgio mostra que seu negacionismo não é tão convicto. A respeito das câmaras de gás, por exemplo, o autor dá credibilidade às teses de Leuchter; mas em relação aos campos de Sobibor, Belzec e Treblinka, ele afirma: "São três apenas que ainda resistem à análise dos cientistas e técnicos da atualidade [...] devido ao fato de terem tido suas instalações 'destruídas'. Por quem? Não se sabe.." (S. Oliveira, 1990, p.109). Ao mesmo tempo, o autor afirma: "De qualquer modo, mesmo que a existência das câmaras de gás de Belzec, Sobibor e Treblinka não venha a ser desmentida, a responsabilidade pelo que ali possa ter ocorrido, aponta em outra direção, que não a dos alemães" (idem, p.110).

Para tentar justificar sua ambigüidade, Oliveira baseia-se no anti-semitismo e nas afirmações negacionistas, insistindo que os judeus declararam guerra aos alemães, não sendo, assim, civis descomprometidos com o conflito. Argumenta que as câmaras constituíram-se num modo diferente de matar os presos de guerra, sendo similar ao ato de fuzilamento. Sobre esse assunto, nota-se uma passagem emblemática: "Qual a diferença entre fuzilar um grupo de 10 indivíduos ou gasear outro de igual número" (idem, p.117-18). O que o autor não leva em consideração é que a morte por gaseamento foi uma forma utilizada pelos nazistas, para matar um maior número de vítimas em um pequeno espaço de tempo. Outro fator que possibilitou a adesão das câmaras de gás é que, dessa forma, os responsáveis pelo extermínio não teriam contato direto com seus algozes, o que não acontecia com o fuzilamento em massa, que por esse motivo exercia um maior impacto emocional no pelotão de fuzilamento.

Tais afirmações simplistas utilizadas por Sérgio Oliveira são feitas com base em documentos que os negacionistas interpretam literalmente, deturpando e generalizando qualquer fonte que possa dar credibilidade às suas

72 CARLOS GUSTAVO NÓBREGA DE JESUS

teses. É exemplar a tese negacionista de que houve a declaração de guerra dos judeus ao Terceiro Reich. Tais declarações de guerra seriam fruto de um artigo do jornal inglês *Daily Express*, de março de 1933, que trazia o título "Judéia declara guerra à Alemanha".

Segundo Krause Vilmar (2000, p.109), no texto não há nenhuma declaração de guerra, apenas "é feito um relato das reações de judeus britânicos e americanos a respeito das perseguições que ocorriam na Alemanha". A "segunda declaração" teria ocorrido na troca de correspondências, no *The Times*, entre o presidente da Agência Judaica para Palestina, Chaim Weizmann, e o primeiro-ministro inglês, Neville Chamberlain, entre 29 de agosto de 1939 e 6 de setembro do mesmo ano. Chaim Weizmann, que mesmo em conflito com a Inglaterra pela questão palestina afirmava que a agência estava disposta a apoiar o governo inglês pela causa democrática: "os judeus lutam pela mesma causa da Grã-Bretanha e combaterão do lado das democracias [...] A agência judaica coloca-se sob a liderança coordenadora do Governo de Sua Majestade".[13]

Em nenhum momento, lembra Vilmar (2000, p.109-10), Chaim afirmou que estava falando em nome de todos os judeus ou mesmo que tivesse a pretensão de declarar guerra aos alemães; estava, sim, apoiando o posicionamento da Inglaterra em favor da democracia. Tal argumento também é compartilhado por Vidal-Naquet (1987, p.65), ao afirmar que, para os negacionistas, "pouco importava que Weizmann não pudesse falar em nome dos judeus do mundo inteiro, nem, aliás, tivesse a intenção de fazê-lo".

Diante de tais circunstâncias, fica claro que a tese negacionista baseada na "declaração de guerra", que possibilitaria aos nazistas utilizarem o direito internacional para internar os judeus sob a justificativa de serem inimigos de guerra, é absolutamente infundada.[14] No entanto, mesmo assim, S. Oliveira (1990, p.110) justifica a morte dos judeus da seguinte forma:

---

13 Weizmann, C. Correspondência. In. Jackel, E.; Longerich, P.; Schoeps, J. (Org.) *Enzyklopadie Holocaust* (apud Vilmar, 2000, p.109).

14 O negacionista Richard Harwood justifica desta forma tal tese: "Chaim Weizmann, presidente da Organização Sionista (1920) e da Agência Judaica (1929) [...] declarou guerra à Alemanha em nome dos judeus do mundo inteiro, especificando que 'Os judeus lutam pela mesma causa que a Grã-Bretanha e combaterão do lado das democracias'" (Harwood, *Did six million really?*, apud Vidal-Naquet, 1987, p.65).

Por que motivo morreram 600 mil judeus?
Os judeus foram os primeiros a declarar guerra ao nacional-socialismo e os artífices da Segunda Guerra Mundial, hecatombe que mergulhou o mundo em quase seis anos de luta [...] O que importa é deixar claro que os judeus não eram "neutros" como muitos pretendem.

A questão do número de judeus mortos segue uma estratégia semelhante à utilizada para afirmar a "declaração de guerra judaica". No entanto, em vez de se apoiar em documentos e deturpar seu verdadeiro sentido, dessa vez os negacionistas se apropriam de fontes de credibilidade histórica duvidosa. A tese de Rassinier, reproduzida pela maioria dos negacionistas, apóia-se em um único artigo escrito pelo jornalista judeu-soviético David Bérgson e publicado pela revista neonazista *Der Weg*, de Buenos Aires, em 1953 (Vidal-Naquet, 1990, p.62).[15] Ele afirmou que o Exército vermelho salvara 80% dos judeus da Ucrânia, Lituânia e Letônia.[16] Rassinier e todos os negacionistas que compartilham de tal opinião não levaram (ou não quiseram levar) em consideração que tal fonte poderia estar comprometida com interesses políticos e ideológicos determinados. Tal documento é o mais utilizado, quando se trata do questionamento negacionista a respeito dos números de judeus vitimados.

Sérgio Oliveira (1990, p.87) também se baseia na declaração de Hussein Zulficar Sabri, deputado da Assembléia Árabe Unida, que afirma: "Os alemães não exterminaram seis milhões de judeus [...] As perdas judias andaram

---

15 O jornal *Der Weg* foi fundado pelo refugiado nazista Eberhard Fristch, e na época da publicação do artigo o diretor do jornal era o também refugiado Johann Von Leers, homem de confiança de Goebbels. "O jornal também era o braço da linha nacional-socialista da Internacional Negra", movimento que também ficou conhecido como Movimento Social Europeu (MSE), criado em 1951 em Malmoe, Suécia. No movimento juntaram-se ex-funcionários e militares do nacional-socialismo alemão, nostálgicos do fascismo italiano e do vichismo francês. As pequenas diferenças entre os três grupos fizeram que o movimento se desfizesse e se rearticulasse apenas sob o viés do nacional-socialismo com o nome de "Nova Ordem Européia". O jornal circulou até 1957, quando seu fundador e seu diretor deixaram Buenos Aires: "voltou a circular de 1962-1977, mais moderado em relação ao anti-semitismo e à defesa do nazismo, sob a direção dos editores da Deutsche Kommentare am Rio da Plata, mais tarde La Plata" (Millman, 2000, p.130-2).

16 Esse artigo foi traduzido pelo revisionista inglês Richard Harwood nos anos 1970 pela *Historical Review Press*, e publicado pela Revisão Editora em espanhol (Harwood, s. d, p.7).

74 CARLOS GUSTAVO NÓBREGA DE JESUS

em torno de 600 mil, no máximo".[17] A afirmação é vazia, que não vai além de uma opinião, emitida num contexto de forte oposição ao Estado de Israel. Para justificar os campos de concentração, o ex-militar se vale da seguinte tese: "quanto mais importante os fins políticos mais violentos os meios escolhidos e empregados" (idem, p.116). Sérgio Oliveira compara os campos alemães com os campos de prisioneiros vietnamitas na época da guerra com os Estados Unidos. O autor não leva em consideração o argumento central de que, diferentemente dos campos vietnamitas, a grande parte dos campos alemães era de extermínio e de prisioneiros civis, não só de inimigos de guerra.

Dentre as causas que Sérgio Oliveira (1990, p.120) aponta para justificar as mortes nos campos, está a suposição de que os judeus não estariam preparados para a "vida" nesses locais, pois

> "[...] boa parte desses óbitos decorreram da [...] dificuldade de adaptação, à carência alimentar, à precariedade de assistência sanitária" e pelo fato de que "boa parte dos judeus teriam sido mortos por bombardeios aliados, além do fato dos judeus sempre estarem envolvidos em guerrilhas e por isso foram condenados à morte".

Em relação aos oficiais e aos crimes nazistas, Sérgio Oliveira (1990, p.121) baseia-se em razões diferentes das de Castan. Na tentativa de absolver os oficiais nazistas, não se vale de apelos nacionalistas. O ex-militar prefere questionar a legitimidade do Tribunal de Nuremberg:

> Esta conclusão lógica evidencia que os julgamentos de "criminosos de guerra alemães" como Ziereis, Rudolf Hess, Franz Stangl, e mesmo Eichmann – foram totalmente ilegais, pois eles NADA DECIDIAM. Eles apenas EXECUTAVAM ORDENS. E se no cumprimento das missões que lhes eram atribuídas, ordenavam ou mesmo executavam pessoas, faziam-no sob a proteção do ESTRITO CUMPRIMENTO DO DEVER LEGAL.

Percebe-se a ambigüidade no pensamento de Oliveira, pois se esses oficiais estavam somente obedecendo a ordens, então os crimes deveriam ter sido credenciados a quem mandou executar tais ordens, isto é, Hitler, a quem o autor tenta inocentar no começo do livro.

---

17 A declaração foi prestada em Jerusalém, em 3 de maio de 1961, pelo deputado, e foi usada, dois dias depois, como argumento de defesa no julgamento de Eichmann.

Em relação ao Tribunal de Nuremberg, pode-se dizer que, por mais problemático que tenha sido o julgamento, esse fundamentou-se em provas empíricas, fato que os negacionistas não mencionam. O ceticismo desse autor e de outros negacionistas ante o Tribunal deve-se, exclusivamente, à preocupação de normalizar o genocídio judeu e legitimar suas afirmações a respeito da suposta inocência dos oficiais nazistas.[18]

Mesmo valendo-se de linguagem mais erudita do que a de Castan, Sérgio Oliveira comunga das teses do fundador da Revisão. Seu discurso é marcado por intolerância, anti-semitismo e forte apelo negacionista.

Fica evidente que os argumentos de Castan e Sérgio Oliveira não se sustentam do ponto de vista historiográfico, seja por falta de fontes seja por comprometimento com fontes de credibilidade duvidosa. É claro, dessa forma, o comprometimento desses dois autores com tendências políticas e ideológicas e não com "a verdade histórica", como costumam afirmar em todas as suas obras. Fica claro, também, que utilizam qualquer estratégia ou argumento que possa dar credibilidade às suas teses baseadas em dois componentes interligados: anti-semitismo e negacionismo. Eis o caso do nacionalismo que, nas obras da editora, aparece como mero artifício articulador desses dois termos interligados.

O nacionalismo no primeiro momento

O nacionalismo nesse primeiro momento da editora possibilita uma importante discussão historiográfica. Sua presença foi notada nos títulos de livros como *S.O.S. para Alemanha e Brasil:* colônia de banqueiros, de Barroso, e diluídas no discurso negacionista das obras de Castan (1992, p.108):

> Não aceitamos separatismos, nem a criação de enclaves e áreas neutras. Nossa soberania é intocável. A integridade territorial do nosso imenso país é a garantia da nossa sobrevivência como nação. A própria vastidão do nosso território dificultará sempre qualquer tentativa de dominá-lo, militarmente. As riquezas do nosso solo, subsolo, flora, fauna, população e maneira de ser, são a garantia de um futuro melhor para nossos filhos e disto jamais abriremos mão.

---

18 Sobre a natureza do Tribunal e o material utilizado no processo, ver Vidal-Naquet (1987, p.53-4).

Nota-se que em nome do anti-semitismo e do negacionismo, Castan apega-se ao nacionalismo. Na passagem citada, ele exalta as riquezas geográficas brasileiras a fim de mencionar o poder da integridade nacional. Tal integridade é que poderá impedir a dominação dos grupos estrangeiros, em sua maioria representado, segundo o autor, por membros ligados ao sionismo. O nacionalismo direcionado à esfera brasileira é utilizado como artifício para justificar o anti-semitismo e a tese negacionista, segundo a qual os grupos sionistas querem dominar a economia e a política mundiais. Iniciativa semelhante aparece no segmento de *Holocausto – judeu ou alemão?*: "Uma boa forma de combater o sionismo: nunca descriminar o brasileiro nato ou naturalizado que professa a religião judaica" (Castan, 1987, p.305).

O nacionalismo também pode aparecer evidenciado na preocupação com o Estado e o povo alemão. Tal posicionamento de Castan (1990, p.186) fica claro quando ele defende o fim da divisão da Alemanha Ocidental e da Oriental, antes da unificação: "(É) desnecessário informar que esses dirigentes são contra qualquer tentativa de reunificação da Alemanha que não tenha governo sionista ou de sua mais absoluta confiança, por isso, acho que cabe o meu *SOS PARA A ALEMANHA*".

Nota-se que, como em outras passagens, nessa direcionada à pátria alemã o nacionalismo de Castan aparece, mais uma vez, para completar ou mesmo camuflar iniciativas ligadas ao negacionismo e/ou anti-semitismo. Seguindo tais premissas, o autor tenta justificar a falta de interesse dos governantes alemães pela unificação por estarem a serviço de grupos sionistas. Dessa forma, pode-se afirmar que o discurso nacionalista baseado na crítica ao elemento estrangeiro, especificamente o judeu, apoiado na defesa do Estado e do povo alemão ou na defesas do Estado ou povo brasileiro, atende à hipótese de que, nesse momento da editora, o nacionalismo apareça apenas como um mero artifício para a construção de um discurso intolerante. No entanto, Natália dos Reis Cruz tenta explicar o nacionalismo de Castan de outra forma, apelando para o germanismo e a questão da colonização alemã no Sul do Brasil:[19]

---

19 Segundo Gertz (1998, p.32) "Germanismo é a tradução da palavra *Deutschtum*. É usada às vezes para designar simplesmente o conjunto da população de alemães descendentes. Mas de uma maneira geral entende-se por *Deutschtum* uma ideologia e uma prática de defesa da germanidade das populações de origem alemã".

ANTI-SEMITISMO E NACIONALISMO, NEGACIONISMO E MEMÓRIA **77**

Considero que a influência do germanismo combinada com o nazismo faz com que o conteúdo das obras da Revisão Editora seja marcado por essas ambigüidades, provenientes da tentativa de "adequar" uma doutrina que enfatiza o aspecto étnico-racial como fator de integração e identidade nacionais a uma realidade como a brasileira, onde a idéia de nação brasileira ou povo brasileiro não se encaixa perfeitamente com a idéia de uma homogeneidade racial ou étnica, em virtude do caráter racial. (Cruz, 1997, p.4)

A historiadora justifica que o germanismo no Sul do Brasil levou à adesão dos colonos alemães ao nazismo, e tal ideologia, segundo ela, criou uma certa tensão nos anos 30 e 40 nas colônias (Cruz, 1997, p.82-94). Essa pressão deu-se, de um lado, pelo governo Vargas, com sua política nacionalista, reivindicando fidelidade ao Estado e à cultura brasileira por parte dos teuto-brasileiros; e de outro, pelos grupos nazistas, exigindo não só a manutenção dos costumes alemães, como também a fidelidade aos dogmas do Terceiro Reich. A ideologia nazista não aceitaria a dupla nacionalidade e exigiria que mesmo os filhos de alemães nascidos no Brasil seguissem os preceitos do Terceiro Reich. Tal situação, segundo Natália dos Reis Cruz (1997, p.75-104), fez que os teuto-brasileiros se encontrassem em um estado de "marginalidade cultural", isto é, sem ter uma cultura com a qual se identificar:

Este fato daria origem a atitudes ambíguas e os grupos germânicos tenderiam a oscilar em suas posições [...] tentavam construir uma ideologia que provesse os teutos de normas de comportamentos; porém, essa ideologia pregava ao mesmo tempo devoção à pátria brasileira e a propagação da cultura e línguas alemãs, pendendo assim, ora para o lado brasileiro, ora para o lado alemão.

A historiadora afirma que Castan se apropriou desse nacionalismo duplo por ser descendente de imigrantes alemães, e principalmente por ter sido criado em uma colônia de origem germânica no Sul do Brasil. O determinismo presente em tal explicação apresenta dois problemas: primeiro, tenta vincular os descendentes alemães e, principalmente, as colônias alemãs como os únicos responsáveis pela disseminação dos dogmas nazistas no Brasil; segundo, tenta explicar o nacionalismo de Castan unicamente pelo viés de sua ascendência alemã.

No que se refere ao primeiro problema, é importante chamar a atenção para o fato de que dogmas da ideologia nazista foram disseminados, de uma forma intensa, por grupos não ligados aos imigrantes ou descendentes alemães. Eis o caso do anti-semitismo e outras iniciativas nazistas divulgadas por parte dos integralistas. Também, não se pode esquecer do caráter ambíguo da política externa do governo Vargas. Até 1938, as relações diplomáticas e comerciais entre Brasil e Alemanha eram intensas. Segundo Sérgio Sant'Anna (1991, p.503), o governo Vargas procurava até mesmo, antes da guerra, exaltar a cultura alemã e os moldes do governo alemão. Algumas diretrizes do modelo nacionalista do varguismo, principalmente do Estado Novo, como a proposta de homogeneização racial do povo brasileiro, seriam baseadas na política nazista.[20]

Com base em tal situação, pode-se justificar o segundo equívoco de Natália. O historiador René Gertz (1987, p.90) levanta a hipótese de que as manifestações de nazismo nessa época nas colônias alemãs poderiam ter sido um gesto para demonstrar a fidelidade ao próprio governo brasileiro. Entretanto, após 1938, em nome da política nacionalista, surgiu a repressão às colônias alemãs e ao nazismo, mas pôde-se constatar que tal atitude esteve intimamente ligada à xenofobia, e não à ideologia política. Há, ainda, o contexto pós-1942, quando o Brasil rompeu relações com a Alemanha e qualquer manifestação de nacionalismo era tida como ato nazista, destacando o sentido específico que a adesão ou não ao nazismo poderia assumir no Brasil.

Assim, pode-se dizer que a presença do nazismo no Sul do Brasil não é um fator determinante da influência ou de uma mudança no imaginário dos colonos alemães, pois não é possível medir a extensão do movimento nas colônias do Sul do Brasil. Sabe-se que ele teve uma certa presença nessas regiões em razão do pangermanismo, mas não há como dizer que foi preponderante para algumas iniciativas dos teuto-brasileiros.[21] O fato de não se saber distinguir uma confraternização nacionalista de uma adesão partidária do nazismo nas colônias germânicas também contribui para se duvidar da afirmação de que o nazismo apareceu como uma alternativa ideológica

---

20 Segundo Tucci Carneiro (1995), o Estado Novo "apresentava-se como imperativo à formação de uma raça homogênea, de um povo integral adaptado a uma realidade social de seu país e preparado para servi-lo".

21 O pangermanismo repousa sobre a tese de que teria de haver o vínculo de todos os imigrantes alemães e teuto-brasileiros com a Nação alemã, pois eles estariam ligados pela língua e pelos costumes. Essa ideologia existia antes do nazismo e foi apropriada por ele (cf. Magalhães, 1998).

ANTI-SEMITISMO E NACIONALISMO, NEGACIONISMO E MEMÓRIA 79

para os teuto-brasileiros. A grande heterogeneidade em tais grupos, pois nem todos eram adeptos do nacional-socialismo, torna mais difícil ainda afirmar que o nazismo foi um fator preponderante na ambigüidade da ideologia dos teutos, e, conseqüentemente, responsável pelo nacionalismo duplo contido no discurso da Revisão Editora.

Essa hipótese fica ainda mais evidente após as consultas aos arquivos da Delegacia de Ordem Política e Social (Dops) referentes ao governo Vargas. Notou-se que os principais órgãos do partido e os movimentos ligados ao nazismo funcionaram até 1942 em São Paulo e no Rio de Janeiro, e não nas colônias do Sul do Brasil.[22] O prontuário "Nazismo", volumes I e II, n.5.405, presente no Arquivo do Estado de São Paulo, referente às atividades do Partido Nazista do Brasil de 1931 a 1942, o *Relatório de Elpídio Reali*, delegado adjunto, sobre a rede de espionagem nazista chefiada por Niels Christian Christensen, presente no arquivo do CPDOC/ FGV-RJ, e as pastas "Setor Alemão" e "Setor Espionagem", do acervo "Pastas Temáticas" do Arquivo do Estado do Rio de Janeiro esclarecem que os movimentos nazistas, os bancos e outros órgãos ligados ao nacional-socialismo estavam presentes nas grandes cidades, como São Paulo, Rio de Janeiro e Porto Alegre. Em nenhum dos documentos se encontra alguma evidência que comprove uma articulação nazista organizada na região das colônias alemãs no Sul do Brasil.[23]

---

22 O Arquivo do Estado do Rio de Janeiro é rico em tais documentações (Dops-RJ), pois a maioria das fontes referentes aos movimentos nazistas, nos anos 30 e 40, no que diz respeito ao âmbito nacional, está nesse local, pois a cidade do Rio de Janeiro, nesse período, era o Distrito Federal. O Arquivo do Estado de São Paulo, por sua vez, também é bem diversificado, no que diz respeito ao nazismo nos anos 30 e 40, pois a sede do Partido Nazista foi em São Paulo. Sendo assim, qualquer investigação relacionada a essa questão era encaminhada também para o Departamento Estadual de Ordem Política e Social de São Paulo (Deops-SP) para averiguação da possível ligação do material encontrado com a sede brasileira do nazismo. É exemplar o caso do prontuário n.36.691 enviado para esse órgão por seu correspondente no Rio Grande do Sul, sobre o nazismo presente nesse estado.

23 *Nazismo* (v.1 e 2). Pront. n.5.405. Deops-SP. 1/9/1931 – 27/11/1962. O prontuário refere-se às atividades do Partido Nazista do Brasil, de 1931 a 1942. "*Relatório de Elpídio Reali*, delegado adjunto, sobre a rede de espionagem nazista chefiada por Niels Christian Christensen". Superintendência de Segurança Política e Social de São Paulo, 26/12/1942. GV. 43.00.00/1, confid, CPDOC/ FGV-RJ. Esse Relatório feito pela Segurança Política de São Paulo dá a panorâmica das redes de espionagem e organizações nazistas de Norte a Sul do Brasil. No "Setor Alemão", Dops-RJ, foram consultadas as pastas 8, 9, 11; no "Setor Espionagem", foi consultada a pasta Pasta 1. Caixa 680. "Relatório sobre o serviço realizado na Capital da República", dirigido pelo capitão Amaro da Silveira. Doc. 00045. RJ.11/3/1942, e as pastas 2 , 4 e 7.

80 CARLOS GUSTAVO NÓBREGA DE JESUS

Especificamente sobre o estado do Rio Grande do Sul, o prontuário n.36.691, volumes 1 e 2, da documentação do Deops-SP enviada para esse órgão por seu correspondente no Rio Grande do Sul, sobre o nazismo no estado sulista, mostra uma grande rede de espionagem no Sul do país, mas não há menção a nenhum comprometimento das colônias com tais espiões, nem mesmo com movimentos e partidos nazistas organizados.[24]

Longe de tomar tal documentação como garantia de verdade,[25] e mesmo levando-se em conta a linguagem policial, de controle político e social do governo Vargas, que consistia em normalizar toda manifestação nacionalista alemã como aparentemente nazista, não se notou menção substantiva a um forte comprometimento nazista nas colônias do Sul do Brasil. A atual historiografia corrobora tal hipótese: os trabalhos de Ana Maria Dietrich (2001), sobre a célula nacional do partido em São Paulo,[26] e Priscila Perazzo, sobre o "perigo alemão", apresentam uma noção de como estava distribuída a organização nazista no Brasil: "identificamos, através da documentação, que os alemães que defendiam a causa nazista a partir de uma posição ideológica consciente não estavam inseridos nos grupos de colonização que se dedicavam às atividades rurais no Sul do Brasil" (Perazzo, 1999, p.61).

A afirmação de Priscila Perazzo vem de encontro à de Natália dos Reis Cruz, pois, como foi visto, o nazismo no Brasil não estava inserido de um modo organizado nas colônias, e sim nas cidades, nas sedes do partido, ou nas grandes empresas e bancos alemães.[27]

Segundo Gertz (1998, p.50), os teutos não faziam parte dessa rede: "não há nenhum caso de alemão ou de teuto-brasileiro que tivesse saído das regiões de colonização do interior do estado para fazer espionagem a favor da

---

24 "Rede de Espionagem no Rio Grande do Sul ou nazismo no Rio Grande do Sul" (v.1 e 2). Pront. n.36.691, Deops-SP, 6/1/1940-23/12/1942.

25 Priscilla Perazzo (1999, p.30), que trabalhou com a codificação do discurso presente em tal documentação, afirma: "A documentação consultada possibilita a identificação de um discurso especificamente articulado cujo objetivo centrava-se na identificação do alemão enquanto inimigo político e social".

26 Ao tratar da questão do fascismo no Sul do Brasil, René Gertz (1987, p.61-107) aponta a simpatia dos imigrantes e de seus descendentes ao NSDAP, mas lembra que São Paulo era sede da liderança do partido nazista no Brasil, de onde provinha também o jornal oficial, *Deutscher Morgen*.

27 No caso específico de São Paulo, Ana Maria Dietrich (2001, p.89-99) constatou células nazistas no interior do estado, em cidades como Assis, Presidente Bernardes, Presidente Wenceslau e Jundiaí.

Alemanha". E completa: "a postura frente ao nazismo na Alemanha não tem, no entanto, uma equivalência quando se trata dos nazistas ao nível local [...]" (ibidem).

Segundo Marionilde Brepohl Magalhães (1995, p.261), os nazistas "não procuravam novos membros para expandir uma doutrina política, tampouco objetivavam um crescimento considerável de militantes"; a intenção do nazismo no Brasil era suprir os anseios políticos de seus partidários e não formar mais adeptos, por isso o maior interesse em investir nas sedes dos partidos e não nas colônias no extremo-sul do país.

Com base nos documentos e na historiografia especializada, pode-se dizer que, ainda, não há elementos para medir a dimensão e as conseqüências da inserção do nazismo nas colônias alemãs no Sul do Brasil, a ponto de influenciar a conduta de toda uma geração, como escreve Natália do Reis Cruz, quando tenta justificar a influência do nazismo e explicar o nacionalismo da Revisão por meio do germanismo presente nas colônias alemãs.

A discussão historiográfica vem para solidificar a tese de que determinar um modelo para o discurso nacionalista de Castan e da Revisão Editora é muito difícil. Deve-se entender tal posicionamento a partir da estratégia de discurso presente nas obras da editora, que oscila entre concepções políticas contraditórias, procurando qualquer argumento que venha solidificar as teses negacionistas e anti-semitas, não importando a nacionalidade nem a filiação política. Sendo assim, pode-se dizer que Castan passa a utilizar qualquer tipo de nacionalismo para auxiliar a construção de suas teses.

O nacionalismo, nesse momento, é apropriado, ainda de forma tímida, por Castan para dar materialidade a seu discurso. Nota-se trato semelhante com a questão da memória, que é utilizada como mero recurso para a afirmação das teses negacionistas presentes nas obras da editora.

A memória como discurso

Ao se discutir o negacionismo, a questão da memória torna-se um fator essencial e sensível no que se refere ao tratamento historiográfico. Como a maioria dos negacionistas, Castan posicionou-se ceticamente em relação à memória dos sobreviventes do holocausto. O editor gaúcho afirmou que essas memórias foram construídas segundo interesses do "sionismo interna-

82 CARLOS GUSTAVO NÓBREGA DE JESUS

cional". A testemunha ocular, na opinião de Castan (1990, p.26), não merece crédito, já que está ligada emocionalmente ao fato, o que comprometeria o testemunho:

> Se eu em minha pátria, na qualidade de pesquisador do assunto chego a conclusão de que as testemunhas oculares que descrevem as atrocidades alemãs [...] são mentirosas [...] são deformadores da História, gostaria que minha opinião fosse respeitada, salvo provem o contrário.

Castan, entretanto, tomou as memórias e os documentos comprometidos com o regime nazista como verdade, sem recorrer às exigências da prática historiográfica. Por diversas vezes, observou-se que o autor apoiou-se em testemunhos para sustentar suas teses. Em *Holocausto – judeu ou alemão?*, Castan (1987, p.62) refere-se às testemunhas oculares como fonte inquestionável para reparar o erro cometido pelo Tribunal de Nuremberg:

> Com prescrição total, aparecerão milhares de testemunhas, hoje quietos ou foragidos para não serem submetidos a julgamentos por tribunais do tipo Nuremberg, que pulverizarão a infâmia atirada contra o laborioso povo alemão [...] Os alemães que se apressem, pois dentro de alguns anos não existirão mais testemunhas vivas e então a Alemanha terá que carregar a monstruosa pecha por muito tempo.

Tal fato mostra que seu critério baseado no questionamento dos testemunhos não se aplica aos casos que possam dar credibilidade às suas argumentações.

Castan se vale da ampla discussão que há na historiografia, principalmente nas restrições por parte dos historiadores em utilizar os testemunhos como sinônimo de verdade, para embasar suas teses de negação do Holocausto. Ao utilizar essas ressalvas e cuidados em relação à memória como fonte histórica, Castan tenta descredenciar o testemunho comprometido com o genocídio e com os judeus. Para dar aparência histórica a seu discurso, ele generaliza posturas metodológicas e questiona o próprio Holocausto como acontecimento. De fato, a questão da memória na história tem mobilizado boa parte da historiografia contemporânea.

Os positivistas que buscavam a objetividade dos acontecimentos condenavam o seu uso sob o argumento de que seria pouco confiável. A História,

ANTI-SEMITISMO E NACIONALISMO, NEGACIONISMO E MEMÓRIA 83

pretendendo ser ciência, procurava descrever os acontecimentos passados como realmente eles teriam ocorrido, preocupando-se com sua autenticidade e veracidade. As fontes privilegiadas deveriam ser:

> aquelas que permitissem supor um caráter o mais 'objetivo e impessoal' possível nas relações entre sujeito e objeto; a testemunha ideal seria aquela que observara sem participar e que registrara contemporaneamente os acontecimentos, com neutralidade e desinteresse. (Inácio, 1990, p.26)

A renovação ocorrida na década de 1930 do século XX, com os trabalhos de March Bloch e Lucien Febvre, fundadores da chamada Escola dos Annales, rompeu com tal leitura do passado e abriu novas vertentes interpretativas que iam além dos fatos e dados políticos, dialogando com outras ciências (sociologia, psicologia e lingüística). O estudo histórico não ficou, portanto, restrito apenas à análise supostamente científica do passado. As relações sociais, as mentalidades e o tempo presente foram problematizados. Observa-se, desde então, o questionamento dos acontecimentos tidos como absolutos para a história metódica, o que descortinou de forma ainda discreta a incerteza sobre o lugar da verdade no discurso histórico. Como um dos críticos dessa viragem historiográfica, Dosse, que a determinou como "história em migalhas", afirma que essa possível construção de um passado histórico ou de seus acontecimentos, defendida pelos historiadores dos Annales, pode dar um caráter relativista a esse movimento:

> A partir desse valor heurístico do presente, os Annales defendem uma concepção relativista do discurso histórico, pois devido ao fato da história estar mergulhada em seu tempo e imersa nos problemas do presente, temos como resultado uma construção do tempo histórico [...] cada época constrói sua representação do passado conforme suas preocupações. (Dosse, 1994, p.67)

O percurso dos Annales contribuiu para que a questão da memória na história fosse reavaliada, uma vez que os historiadores passaram a trabalhar com a noção de representação.

Ao tornar a memória objeto da história, a historiografia, principalmente a francesa, recorreu ao cruzamento entre a história oral "de tons antropológicos que reabilitava a construção do vivido" e a "sociologia da memória inaugurada por Halbwachs" (Rioux, 1998, p.31), para quem a memória sempre

84　CARLOS GUSTAVO NÓBREGA DE JESUS

resultava da convivência social. Sua existência estaria assegurada enquanto o grupo que lhe dava sustentação, estivesse coeso e cultivasse suas lembranças. Entretanto, segundo Halbwachs (1990, p.80), a história começaria "no ponto onde acaba a tradição, momento em que se apaga ou se decompõe a memória social"; isto é, ela constituir-se-ia em "um processo interessado, político e, portanto, manipulador" (Seixas, 2001, p.40). O diálogo entre presente e passado seria mais bem efetivado pela memória, pois a ela "conferem-se atributos de atividade natural, espontânea, desinteressada e seletiva, que guarda do passado apenas o que lhe pode ser útil para criar um elo entre presente e passado" (ibidem).

Inspirado em Halbwachs, Pierre Nora distinguiu história e memória. Como o sociólogo, o historiador apontou a dicotomia, na qual a memória seria a tradição vivida. No entanto, diferentemente de Halbwachs, Nora (1984, p.XIX-XX) posicionou a história como a disciplina responsável pela problematização do passado e da memória, pois "desenvolve-se como exercício regrado da memória que busca a reconstituição do passado sem lacunas e sem falhas", e mesmo sendo, muitas vezes, "problemática e incompleta", é fundamentada em um discurso crítico, ao contrário da memória, que seria resumida em

> lembranças enevoadas, telescópicas, globais e flutuantes, particulares ou simbólicas, sensíveis a todas as transferências, censuras ou projeções [...] ela está em evolução permanente, aberta à dialética da lembrança e da amnésia, inconsciente de suas deformações sucessivas, vulnerável a todas as utilizações e manipulações, suscetível a longas latências e repentinas revitalizações. (idem, p.XXV e XIX)

Dessa forma, a memória coletiva passaria, necessariamente, pela história e por seus procedimentos; isto é, deveria ser historicizada. Segundo Jacy Alves, o pensamento de Nora baseia-se na afirmação de que "tudo aquilo a que chamamos hoje de memória, já não o é, já é história" (apud Seixas, 2001, p.41).

Essas breves considerações feitas indicam a complexidade da questão e permitem avaliar quão simplista é a abordagem de Castan, pois ele se apropria de sofisticadas discussões teórico-metodológicas a fim de atribuir total validade aos vestígios do passado que servem a seus interesses, e simplesmente desqualifica os testemunhos que poderiam comprometer a leitura da história que pretende consagrar.

Além disso, o questionamento das memórias dos judeus sobreviventes e a negação de suas experiências vividas transcendem a discussão de história e memória proposta por Nora. Há que levar em consideração três pontos referentes à discussão da memória na historiografia atual. Primeiro, situar a batalha pela memória proposta pelo revisionismo negacionista. Segundo, salientar o caráter ético da memória perante a problemática do negacionismo. Terceiro, chamar a atenção para o importante papel da memória autobiográfica na história, iniciativa relevante para discutir o Holocausto e outras perseguições políticas contemporâneas.

Para a discussão dessas três propostas, é importante salientar que no tratamento historiográfico a memória é a representação do passado compartilhada por um grupo, o que evidencia sua relação com o poder, com a política e com os interesses ideológicos. Com isso, pode-se constatar que a prática de se voltar para o passado seria dinâmica, isto é, dependeria do presente e do grupo no qual o indivíduo está inserido.

Salienta-se, no entanto, que não se deve negligenciar a relevância da trajetória individual dentro dessa memória coletiva. Em um grupo, há pontos referentes à sua representação do passado que agregam os indivíduos em uma mesma coletividade, o que não quer dizer que as experiências individuais dentro desse grupo sejam sempre as mesmas. Há singularidades e particularidades de memórias individuais inseridas na memória coletiva. Deve-se falar em um componente agregador da memória no grupo, ou seja, representações semelhantes do passado dentro de uma coletividade, mas não se pode afirmar que dentro desse grupo todas as memórias partam de uma mesma representação do passado:

Se o caráter coletivo de toda memória individual nos parece evidente, o mesmo não se pode dizer da idéia de que existe uma 'memória coletiva', isto é, uma presença e portanto uma representação do passado que sejam compartilhadas nos mesmos termos por toda uma coletividade. (Rousso, 1998, p.95)

Fica claro que levar em conta a trajetória individual não significa negar a característica coletiva da memória. Como afirma Alessandro Portelli (1998, p.127), "a memória é social e pode ser compartilhada", mas "não se deve esquecer que a elaboração da memória e o ato de lembrar são sempre indi-

86 CARLOS GUSTAVO NÓBREGA DE JESUS

viduais [...] se toda memória fosse coletiva, bastaria uma testemunha para uma cultura inteira; sabemos que não é assim".

Desse modo, as críticas feitas por Castan às memórias de sobreviventes judeus não podem ser aceitas, pois ele afirma que tais memórias são apropriações feitas para atender aos interesses de um grupo, o sionismo judaico mundial, que busca vultosas indenizações, dramatizando e intensificando o Holocausto. Não se pode negar que há grupos judaicos que se apropriam do Holocausto para forjar pesadas indenizações, mas a generalização de tal prática, envolvendo toda comunidade judaica, deixa evidente não uma crítica histórica, mas um forte anti-semitismo marcado por uma ideologia intolerante. O editor gaúcho não leva em conta as experiências, os interesses individuais e particulares presentes em um grupo, e estende tal raciocínio em seu tratamento dado à memória. Tais iniciativas indicam que há, nesse contexto, uma batalha pela memória. Grupos de extrema-direita, com posturas semelhantes à da editora, tentam impor sua memória com pretensas revisões, "tendo como um dos objetivos a afirmação e revisão das memórias e dos ressentimentos" (Ansart, 2001, p.32).

A Segunda Guerra Mundial é o acontecimento que mais suscita tal prática. É exemplar o caso dos bombardeios de Hiroshima e Nagasaki, que nos museus japoneses são vistos com pesar e indignação, tratados como verdadeiros genocídios, e nas memórias norte-americanas é tido como marco da vitória na Segunda Guerra, como a revanche aos quatro mil mortos em Pearl Harbor.

Seria mais sensato pensar como Pierre Ansart, que afirma que tais "guerras de memória"[28] são batalhas "sem vencedores, pois tantos uns como os outros foram vítimas da mesma ferocidade", a guerra como acontecimento. No entanto, diferentemente do caso de Hiroshima e Nagasaki, grupos ligados ao nazismo, como os negacionistas, não pretendem rever acontecimentos da Segunda Guerra Mundial. Eles querem negar a memória de seus oponentes, para legitimar suas memórias construídas segundo interesses políticos e ideológicos, provocando novo embate pelo passado.

Nessa perspectiva, não se pode dizer que as rememorações dos judeus estejam imunes às emoções dos ressentimentos ocasionados pelos traumas ocorridos na Segunda Guerra Mundial. A memória forma-se de tais "fe-

---

28 A expressão foi utilizada por Pierre Ansart (2001).

ridas abertas, interrogações atuais e palpitantes sobre certos períodos que 'não passam'" (Rousso, 1998, p.95). Entretanto, nesse momento torna-se imprescindível o papel de historiador que utiliza sua prática para filtrar de tais testemunhos emoções e ressentimentos, com o intuito de se aproximar de uma história do passado mais próxima da objetividade.

Se há uma luta pela memória, é de extrema relevância para a história que os sobreviventes do Holocausto sejam ouvidos e que suas experiências sejam consideradas, para que, no futuro, memórias ideologicamente forjadas, utilizadas como instrumentos de discurso, não venham requerer um lugar na História.

Para trabalhar com todas essas situações, a tarefa do historiador deve ser cuidadosamente articulada. Deve-se historicizar a memória, mas de modo algum anulá-la. Saber articulá-la seria sua tarefa primeira, pois, como afirma Jacy Alves, as memórias, nas últimas décadas, são apropriadas para substituir uma função mítica e utópica: "nesse sentido, os discursos e as manifestações poderosas da memória se colocariam atualmente à história como uma palavra de oráculo", cumprindo funções que "até recentemente (década de 1960, provavelmente...) as utopias históricas preenchiam" (Seixas, 2001, p.55).

Tal iniciativa fica clara na prática da Revisão Editora, pois, ao utilizar a memória nazista como verdade, Castan substitui o fator mítico e utópico da história pela memória. Nota-se que, nesse caso, a memória está sendo utilizada como artifício para o discurso da editora. Os depoimentos orais, tidos como instrumentos de socialização da memória, são tomados por Castan em um sentido inverso, isto é, são apropriados e manipulados para servirem a um discurso comprometido político e ideologicamente com a intolerância.[29]

Para viabilizar uma crítica a tal procedimento, é necessário que o historiador saiba articular e utilizar a memória como instrumento para sua prática. Nesse caso, cabe a ele não perder a função étnica da memória e saber instrumentalizá-la criticamente segundo as diretrizes historiográficas, buscando certa objetividade e atentando para as emergências dos problemas.

Nas últimas décadas, uma das causas da valorização da memória deu-se com o intuito de empregá-la como instrumento para a ética política, iniciativa indispensável em uma época de tantas incertezas e contradições.

---

29 Sobre o discurso, sua função agregadora, socializante, e a possibilidade de ser, inversamente, instrumento de um discurso, conferir Inácio (1990, p.61-2 e p.414-5).

O fato de que a "memória carregaria um atributo fortemente ético, incidindo sobre as condutas dos indivíduos e dos grupos sociais" (Seixas, 2001, p.55) é valido para a prática historiográfica questionar atitudes como a da Revisão, cuja construção da memória obedeceu a interesses ideológicos, relacionando-a e confundindo-a com utopias e mitos históricos.

Partindo da exigência da função ética da memória, pode-se explicar a importância dos testemunhos e dos relatos pessoais nas últimas décadas. A rememoração do Holocausto, do genocídio é uma exigência do presente marcado pelo surgimento do negacionismo e do nacionalismo, nostálgicos do nazi-fascismo.

Desse modo, deve-se salientar que os acontecimentos passados seriam reconstruídos não só porque foram ou não importantes, mas sim porque o são para o presente dentro do qual são relembrados:

> De fato, para atender às exigências feitas pelo presente, não basta reconstruir qualquer lembrança, mas é necessário refazer aquelas lembranças que possam apresentar algum tipo de resposta a esse questionamento, escolhendo entre os diversos conteúdos aqueles que mais chances têm de satisfazer àquelas necessidades. Essa seleção, entretanto, não deve ser vista simplesmente como manipulação daquele que lembra o seu passado até porque ela já se faz presente no próprio momento da percepção. (Inácio, 1990, p.53)

A questão da memória preservada pelos testemunhos é uma dessas exigências do presente, pois atende ao apelo ético dessas duas últimas décadas do século XX. Ainda dentro dessa perspectiva, deve-se levar em conta o esquecimento, que é um dos aspectos intimamente interligados com a rememoração do passado;[30] por isso, além de se contrapor ao discurso negacionista e neofascista, como o da Revisão Editora, essa memória étnica pode impedir que o Holocausto seja esquecido.

Tal função da memória, no entanto, corre sempre sérios riscos, decorrentes do inexorável suceder das gerações no tempo. No que se refere ao contexto nacional, deve-se chamar a atenção para a questão dos perseguidos e torturados do regime militar, muitos dos quais estão morrendo sem deixar seu testemunho, imprescindível em um País no qual os interesses falam mais

---

30 Inês da Conceição Inácio (1990, p.57) relaciona esquecimento "às falhas e lacunas existentes na rememoração".

alto que a memória. Tanto nesse caso como em relação ao Holocausto, pode-se afirmar que, ao deixar de existir, os sobreviventes contribuem, involuntariamente, para o desaparecimento de uma das exigências relevantes para o trato da memória coletiva, a coesão dos grupos:

> perdidos os laços que nos prendam a um grupo ao menos uma parcela do passado se torna inacessível; se recordar é obra coletiva, esquecer é fruto do isolamento, do distanciamento, da fragmentação. A origem do esquecimento, como a da lembrança encontra-se no presente. Em contrapartida, se fora do grupo perdemos nosso passado, em seu interior fazemos nosso o passado de muitos [...] (Inácio, 1990, p.57-8)

Sem o relato das testemunhas oculares, perdem-se dimensões do que foi o acontecimento, assim como de quem foram esses grupos que sobreviveram às diversas perseguições políticas. Afinal, "o discurso memorialístico remete à visão presente do grupo que rememora, pois expressa a representação que esse grupo elabora do seu próprio contexto de enunciação, apreendendo-o a partir de ângulos determinados" (Inácio, 1990, p.414). Por isso, verifica-se a importância dos testemunhos das vítimas do Holocausto, das autobiografias, como as de Primo Levi, Ben Abraham, como também dos algozes: oficiais e soldados nazistas, como o médico do campo de concentração, John Paul Kramer (Brepohl, 2001).

Deve-se, também, chamar a atenção para a singularidade do Holocausto, acontecimento histórico específico, genocídio de milhões de pessoas, concebido e sistematizado pela burocracia nazista, envolvendo ressentimentos diversos. Portanto, dimensionar tudo isso é tarefa complexa. Em virtude de o Holocausto ter sido um acontecimento limite dentro da história, as experiências e os testemunhos de sobreviventes têm de ser considerados, mas, tal como ocorre com qualquer documento, não devem ser dispensados do tratamento crítico da história. Roney Cytrynowicz (2000, p.203) tem um posicionamento crítico a respeito do assunto:

> A memória não pode tornar-se responsável por transmitir a dimensão histórica do que foi o genocídio [...] Transmitir isto é tarefa do trabalho em história e outros campos de conhecimento das ciências humanas e da psicanálise. Os sobreviventes testemunharam fatos que não têm paralelo na história, fatos para os quais nenhuma experiência pessoal pode contribuir para um entendimento

90 CARLOS GUSTAVO NÓBREGA DE JESUS

coletivo, nem mesmo para um conhecimento, o que, então dizer da compreensão? [...] cada vez mais a moldura histórica é necessária para dar sentido e lugar à voz da memória, para que ela não se perca na celebração e banalização do discurso da subjetividade.

Nota-se que a preocupação do historiador ao trabalhar com autobiografia reside no fato de que ele quer se aproximar da maior objetividade possível dos fatos, e, em sua opinião, os acontecimentos analisados por meio dos relatos pessoais podem oferecer uma visão distorcida do que realmente teria acontecido, pelo maior ou menor comprometimento da memória do relator. Na ânsia de procurar a legitimidade do que realmente aconteceu, o historiador não pode se esquecer de que tal problema poderia ser encontrado em todo tipo de fonte, o que o leva a não aproveitar as contribuições das experiências pessoais, que também dialogam com a realidade.

Sendo assim, cabe ao historiador pôr em prática sua tarefa de analisar criticamente os relatos, isto é, como afirmou Cytrynowicz (2000, p.204), colocar a "moldura histórica", pois os "narradores são apoiados pelas estruturas mediadoras da linguagem, da narrativa, do ambiente social, da religião e da política" (Portelli, 1998, p.108). O que não quer dizer que em tais relatos pessoais e nos textos autobiográficos não irá se encontrar a realidade, pois a realidade social não é independente "da experiência humana e da estruturação simbólica" (Rosenthal, 1998, p.193). Cabe ao historiador saber articulá-la por meio de sua prática.

Como afirma Cytrynowicz, o Holocausto é um caso singular, e a historicização do problema e das fontes, sejam elas quais forem, nesse caso, tem de ser feita com muito profissionalismo e seriedade, pois estará problematizando um acontecimento limite, cheio de ressentimentos, mas que tem em seu favor o fato de ser a "ocorrência mais objetiva da história".

Ao questionar os testemunhos dos sobreviventes do Holocausto, Castan utiliza-se favoravelmente da dúvida do historiador tradicional a respeito dos relatos pessoais e autobiografias, acusando tais fontes de serem comprometidas com a realidade. Dessa forma, deve-se estar atento a tais estratégias empregadas pelo editor, que também abarca a prática e o ofício do historiador.

Os relatos pessoais formam uma importante peça do quebra-cabeça para o estudo do genocídio, o que deixa claro que o testemunho e a autobiografia, semelhantes a qualquer outro documento passível de verificações e precauções historiográficas, mesmo com suas particularidades, devem ser tratados como fontes para a pesquisa histórica.

Para a história, o auxílio da memória, quer por testemunhos orais quer por autobiografias, é imprescindível em uma época em que a negação do genocídio nazista ganha aparência de cientificidade por meio de publicações e teorias. Essas lembranças são a exigência de um presente marcado por indefinições e valorização do passado, no qual movimentos nacionalistas e fascistas, como a Revisão Editora, tentam se colocar como interlocutores válidos de iniciativas historiográficas.

3
O ANTI-SEMITISMO E A REVISÃO EDITORA

Anti-semitismo: fator agregador

O discurso intolerante característico das obras da Revisão Editora segue dois percursos. No primeiro, os autores utilizam o anti-semitismo para dar credibilidade ao negacionismo, as propostas e afirmações baseiam-se em teses apropriadas dos negacionistas ingleses, alemães, norte-americanos, e nas considerações que foram sistematizadas por autores como Robert Faurisson. No segundo percurso, os autores, especialmente Castan, instrumentalizam o anti-semitismo para criticar a situação política, cultural e econômica brasileiras. Nesse momento, o negacionista irá se apoiar em argumentações antijudaicas de integralistas como Plínio Salgado, Miguel Reale e, principalmente, Gustavo Barroso.

Tanto para organizar seus escritos negacionistas quanto para afirmar sua posição nacionalista antijudaica, além das influências já mencionadas, Castan apropria-se de idéias contidas em obras como *O judeu internacional*, de Henry Ford, e *Os conquistadores do mundo*, de Louis Marschalko, livros que apresentam diferentes versões do mito da conspiração judaica mundial.

Esses argumentos são reproduções de tais discursos mitificatórios. Em nenhum momento, podem-se perceber formulações inéditas de Castan e Sérgio Oliveira, muito menos considerações condizentes com um sério trabalho historiográfico; antes, ambos mostram-se totalmente comprometidos com tendências políticas e ideológicas da extrema-direita anti-semita.

A Revisão Editora tornou-se um pólo agregador dessas propostas, professadas por autores de diferentes momentos e locais. As revistas, editoras e

94 CARLOS GUSTAVO NÓBREGA DE JESUS

livrarias podem ser encaradas como pólos agregadores em torno dos quais se compartilham posturas políticas, ideológicas e/ou culturais. A partir delas, é possível estudar a disseminação não só de idéias comuns, mas também sua trajetória ao longo do tempo.

Grupos compartilham e difundem culturas políticas, conceito que se situa na intersecção entre a história política renovada e os estudos culturais, cada vez mais numerosos e importantes.

De acordo com Jean-François Sirinelli, a cultura política deve ser entendida como "uma espécie de código e de um conjunto de referentes, formalizados no seio de um partido ou, mais largamente, difundidos no seio de uma família ou de uma tradição política".[1] Para Serge Bernstein (1998, p.362-3), o interesse do historiador pela cultura política tem um caráter duplo:

> Permite em primeiro lugar pelo discurso, o argumentário, o gestual, descobrir raízes e as filiações dos indivíduos, restituí-las à coerência dos seus comportamentos graças às descobertas de suas motivações, em resumo, estabelecer uma lógica a partir de uma reunião de parâmetros [...] (No âmbito coletivo, a cultura política) permite uma coesão de grupos organizados à volta de uma cultura [...] ela fá-los tomar parte coletivamente numa visão comum do mundo [...] em normas, crenças, valores que consistem um patrimônio indiviso, fornecendo-lhes, para exprimir tudo isto, um vocabulário, símbolos, gestos, até canções que constituem um verdadeiro ritual.

Analisando as obras e os autores vinculados à Revisão Editora a partir dessa perspectiva ampla, é possível, nestes primeiro momento, distinguir quais os valores que privilegiam, que leitura fazem do passado e que perspectivas têm de futuro. A tradição política referida por Sirinelli e Bernstein é acompanhada de seus códigos, símbolos e propostas compartilhadas. Nesse sentido, o caso da editora é exemplar, pois coloca obras de negacionistas dos anos 80 lado a lado com as de intelectuais dos anos 30, aglutinadas pelo fato de compartilharem propostas e ideais baseados no anti-semitismo. Gustavo Barroso tem suas obras publicadas pela Revisão Editora muito mais por ser adepto de um anti-semitismo fervoroso do que pelo fato de ter sido um importante intelectual brasileiro. Fica evidente que o fator agregador nesse

---

1 Cf. Sirinelli, Histoire des droits (apud Bernstein, 1998, p.350).

caso é o anti-semitismo, uma das principais tendências polarizadoras das obras vinculadas pela editora.

Em *Massacre de Katyn* e *Hitler:* culpado ou inocente?, de Sérgio Oliveira, *Holocausto – judeu ou alemão?*, *Acabou o gás!...* O fim de um mito, e, mais discretamente, em *S.O.S. para Alemanha*, de S. E. Castan, o anti-semitismo está intimamente ligado ao negacionismo. No entanto, muitas vezes, tal posição aparece "camuflada" por um suposto anti-sionismo.[2]

No epílogo de *Holocausto – judeu ou alemão?*, Castan (1987, p.305) afirma:

> Como o leitor deve ter notado, a grande maioria dos fatos apresentados tem origem de autores de países que lutaram contra a Alemanha, na última guerra [...] Muitas das referências indicadas neste livro são contra o sionismo, que conforme o próprio ministro Chamberlein, foi o responsável pela Segunda Guerra Mundial, através da imprensa internacional e também por pressões exercidas sobre elementos ligados ao governo britânico. O sionismo, por ser racista, é condenado praticamente por todos países do mundo.

No livro, *Acabou o gás!...*, Castan (1989, p.76) define os sionistas como "difamadores e enganadores da humanidade" por contestarem o relatório de Leuchter. Em *Hitler: culpado ou inocente?*, Sérgio Oliveira (1990, p.139) sugere que as mortes deviam-se ao fato de os judeus seguirem um ideal baseado no sionismo: "Os judeus mortos nos campos de concentração foram sacrificados deliberadamente pelos sionistas, em prol de seu ideal maior [...] Mais vale o sacrifício de milhares de judeus do que sofrer um prejuízo no bolso".

Essa é uma tendência apropriada pelos autores brasileiros da linha negacionista francesa. Segundo Vidal-Naquet (1987, p.130-1), a adoção do anti-sionismo no discurso anti-semita dos negacionistas tem uma explicação:

> É preciso ferir a criação do Estado de Israel. Israel é um Estado que emprega a violência e a dominação. Desta forma, fingindo-se que tal entidade já existia

---

2 Nota-se que, particularmente, esse fator diferencia o posicionamento de Faurisson da principal vertente que inspirou o negacionismo, a direita nacionalista e anti-semita francesa, de Maurras, que era a favor da criação do Estado de Israel, para que os judeus fossem deportados para lá.

96 CARLOS GUSTAVO NÓBREGA DE JESUS

em 1943, pode-se fazer esquecer que as comunidades judaicas eram comunidades desarmadas. Pode-se até mesmo explicar que o nazismo é uma criação, sem dúvida, imaginária, do sionismo [...] Dito isso, o nacionalismo alemão pode ser perfeitamente combinado com a defesa de teses árabes.

Tal iniciativa também foi salientada por Natália dos Reis Cruz (1997, p.75):

> [...] Castan nega que seja anti-semita, se dizendo apenas anti-sionista, contrapondo-se ao que ele denomina de movimento político judaico que visaria realizar uma conspiração mundial [...] O movimento sionista é apresentado de uma forma totalmente distorcida, tanto em relação ao seu significado como em relação aos objetivos [...] é apresentado como um movimento político cujo objetivo seria o domínio mundial dos judeus sionistas sobre todas as nações. No entanto, desde seus primórdios, nunca teve como um de seus objetivos o domínio mundial. O seu objetivo central era criar um Estado judeu na Palestina, reagrupando judeus do mundo inteiro, que viviam dispersos em vários países, principalmente na Europa.

Nas obras de Sérgio Oliveira e S. E. Castan nota-se que o termo anti-sionismo é deturpado, pois tal posicionamento político se resumiria na contrariedade à doutrina ou ao movimento que foi a favor da criação do Estado de Israel, e não um posicionamento antagônico a tudo que diz respeito ao povo judeu; tal prática notada nas obras editadas pela Revisão revela-se, na verdade, como intenso posicionamento anti-semita. Com isso, pode-se concluir que o anti-sionismo, adotado pelos negacionistas da Revisão Editora, é uma forma de ocultar seu verdadeiro intento, a divulgação do anti-semitismo. Nota-se tal estratégia em *S.O.S. para Alemanha*, em que o anti-semitismo, mascarado pelo anti-sionismo, é utilizado como um pressuposto para afirmar a negação do Holocausto:

> Quando portanto alguém, para confundir os leitores, informa que o próprio governo alemão confirma o Holocausto judeu, recomendo responder que oficialmente é o governo alemão, mas na realidade é o governo da Colônia Sionista de Bonn, que na Alemanha não há liberdade de expressão e que a Alemanha continua um país ocupado militarmente pelas potências que combateu, fato que não é publicado normalmente na imprensa. (Castan, 1990, p.116)

Nessa mesma obra, o autor, pela primeira vez, combina seu anti-semitismo "disfarçado" de anti-sionismo com a crítica aos problemas econômicos e políticos brasileiros. Ao abordar a produção de vinho gaúcho, Castan menciona a entrada das multinacionais no Brasil e relaciona tal fato ao internacionalismo judaico, lembrando que uma companhia canadense comprou a vinícola Almadén, localizada em Santana de Livramento (RS):

> informo que a SEAGRAM é a maior fabricante de bebidas alcoólicas em todo mundo, seu proprietário chama-se Edgar Bronfman, que é nada menos que o poderoso PRESIDENTE DO CONGRESSO MUNDIAL JUDAICO. Portanto, agora a maior produção de vinhos brasileiros também passou às mãos de um judeu internacional. (idem, p.139)

Em outra passagem, fica nítido que o anti-sionismo de Castan é, na verdade, uma atitude discriminatória contra o povo judeu:

> Intitulam-se "minoria", residem no Brasil, mas sonham com Israel [...] Atacam ou tentam boicotar qualquer pessoa, por mais brasileira que seja, que contrarie os interesses sionistas, pois além de serem completamente racistas, não querem admitir nenhuma verdade que não parta deles próprios. (ibidem)

O editor gaúcho publica a carta-testamento de Getúlio Vargas, afirmando que o presidente se matou por não suportar as pressões internacionais, ou seja, na concepção dele, sionistas. Na tentativa de justificar seus comentários, o autor sublinha algumas passagens da carta:

> Depois de decênios de *domínio e espoliação dos grupos econômicos e financeiros internacionais*, fiz-me de uma revolução e venci [...] A *campanha subterrânea dos grupos internacionais* aliou-se às dos grupos nacionais revoltados contra o regime de garantia do trabalho [...] Não querem que o povo seja independente [...] *Os lucros das empresas estrangeiras alcançavam 500% ao ano.*[3]

Castan (1990, p.145) também reproduz a carta-renúncia de Jânio Quadros, sugerindo que tal rompimento político foi decorrente do sionis-

---

3 Carta-testamento de Getúlio Vargas (apud Castan, 1990, p.143-4 – grifos do original).

mo, apontado como termo "forças terríveis", escrito pelo ex-presidente da República.

Ao demarcar tais passagens das obras, fica claro, mais uma vez, que esse anti-sionismo, divulgado por Castan, é uma estratégia para encobrir seu anti-semitismo. Como fez com as cartas de Getúlio e Jânio Quadros, qualquer passagem da historiografia brasileira serviria para que, a partir da distorção dos fatos, ele pudesse dar credibilidade a seu discurso. Esse argumento de Castan baseia-se na crença da supremacia do capital internacional de um povo que quer dominar a economia e a política de seu país. O anti-semitismo do editor gaúcho é propositalmente apresentado como anti-sionismo, com a finalidade de diluir seu conteúdo racial numa crítica de viés político.

Essa estratégia, utilizada para ocultar o anti-semitismo, foi "transfigurada" dos apelos negacionistas para argumentações feitas na esfera nacional. A partir desse momento, pode-se salientar que o discurso nacionalista de Castan foi construído com forte apelo de integração racial, pois se fundamenta na defesa da miscigenação cultural e racial do povo brasileiro. Em um fragmento de *S.O.S. para a Alemanha*, Castan afirma que: "o jardim da Revisão Editora Ltda. será defendido por milhares de nossos leitores, das mais variadas raças – negros, brancos, amarelos, pardos e índios que pelas misturas delas oriundas formam esta nossa grande Pátria [...] enfim pelo POVO e pela JUSTIÇA BRASILEIRA" (idem, p.184).

A miscigenação racial, do modo como é entendida por Castan, aproxima-se das afirmações do manifesto Integralista de Outubro de 1932:

> Levantamo-nos, num grande movimento nacionalista, para afirmar o valor do Brasil e de tudo que é útil, e belo, no caráter dos costumes brasileiros. Para unir todos os brasileiros num só espírito: o tapuio amazônico, o nordestino; o sertanejo [...] todos os que ainda têm no coração o amor de seus maiores e o entusiasmo pelo Brasil. Temos de nos afirmar como um povo unido e forte, que nada mais poderá dividir. O nacionalismo para nós não é apenas o culto a Bandeira e do Hino nacional, é a profunda consciência das nossas necessidades, do caráter e, das tendências, das aspirações da Pátria e do valor da raça.[4]

---

4 A. I. B. Manifesto de Outubro de 1932 (in Carone, 1973, p.309-10).

Para Castan, na formação do povo brasileiro não fariam parte os judeus, "que querem o domínio mundial" e que também não se misturaram, formando "verdadeiros quistos sociais no país".

A aproximação do autor ao integralismo não é descabida, pois Gustavo Barroso, adepto do anti-semitismo radical dentro do movimento, está presente no catálogo das obras da Revisão Editora.

Barroso foi o tradutor e/ou autor da maioria dos textos anti-semitas que circularam nos anos 30 e 40, época em que a intolerância ao judeu foi sentida nas várias estâncias da sociedade brasileira e do governo varguista, sendo expressa por meio das leis de restrições à imigração.

Anti-semitismo no Brasil

No final do século XIX e começo do XX, alguns aspectos das teorias raciais de fundo científico, como o darwinismo e o evolucionismo social, já eram notados nos meios intelectuais brasileiros. Ao estudar a proposta de construção nacional de um importante pólo de intelectuais, do início do século XX, a *Revista do Brasil*, de 1916 a 1925, Tania de Luca (1999, p.132-3 e 157) afirma que:

> Nas décadas iniciais do século XX, não eram poucos os que continuavam a encarar a composição étnica como fator decisivo que subordinava todos os demais aspectos da vida nacional e do qual dependia, inclusive, as chances futuras de qualquer país vir a integrar o concerto das nações [...].[5]

Muitos desses intelectuais tiveram um papel preponderante na construção de um caráter nacionalista e discriminatório do Estado Novo (cf. Carneiro, 1995).[6] Nesse sentido, pode-se dizer que o contexto político dos anos 30, pontuado pela política discriminatória de Vargas, foi propício para propostas anti-semitas. Segundo Maria Luiza Tucci Carneiro (1995):

> Com a instauração do regime autoritário estadonovista e o crescimento de idéias nacionalistas, o anti-semitismo encontrou um campo propício à sua

---

5 Ver o quadro histórico apresentado pela autora sobre como foi construída, desde os tempos modernos, as teorias de hierarquia de raças (Luca, 1999, 133-56).

6 Verificar também Oliveira (1982, p.10).

100 CARLOS GUSTAVO NÓBREGA DE JESUS

eclosão. Entretanto, este momento não foi gerado nas entranhas do Estado Novo. A situação vinha, há muito tempo, sendo fermentada a partir de ideologias anteriores que, apesar de não permanecerem constantes e uniformes, influenciaram para que nos anos 30, tais idéias preconceituosas viessem à tona insufladas pelos acontecimentos que pontilhavam a política nacional e internacional.

Pode-se dizer, contudo, que desde do final da Primeira Guerra Mundial, quando se intensificou a imigração para o país, foi perceptível o aumento da intolerância ao judeu.[7] A crítica vinha desde intelectuais renomados ligados à imprensa, como Guilherme de Almeida que escreveu artigo em *O Estado de S. Paulo* denominado "O gueto", referindo-se ao Bom Retiro, bairro da comunidade judaica em São Paulo, até políticos como Fidélis Reis, influente deputado federal do Partido Republicano Mineiro que se dizia avesso à concentração de judeus em bairros das grandes cidades e atento para os problemas derivados da tendência ao enquistamento (apud Lesser, 1995, p.59-86).

O caso de os judeus serem vistos de uma forma particular, diferenciados até mesmo de outros imigrantes,[8] devia-se ao fato de se concentrarem, em sua maioria, nas cidades e não no campo, dedicando-se a atividades ligadas ao comércio, o que lhes possibilitava, por vezes, uma rápida ascensão financeira. Parecia confirmar-se, para os críticos anti-semitas da época, o estereótipo do judeu financeiramente bem-sucedido, visto como concorrente da classe média urbana incipiente nas grandes cidades brasileiras, nos anos 20.

Na década seguinte, os judeus também passaram a ser relacionados com o comunismo. O serviço de imigração "retratava cada imigrante judeu

---

7 Sobre a crescente imigração no pós-guerra, Boris Fausto (1998, p.275) afirmou que após o conflito constatamos uma nova corrente imigratória que se prolonga até 1930. Segundo Jeffrey Lesser (1995, p.67), o aumento da imigração judaica no começo dos anos 20 para o Brasil "deveu-se em parte a mudanças na legislação imigratória dos Estados Unidos, Canadá, Argentina e África do Sul, onde leis restritivas reduziram a entrada de judeus".

8 Como os judeus, os japoneses eram também vistos de forma diferente de outros imigrantes; no entanto, diversamente do judeu, o japonês não era considerado "branco". Sendo assim, segundo vários intelectuais da época, ele não poderia contribuir com a teoria de branqueamento da raça proposta por vários intelectuais da época. Segundo esse argumento discriminatório, pode-se afirmar que o problema apresentado pelo japonês era duplo: além de ser estrangeiro, não era branco, diferente da maioria dos judeus, predominantemente europeus (cf. Lesser, 2001, p.171).

ANTI-SEMITISMO E NACIONALISMO, NEGACIONISMO E MEMÓRIA 101

como um subversivo em potencial" (Lesser, 2001, p.107).[9] Tal postura, num contexto marcado pelo predomínio intelectual e político das teorias raciais, contribuiu para potencializar o racismo e o anti-semitismo, que ganhariam novos sentidos no governo Vargas.[10] É notório que grande parte de intelectuais, políticos e diplomatas da época era nacionalista e sensível ao anti-semitismo, o que não permite concluir, porém, que a questão judaica foi tratada de forma homogênea entre 1930 e 1945.

As perseguições e as restrições aos judeus iam além de uma ideologia de governo marcada pelo autoritarismo, pelo nacionalismo, pela simpatia ao fascismo e a teorias raciais, pois flutuavam de acordo com interesses políticos e econômicos, determinados por conjunturas específicas.

Assim, Jeffrey Lesser (1995, p.217) mostrou que, no ano de 1939, o número de judeus imigrados para o Brasil foi o maior desde de 1929, o que pode ser compreendido em razão da pressão dos Estados Unidos, que encaravam a imigração judaica para o Brasil como forma de desafogar as suas próprias fronteiras. Nesse caso, como em todo varguismo, muitas vezes, o interesse político suplantava as diretrizes ideológicas. Tal fato não quer dizer que a restrição à imigração judaica tenha deixado de ocorrer de forma intensa durante os anos 30 e 40, tanto por interesses políticos quanto por ideológicos. O drama dos judeus que aportavam na costa brasileira e, muitas vezes, não podiam desembarcar tendo que retornar à Europa deixou evidente a intensa política restritiva do governo varguista à entrada dos judeus no Brasil:

> A partir de 1937 em função das restrições políticas e anti-semitas impostas aos comunistas e judeus, numerosos refugiados foram impedidos de desembarcar sob múltiplas alegações: "os documentos não estão em ordem", "os vistos

---

9 Sobre o relacionamento do judeu com o comunismo, ver Motta (2002).

10 O varguismo se mostrou, na maioria das vezes, ambíguo e sem uma ideologia definida. Getúlio atendia à "ideologia do poder", seu governo se moldava segundo os interesses da época e dos grupos, ou até mesmo de estados nacionais que viessem a apoiá-lo e sustentá-lo no poder. Foi assim no começo da década de 1930, com a sua simpatia pelo regime fascista e nazista, quando pleiteava o apoio econômico e político alemão, e foi da mesma forma no começo da década de 1940, que declarou guerra à Alemanha em apoio aos Aliados, influenciado, entre outros fatores, pelos subsídios americanos dados para a construção da Companhia Siderúrgica Nacional (CSN). Qualquer análise feita desse momento histórico deve levar em conta esse pressuposto político característico do governo Vargas.

102 CARLOS GUSTAVO NÓBREGA DE JESUS

não estão regulares", "a legislação brasileira não permite". Amargurados, estes peregrinos do século XX saíram vagando de porto em porto. Hoje, a história que envolve os passageiros de cada um destes barcos é uma lição de geografia e de um eterno caminhar. (Strauss, 1996, p.82)

A contenção à entrada dos judeus intensificou-se em 1942, quando se consolidou a lei de restrição à imigração,[11] após a participação do Brasil na Segunda Guerra Mundial. A perseguição em relação aos estrangeiros residentes no Brasil também se intensificou, especialmente em relação àqueles oriundos de países do Eixo que eram, em sua maioria, perseguidos e presos (Perazzo, 1999, p.49). Como esses, os judeus identificados com o comunismo, que já eram alvo de perseguição da "polícia política", o Dops, também tiveram sérios problemas para continuar suas atividades no Brasil.[12]

Lesser, entretanto, afirma que, nesse mesmo ano de 1942, a intolerância e a perseguição aos judeus residentes no Brasil, não identificados com o comunismo, tornaram-se menos intensas, em razão da "diminuição da propaganda nazista na imprensa brasileira" e da renúncia de três homens identificados com o nazismo no regime Vargas: Filinto Müller, Francisco Campos e Lourival Fontes. Tal situação, segundo o historiador, deixa claro o interesse de Vargas em não institucionalizar o anti-semitismo, pois "recusar a entrada de judeus com base na lei de imigração era muito mais fácil do que atacar os refugiados que já estavam no Brasil". Tal afirmação do historiador pode ser problematizada, pois, nessa época, a imagem da maioria dos judeus ainda era relacionada ao comunismo (cf. Lesser, 1995, p.249-50).

O anti-semitismo dos anos 30 e 40 é engendrado dentro dessas nuanças do governo Vargas, pontuado pelo jogo de interesses e ambigüidades políticas e ideológicas. Tal iniciativa intolerante estigmatizou a Era Vargas e os

---

11 A respeito da lei de restrição à imigração e seu significado, ver Lesser (2001, p.230) e Luizetto, 1975, p.13 -36).

12 Sobre a repressão aos grupos de imigrantes pela polícia política, vale citar Cancelli (1993). A documentação recém-liberada do Dops contribuiu bastante para pesquisas referentes ao tema. Entre as obras resultantes de tal iniciativa, podem-se citar a coleção "Inventário Deops", do Arquivo do Estado de São Paulo, que compreende, entre outros, o "Inventário Deops – Módulo I – Alemanha" (São Paulo: Arquivo do Estado/Imprensa Oficial, 1997), "Módulo V – Italianos (São Paulo: Arquivo do Estado/Imprensa Oficial, 2001) e Wiazovski (2001), os três sob a organização de Maria Luiza Tucci Carneiro, além de Perazzo (1999). Em relação à restrição à imigração japonesa, consultar Lesser (2001).

anos 30, podendo até afirmar que o anti-semitismo desse momento histórico aproximou-se do fascismo europeu da mesma época. Tucci Carneiro (1995, p.103) explicita a situação:

> as manifestações de anti-semitismo verificadas no Brasil durante a Era Vargas e, mais especificamente, durante o Estado Novo, estão vinculadas aos seguintes fatores: ao panorama político-econômico europeu, à influência das idéias nazi--fascistas no Brasil, à persistência de um pensamento racista e elitista entre os intelectuais brasileiros, à sobrevivência de um regime autoritário no período de 1937-1945, e à adoção de uma política imigratória restritiva aos judeus pelo governo brasileiro, nitidamente caracterizada por diretrizes eugênicas raciais.

Nesse contexto, deve-se concordar que o "anti-semitismo efetivamente diferenciador de Gustavo Barroso, era, em sua obra, ao mesmo tempo, a expressão radical de um preconceito largamente aceito nos anos 30" (Cytrynowicz, 1992, p.9).

Todo esse clima de repressão, nacionalismo e xenofobia fomentou os pressupostos anti-semitas de Gustavo Barroso e suas teses ganharam materialidade com as leis de restrição à imigração, uma vez que os elementos estrangeiros, segundo se acreditava, poderiam comprometer a formação de uma sociedade tipicamente brasileira. Portanto, o pensamento anti-semita de Barroso não pode ser tomado isoladamente, pois houve considerável aproximação entre a política governamental da Era Vargas e o integralismo (idem, p.242). E a importância deste último na formação do pensamento anti-semita de Barroso (1937, p.13) é reconhecida pelo próprio intelectual:

> Quando entrei para o integralismo, era já um escritor mais ou menos conhecido, com algumas dezenas de obras publicadas. O meu público poderia atestar que eu nunca escrevera uma palavra contra os judeus. Sabia alguma coisa a respeito da questão, mas não o bastante para imprimir uma atitude espiritual. Foi o Integralismo que me tornou antijudaico.[13]

---

13 A obra de Barroso é uma coletânea de artigos para criticar José Américo de Almeida, candidato à Presidência da República. Rago Filho (1989, p.42), após analisar as obras de Barroso antes da adesão ao integralismo, afirma: "O rastreamento de algumas obras anteriores à sua militância integralista revela que, de fato, se existem passagens em que fala a respeito do judeu, por exemplo, quando comenta a perseguição aos judeus na época medieval, o faz num

104 CARLOS GUSTAVO NÓBREGA DE JESUS

Gustavo Barroso nasceu em 29 de dezembro de 1888, em Fortaleza. Em 1911, formou-se em Direito pela Faculdade do Rio de Janeiro. Dois anos depois, era secretário geral da Superintendência da Defesa da Borracha e, no ano seguinte, secretário do Interior e da Justiça do seu estado natal. Em 1915, elegeu-se deputado federal pelo Ceará e atuou como secretário da delegação brasileira na Conferência de Versalhes, realizada em 1919. Foi o inspirador do Museu Histórico Nacional, fundado em 1922. Em 1923, elegeu-se para a Academia Brasileira de Letras, sendo, anos mais tarde, seu presidente. Publicou várias obras, valendo-se dos pseudônimos de João do Norte, Nautilus, Jotaenne e Cláudio França.[14] Aderiu ao integralismo em 1933, tendo desfrutado de prestígio e força nesse movimento.

Após tornar-se integralista, publicou: *O integralismo em marcha* (1933); *Brasil: colônia de banqueiros* (1934); *O integralismo de norte a sul* (1934); *O que o integralista deve saber* (1935); *O quarto império* (1935); *O integralismo e o mundo* (1936); *Comunismo e a maçonaria* (1937); *A sinagoga paulista* (1937); *Integralismo e catolicismo* (1937); *O judaísmo, comunismo, cristianismo e corporativismo* (1938); *História secreta do Brasil*, volumes 1 e 2 (1937) e volume 3 (1938); e apenas o primeiro livro não é marcado por intenso anti-semitismo. A respeito dessas produções, Roney Cytrynowicz (1992, p.56) afirma que:

> seria inútil procurar em seus escritos integralistas uma análise teórica como a que encontramos em Plínio Salgado e Miguel Reale. Barroso não formulou o que se poderia considerar uma teoria do Estado, da história ou uma teoria do fascismo, que justificassem uma análise de sua obra com um instrumental necessário para entender formulações teóricas. Barroso era um escritor panfletário.

O sentido panfletário citado por Roney para definir as obras de Gustavo Barroso diz respeito ao discurso do intelectual obedecer a uma compilação de afirmações contidas em obras anti-semitas anteriores, que dá aos seus escritos um caráter apologético, intolerante e propagandístico. Mesmo tendo conteúdo semelhante, as obras de Gustavo Barroso diferenciam-se dos

---

sentido piedoso sem que isto adquira o tom de sua mitomania e de ser considerado o principal ideólogo anti-semita que o país conheceu".

14 Segundo Roney Cytrynowicz (1992, p.3), ele é autor de aproximadamente setenta livros, entre literatura, história e história militar.

panfletos anti-semitas distribuídos nos anos 40, em São Paulo e no Rio de Janeiro, simplesmente pelo fato de o integralista já ser, na época, um intelectual de renome, o que possibilitou que seus escritos tivessem uma maior divulgação e não ficassem restritos a pequenas publicações, como a maioria da literatura anti-semita da época.[15]

As argumentações anti-semitas nas obras de Barroso tiveram como base para suas formulações os *Protocolos dos sábios de Sião*. Há várias explicações para a origem dessa obra. Roney Cytrynowicz (1992, p.44) afirma que os *Protocolos dos sábios de Sião* foram forjados entre 1894 e 1899, pela polícia czarista: "O texto é claramente dirigido à direita russa, à aristocracia fundiária, contra as reformas modernizadoras do Czar Alexandre [...] e foi difundido na Rússia pelos incitadores dos Progroms". Já Maria Luiza Tucci Carneiro (1995, p.27) assevera que o texto foi "escrito por Sérgio Nilus, funcionário do Sínodo, entidade parental russa".

De acordo com Vamberto Moraes (1971, p.304-10), a primeira publicação dos *Protocolos* foi editada no jornal *Znania*, de São Petersburgo (1903), por Krushevan, um militante anti-semita, sendo disseminada para o resto da Europa pelos oficiais do exército do czar, foragidos na Alemanha e na França. O documento teria sido utilizado pela polícia czarista para descredenciar o exército bolchevique durante a Revolução de 1917, numa tentativa de associar a revolução a um complô judaico para a dominação mundial.

A versão preferida dos anti-semitas é a de que o texto teria sido apresentado pelo primeiro Congresso Sionista, em 1897, na Basiléia. No entanto, "diante de tantos absurdos maiores, é quase desnecessário lembrar que a língua de todo o Congresso Sionista tinha sido o alemão, enquanto o original dos *Protocolos* era em francês" (idem, p.306).

Na década de 1920, o jornal britânico *The Times* promoveu uma campanha para que fosse avaliada a real natureza do documento. Em 1934, iniciou-se um julgamento internacional conhecido como o *Processo de Berna*. Após um ano, estabeleceu-se a falsidade do documento. Os *Protocolos* foram um plágio da sátira de Maurice Joly, na qual está descrito um suposto diálogo entre Maquiavel e Montesquieu (Rago Filho, 1989, p.65-6). Anatol Rosenfeld (1982, p.46 e 51) esclarece:

---

15 A respeito dessa literatura anti-semita dos anos 30 e 40, conferir Carneiro, M. L. T. op. cit.; p.294 a 301.

106 CARLOS GUSTAVO NÓBREGA DE JESUS

Verificou-se que se tratava de uma sátira violenta contra Napoleão III e sua política interna e externa, com o título "Dialogue aux Enfers entre Machiavel et Montesquieu ou la politique de Machiavel au XIX siècle, par un contemporain" (Diálogo no inferno entre Maquiavel e Montesquieu ou a política de Maquiavel no século XIX, por um contemporâneo) [...] impulsionado por violento ódio a Napoleão III, fazia pronunciar este, sob a máscara de Maquiavel, toda uma teoria diabólica de conquista do domínio mundial, do desejo de convencer o leitor de que o Imperador nutria tais planos [...] Se o plano político dos *Protocolos* é copiado da obra de Joly e a idéia geral de outras obras citadas, não se pode dizer o mesmo do plano financeiro. Este foi plagiado das teses de Shaparov, jornalista insignificante de São Petersburgo, metido a economista, que durante muitos anos dirigiu veemente a polêmica contra o ministro das finanças russo [...]

O plagiador, possivelmente, foi um ex-agente da polícia secreta do czar, mas não há nenhuma prova concreta a respeito (Moraes, 1971, p.315).[16]

Quando a falsidade dos *Protocolos* foi estabelecida, a obra já havia corrido o mundo e servido como fonte para *Mein Kampf* [*Minha luta*], de Hitler, e *O judeu internacional*, suposta obra de Henry Ford. Na época que Barroso traduziu e comentou os *Protocolos*, em 1936, já se sabia da fraude;[17] no entanto, o intelectual não levou em conta tal fato e afirmou:

Há trinta anos foram os *Protocolos* publicados pela primeira vez. Nesse período, realizaram-se todas as profecias neles contidas. O comunismo, que decorre deles e é o coroamento da obra judaica, que ameaçou a subverter o mundo. A civilização cristã, antes de Mussolini e de Hitler, quase levou da Breca. Tudo isso advertiu o mundo do perigo judaico.[18]

O peso dos *Protocolos* em sua obra é inquestionável, pois a idéia de um complô judaico mundial, a tônica do anti-semitismo de Barroso, é uma clara alusão ao conteúdo intolerante da obra.[19]

---

16 Para Tucci Carneiro (2002, p.103, n.11), o plagiador foi o próprio Nilus, que "tomou por base uma sátira publicada em Bruxelas (1864), de autoria de Maurice Joly, contra Napoleão III, imperador da França".

17 Sobre a tradução dos *Protocolos* por Barroso, consultar Carneiro (1995, p.273, e 2002, p.102-3).

18 Cf. Barroso, "O grande processo de Berna sobre a autenticidade dos Protocolos" (in *Os Protocolos dos sábios de Sião*, p.81-2).

19 Tal fato também é destacado por Rago Filho (1989, p.35-6).

Mesmo que a maioria dos historiadores especialistas no tema concorde que os *Protocolos* foram a essência da intolerância professada por Barroso (cf. Carneiro, 1995, p.27 e 273; Cytrynowicz, 1992, p.10-16 e 59-94; Rago Filho, 1989, p.65-72), pode-se verificar que seu anti-semitismo é responsável por uma controvérsia dentro da historiografia.

Rago Filho (1989, p.45-6), por exemplo, ao pesquisar o que ele chama os "três pontos ideários do pensamento de Gustavo Barroso", o anti-semitismo, o catolicismo rústico e o anticapitalismo romântico, pontuou outros fatores que balizaram a intolerância do intelectual integralista em relação ao povo judaico como um conjunto de noções já pertencentes "a uma dada ideologia social, nacionalista, espiritualista, agrarista, mística, anticapitalista, conservadora, cristã, que facultam a aceitação *in totum* da regência maléfica do espírito judaico".

O historiador concorda com a maioria dos estudiosos que define o pensamento de Barroso como um anti-semitismo radical, baseado nas teses dos *Protocolos*. Entretanto, afirma que esse posicionamento não condiz com a linha racial adotada pelo nazismo,[20] afirmando que "*a diferença* essencial que separa o anti-semitismo de Barroso do de origem nazista, não se trata, desse modo, de uma matriz rácica, mas sim de um problema político e econômico" que, segundo a idéia do integralista, "deveria ser combatido com as armas espirituais do integralismo" (Rago Filho, 1989, p.65 – grifo do original).

Rago Filho discorda que o anti-semitismo de Barroso parta de um "mimetismo ideológico", isto é, uma idéia importada e adaptada ao panorama social nacional. Para ele, o anti-semitismo de Barroso é a expressão de sua crítica política nacionalista.

Nota-se posicionamento contrário nos escritos de Hélgio Trindade (1979, p.253), que afirma que o anti-semitismo de Barroso é influenciado por seu congênere nazista:

> A obra de Barroso (*Brasil: colônia de banqueiros*) foi muito influenciada pelo livro de Léon de Pocins, "*Les Forces Sécrètes de Le Révolution*", traduzido para

---

20 O autor baseia-se nesta afirmação de Barroso (1936, p.70-1), contida em *Brasil: colônia de banqueiros*: "O anti-semitismo é muito mais antigo do que o cristianismo. Nem foi criação deste. Porque o judaísmo foi o problema mais difícil e perigoso de todos os tempos, não como problema racial ou religioso; porém como problema político e econômico".

108 CARLOS GUSTAVO NÓBREGA DE JESUS

o português em 1931, pelo clássico do anti-semitismo católico na França, "*La France Juive*", de Drummond, e provavelmente pela propaganda anti-semita da Alemanha de Hitler, à qual sentia-se afetivamente ligado por sua ascendência maternal germânica.[21]

A crença num complô judaico mundial e na teoria do "bode expiatório" corrobora a hipótese de que o anti-semitismo de Barroso seja uma idéia importada, pois são pontos que dialogam com o racismo nazista. Sendo assim, ao contrário do que argumenta Rago Filho, pode-se afirmar que o mimetismo ideológico, no que diz respeito a uma matriz rácica, está presente no pensamento de Barroso. Deve-se concluir que tal constatação não exclui o fato de o anti-semitismo de Barroso possuir um viés político; ao contrário, esse posicionamento antijudaico surgiu, justamente, para auxiliar na adaptação de tais idéias importadas ao cenário político, econômico e social brasileiro. Tal hipótese é defendida por Maria Luiza Tucci Carneiro (1995, p.273), ao afirmar que mesmo que o anti-semitismo de Gustavo Barroso seja fruto de um mimetismo ideológico, ele também é:

> evidentemente político, visto que o judeu era apresentado como agindo sempre politicamente e permanentemente por meio de um plano pré-elaborado. O judeu não é odiado por Gustavo Barroso simplesmente por sua raça ou religião, mas pela sua força política e pelo seu "poder de dominar", seja secretamente através da maçonaria, ou abertamente através da imprensa e da política.

Dessa forma, pode-se afirmar que o caráter racial das propostas de Barroso era diluído em seu apelo político, pois, na verdade, seu anti-semitismo era fundamentado na intolerância diante do posicionamento excludente do povo judeu do projeto de integração racial.[22] Nota-se tal posicionamento na

---

21 A historiadora Maria Luiza Tucci Carneiro (1995, p.272-3) também compartilha com as afirmações de Hélgio Trindade, ela define Barroso como representante da área "pró-nazista" dentro do integralismo. Rago Filho (1989, p.61-2) apresenta sua discordância em relação a Maria Luiza Tucci Carneiro desta forma: "a autora, sem se dar conta, depara-se a todo instante com a natureza cristã do anti-semitismo integralista [...] Dessa maneira, desaparece por completo o nódulo ideológico da restauração da cristandade – núcleo essencial para a confirmação da concepção barrosiana e matriz fundante de seu integralismo".

22 Segundo Cytrynowicz (1992, p.186), a "identidade do Integralismo e o 'caráter brasileiro' da nacionalidade eram dados pela exclusão dos judeus. Apesar disso, Barroso também construiu

argumentação de Barroso, em que ele afirma que "ninguém combate o judeu porque ele seja da raça semita nem porque siga a religião de Moisés. Mas sim porque ele age politicamente dentro das nações, no sentido de um plano pré-concebido e levado por diante através dos tempos" (Barroso, 1935, p.119).

Outro ponto de discussão dentro da historiografia é o fato de historiadores creditarem a Gustavo Barroso a definição de "representante anti-semita do movimento integralista", como se, no seio do movimento, a intolerância ao judeu fosse exclusividade desse intelectual.

Deve-se deixar claro que a estratégia de diluir o anti-semitismo em uma crítica política e o fato de ter seu pensamento discriminatório alinhado com a ideologia de Hitler não fizeram de Barroso um agente isolado dentro do Integralismo.[23] A questão do anti-semitismo no integralismo e o posicionamento de Barroso perante essa iniciativa no movimento é uma questão complexa. Segundo Hélgio Trindade (1979, p.252-3):

> O anti-semitismo não é um tema ideológico que estabeleça consenso entre os ideólogos integralistas. Gustavo Barroso é praticamente o único teórico de uma corrente anti-semita radical, ao passo que os outros doutrinadores, sem contestar aspectos nocivos da ação judaica, especialmente ao nível das finanças internacionais, parecem mais reticentes em aceitar a tese de que se pode reduzir o conjunto dos adversários do movimento ao judaísmo [...] Embora possa estabelecer uma gradação nas formas anti-semitas do Integralismo, o tema, na realidade, incorporou-se à ideologia integralista em razão da grande receptividade das idéias anti-semitas entre os militantes de base. Em conseqüência, quando teóricos e dirigentes criticam a tendência de Barroso, suas atitudes não significam uma posição neutra diante do problema judaico, mas uma rejeição ao radicalismo anti-semita.

Há que notar que a disseminação da iniciativa antijudaica não ficou restrita a Barroso, pois "a idéia de conspiração judaica estava presente, embora com menos intensidade e centralidade, entre outros ideólogos integralistas,

---

sua versão da fábula das "três raças", que teriam existido em harmonia até a chegada dos judeus".

23 Alcir Lenharo (1986, p.114) aponta que uma das principais características dos anti-semitas era "esconder o racismo sob estereótipos aparentemente não biológicos".

110　CARLOS GUSTAVO NÓBREGA DE JESUS

como Plínio Salgado e Miguel Reale, além de largamente difundida nos jornais integralistas" (Cytrynowicz, 1992, p.19). Tal evidência não é compartilhada por toda a historiografia. Chiavinato (1985, p.260) acredita que

> a falta de uma ênfase maior às idéias antijudaicas devia-se menos à postura ideológica do integralismo e muito mais à falta de ressonância popular a um programa racial. Mesmo quando identifica o capitalismo internacional com os judeus, Reale tomava o cuidado de ressalvar que não era racista.

Para Chasin (1978, p.572-3), "Plínio Salgado era adepto de um anti-semitismo", mas essa iniciativa não estava baseada em termos raciais, pois seu antijudaísmo:

> não se trata nunca de um anti-semitismo que tenha por fundamentos bases raciais. Enquadra-se, isto sim, no estereótipo da sovada fórmula do judeu usurário, manipulador internacional dos dinheiros. E nem mesmo vem à tona o anti-semitismo de fundo religioso, tão comum em determinadas formas práticas.[24]

Na verdade, como Barroso, Plínio Salgado e Miguel Reale encobriram seu anti-semitismo na suposta luta contra o domínio estrangeiro, em nome da defesa da nacionalidade. No entanto, diferentemente do primeiro, não atacavam "os judeus do Brasil que queriam integrar", isto é, os judeus naturalizados e aqueles que, segundo eles, não estariam comprometidos com "o capitalismo internacional e o comunismo judaico":[25]

> Esta posição sintomática da idéia de reverberar contra o "capitalismo judeu" não era considerada anti-semitismo, talvez porque essa idéia parecesse mera ressonância do anti-semitismo europeu e não estivesse colocada como uma questão de política nacional, como em Barroso, que configurava claramente um ataque aos judeus no Brasil. O ataque contra "o capitalismo judeu" podia justificar-se com a bandeira anticapitalista apenas calcada na existência de capitalistas

---

24　Anteriormente a essa explicação, o autor reproduz uma carta aberta de Plínio Salgado, na qual este se coloca contra o anti-semitismo radical. A carta foi publicada na *Revista Panorama* em 24 de abril de 1934. (Chasin, 1978, p.572; e Trindade, 1979, n.152, p.252).

25　Idem, p.236. Vale dizer que, para Plínio Salgado, 60% dos judeus estavam comprometidos com o "agiotismo internacional" (ver Salgado, *Revista Panorama*, n.1, abr./maio, p.4-5, apud Cytrynowicz, 1992, p.191).

individuais judeus, mas que se distanciava da acusação de anti-semitismo. (Cytrynowicz, 1992, p.196)

Plínio Salgado e Miguel Reale defendiam a tese de que aquele judeu que não estivesse comprometido com o capitalismo internacional ou com o comunismo deveria ser aceito na formação da sociedade brasileira. Eles não expressaram o anti-semitismo abertamente, pois tal iniciativa deixaria clara uma ambigüidade dentro de um movimento que propunha a integração racial.[26] Por isso, diluíram sua intolerância racial, exclusivamente, na crítica ao capital estrangeiro e ao comunismo. Sendo assim, aparentemente, o posicionamento desses militantes integralistas em relação aos judeus não se apresentava contraditório à proposta de integração racial, um dos ideários do movimento.[27]

Já o pensamento de Barroso ia de encontro a esse ideário, pois afirmava que a inserção de todo e qualquer judeu na sociedade brasileira romperia o ajuste da teoria de integração de raças:

> A integração absoluta sociedade-Estado e a defesa de um amálgama "racial", defendida pelo integralismo, na visão de Plínio Salgado, não podia conceber uma exclusão tão radical como de Barroso. Exclusão que abria uma cisão no interior justamente de um dos mais poderosos esquemas explicativos e legitimadores do Brasil enquanto nação [...]
>
> A teoria da integração sem qualquer perspectiva de transformação da sociedade, a singularidade do encontro das três raças "como essenciais", a idéia de um convívio harmonioso e da inexistência de conflitos e contradições, serviam de sustentáculo do ideário integralista. (Cytrynowicz, 1992, p.189)

Dessa forma, pode-se afirmar que o anti-semitismo foi uma iniciativa aceita entre os principais integrantes do movimento; no entanto, como afir-

---

26 Para Reale, não havia dúvida de que, entre os maiores representantes do supercapitalismo, os semitas ocupam lugar de destaque, cabendo-lhes absoluta hegemonia. A luta contra o capitalismo envolve um combate formidável contra certos setores de Israel. Daí não ser possível concluir pela tese racista. O problema é econômico, e, mais do que econômico, é ético (Reale, *O capitalismo internacional*, apud Cytrynowicz, 1992, p.194).

27 Para justificar sua proposta de integração racial, Plínio Salgado e Miguel Reale acreditavam na integração total das raças, apoiando-se no mito das três raças: negro, índio e branco. Sobre o mito das três raças e o uso desses três elementos sociais como "recurso ideológico na construção da identidade social, como foi o caso brasileiro", ver Da Matta (1984, p.62-3).

mou Trindade, deve-se evidenciar uma certa "gradação" no que diz respeito a esse posicionamento no seio do integralismo. Dentro dessa perspectiva, conclui-se que Gustavo Barroso representou a ala anti-semita radical, pois rompeu com o "anti-semitismo tolerável publicamente".[28]

Tal conclusão é preponderante para abordar a problemática do anti-semitismo na Revisão Editora, pois, como já se afirmou, ao se aproximar do integralismo, Castan pretendia tentar se distanciar do estigma nazista e anti-semita; no entanto, ficou evidente a partir da discussão bibliográfica que o integralismo está intimamente ligado ao nacional-socialismo e à discriminação judaica.

O anti-semitismo dos anos 30 e a Revisão Editora

A análise do anti-semitismo no seio do integralismo é importante, pois Barroso, Reale e Plínio Salgado constituem as principais fontes de legitimação das posturas defendidas pela Revisão Editora. No epílogo de *Holocausto – judeu ou alemão?*, na única passagem em que há um comentário a respeito dos judeus e o caráter nacional, Castan (1987, p.305) tenta redimir os "judeus brasileiros", aproximando-se do anti-semitismo de Reale e Plínio Salgado:

> Este livro em nada tem a ver com os brasileiros natos ou naturalizados que professam a religião judaica, que trabalham e lutam conosco por um Brasil mais unido e forte, que se destacam nos mais variados serviços, profissões e funções, mas que infelizmente às vezes são vistos com desconfianças, pelas tropelias e confusões que os sionistas armam pelo mundo afora, e que só trazem para os pacatos praticantes judeus, apreensões e mal-estar. O que não é aceitável é uma dupla nacionalidade. *Uma boa forma de combater o Sionismo – Nunca discriminar o brasileiro nato ou naturalizado que professa a Religião Judaica.* (grifos do original)

---

28 Cytrynowicz (1992, p.246) afirma que o "anti-semitismo tolerável publicamente", nos anos 30, professado por Reale e Plínio Salgado, aceitava o judeu que não estivesse comprometido com o comunismo e o capitalismo internacional. No entanto, para ambos, a maioria dos judeus estaria ligada a tais iniciativas. Tal postura também era compartilhada pelo governo Vargas.

Anos mais tarde, no entanto, essa convicção dissipou-se. Em *A implosão da mentira do século*, Castan (1992, p.102) mostra-se adepto de um anti-semitismo radical, semelhante ao de Gustavo Barroso:

> As organizações sionistas atuam totalmente livres dentro do nosso país, na sua doutrinação nacionalista israelense junto à comunidade religiosa judaica, a ponto de conseguirem que seus jovens prestem serviço militar em Israel, ao invés de prestá-lo no Brasil, onde nasceram. Se alguém acha que estes sionistas - são dezenas de milhares – sejam israelenses, enganam-se totalmente, pois são todos brasileiros, que ao invés de ensinarem nacionalismo brasileiro estão voltados para o nacionalismo israelense [...] Além, portanto, das firmas multinacionais, grande parte das quais exercendo verdadeiros trustes e cartéis, estamos permitindo a criação também de pessoas físicas multinacionais.

Nos dois casos citados, pode-se dizer que a relevância dada pelo autor ao "sionismo internacional" não se fundamenta somente nas convicções extremas de seu nacionalismo. Adotando um discurso semelhante ao dos integralistas, Castan coloca o judeu como detentor do capital externo, "que quer tomar conta dos bens e das empresas estatais do país", impossibilitando a formação de uma indústria e, conseqüentemente, de um país forte e integrado nacionalmente. A aparência unicamente política que ganha esse tipo de discussão possibilita que o editor se contraponha aos que o chamam de racista e nazista:

> Aos que, de várias formas [...] nos acusam de nazistas, e de racistas, chegando ao ponto de denunciar-nos ao Ministério da Justiça, queremos reafirmar nossa condição de total isenção quanto a credos religiosos de qualquer espécie, partidos políticos de qualquer ideologia, e raças de qualquer cor. Somos acusados de escrever títulos contra judeus. *Não é verdade*. (Castan, 1990, p.183; grifo do original)

Nessa passagem, fica evidente o desejo do editor gaúcho de se ver livre não só do estigma de racista, mas também de nazista. Ele deixa claro que escreve contra os sionistas que dão credibilidade ao Holocausto, isto é, "um grupo de escritores sionistas, que seguindo ou não um plano, cometem o erro de escrever histórias, transformadas em livros e em filmes, que não se sustentam mais" (idem, p.183). E voltando à questão do capital internacional

114 CARLOS GUSTAVO NÓBREGA DE JESUS

judaico, Castan completa: "a maioria dos quais pertencentes ou estão associados a sionistas, que aqui chegam ou que aqui já se encontravam e, com os bolsos transbordando, adquirem importantes setores da nossa economia, fato que vem se acentuando principalmente após o suicídio do Presidente Vargas" (ibidem).

Nas obras da Revisão Editora, a questão da conspiração judaica é presença constante. O complô foi vinculado ao negacionismo[29] porque, na maioria das vezes, os autores colocam a conspiração judaica como responsável pela declaração de guerra à Alemanha. Posteriormente, essa proposição se estendeu à esfera brasileira, servindo como crítica aos meios de comunicação, ao capital estrangeiro ou ao imperialismo internacional:

> Meu livro *SOS para Alemanha*, lançado em princípios de 1990, iniciou com o seguinte esclarecimento: "Há muito tempo existe no mundo uma conspiração contra governos que conseguem, após longos sacrifícios, superar as dificuldades herdadas e, com *independência*, dão boas condições ou melhoram o padrão de vida de seus povos. A essa conspiração não interessam governos independentes, nacionalistas ou que não tenham dívidas externas e inflação – seu grande alimento. Governos que não se enquadram nos esquemas dos conspiradores recebem as ridículas classificações de ditaduras de esquerda ou de direita [...] A conspiração tem por objetivo o domínio mundial. O mercado Comum Europeu, com rompimento de fronteiras, quebra de nacionalidades, moeda única, etc., é um vivo exemplo de sucesso à vista". (Castan, 1992, p.76)

Verifica-se que Castan adaptou a *panfletagem* do início do século XX para o começo dos anos 1990.[30] Ao complô judeu, ele associou a inflação e a dívida externa de países do Terceiro Mundo. Da mesma forma, utilizou a suposta conspiração para dar credibilidade à crítica ao Mercado Comum Europeu. Tal como faz a extrema-direita européia, o problema é analisado no âmbito nacional:

---

29 A questão do complô judaico vinculado ao negacionismo é antiga e parte de Rassinier, a ponto de Vidal-Naquet (1987, p.59) afirmar: "De fato, Rassinier é literalmente obcecado pelo tema do complô judaico internacional".

30 Deve-se destacar que a suposição de um complô mundial judaico foi um tema recorrente nos anos 30, não era exclusividade de Gustavo Barroso, ainda que ele tenha sido seu principal divulgador.

No Brasil existem consulados e embaixadas de praticamente todos os países do mundo. Israel, porém, é o único país que possui, em nossa pátria, além de consulados e Embaixadas, *Federações Israelitas* espalhadas de norte a sul que, por sua vez, são controladas por uma *Confederação Israelita*, com sede em São Paulo, todas ligadas a *Jewish Agency for Israel* (Agência Judaica de Israel), entidade governamental internacional, que coordena, a partir de Israel, os empreendimentos judaicos no mundo; e a *World Zionist Organization* (Organização Sionista Mundial), órgão nacionalista judaico, cuja finalidade é coordenar as atividades nacionalistas das comunidades judaicas espalhadas em todo o mundo [...] Existem outras centenas de organizações menores, porém todas ligadas ao *World Jewish Congress* (Congresso Mundial Judaico), que é reconhecido na ONU como conselho consultivo (A ONU os consulta?). (Castan, 1992, p.63 – grifos do original)

Quanto ao Congresso Mundial Judaico, o autor conclui que "Esse Congresso, para mim, *é a ante-sala do Governo Mundial* que pretendem formar, de acordo, com os *Protocolos*. Enquanto houver patriotas no mundo, não conseguirão!" (idem, p.64).

Na tentativa de escapar à acusação de discriminação e racismo, Castan tenta relacionar seu ideário ao contexto político e econômico atual. No entanto, além da tentativa de esconder seu principal objetivo, que é propagar a intolerância ao judeu, nota-se que seu fundamento crítico está baseado em documentos e iniciativas indissociáveis do anti-semitismo do começo do século XX:

o capitalismo judaico, sem alarde - em total surdina – vai adquirindo mais empresas e bens, de acordo com os *Protocolos dos sábios de Sião* [...] Enquanto os nacionalistas judaicos, conforme plano existente nos *Protocolos*, aspirarem AO GOVERNO MUNDIAL, reservo-me o mais amplo direito de denunciá-los e combatê-los, em defesa dos mais altos interesses do nosso povo e da nossa pátria. (idem, p.105-6)

Não é diversa a leitura de Sérgio Oliveira. A respeito dos *Protocolos*, Oliveira (1990, p.19 e 21) é enfático:

Com base no texto dos *Protocolos*, pode-se concluir que os judeus pretendiam "conquistar o mundo" com o emprego de técnicas satânicas [...] Este programa, claramente contido nos *Protocolos*, está perfeitamente delineado nos dias atuais, levando muitas pessoas a revisar e modificar conceitos [...] Vozes esparsas

116 CARLOS GUSTAVO NÓBREGA DE JESUS

chegaram a se levantar contra o terrível plano de dominação do mundo através da seara do mal. Estas vozes tiveram de calar-se, todavia, porque forças gigantescas e invencíveis se ergueram contra elas.

Em nenhum momento, Castan ou Sérgio Oliveira questionaram os *Protocolos*. A editora Revisão apenas adaptou o ideário anti-semita dos anos 30 à realidade política, econômica e cultural atual.

A questão evidenciada, qual seja, de que Barroso rompeu com a ambigüidade integralista[31] ao afirmar que a exclusão dos judeus era a única forma de solidificar a tese da integração racial, é um argumento constante nas obras de Castan. Assim como Barroso, o proprietário da Revisão Editora também considera o elemento estrangeiro, mais precisamente o povo judeu, fator desagregador da nacionalidade brasileira. A questão aparece associada a afirmações que insistem no risco de quebra da unidade nacional:

> Como patriotas não nos agradam essas operações, pois estamos assistindo uma Pátria cada vez menos brasileira. Por muito menos foi declarada nossa Independência. Quando então, no nosso próprio chão, sofremos uma injusta e atrevida tentativa de atropelamento, por parte de uma federação estrangeira, como a israelita [...] (Castan, 1990, p.184)

Em 1989, a editora lançou a coleção comemorativa do centenário do nascimento de Gustavo Barroso, que compreende três obras: *Brasil: colônia de banqueiros*, *História secreta do Brasil*, volumes I e II, e a tradução dos *Protocolos dos sábios de Sião*. Castan afirma que se trata de "obras de grande profundidade e valor histórico, destinadas a todas as classes sociais, principalmente aos jovens, que desconhecem totalmente quem foi este grande PATRIOTA".[32]

Em *Brasil: colônia de banqueiros*, Gustavo Barroso inspirou-se nas teses dos *Protocolos* para explicar a influência judaica na economia. Ele analisou os vários empréstimos feitos pelo Brasil desde a independência, e concluiu,

---

31 A ambigüidade no integralismo é evidenciada a partir do momento que, no seio de movimento que prega integração racial, se notam iniciativas racistas. Barroso deixa clara essa ambigüidade com seu anti-semitismo radical. Já outros militantes, como Plínio Salgado e Reale, camuflam tal ambigüidade quando diluem seu anti-semitismo em um discurso exclusivamente político (cf. Cytrynowicz. 1992, p.187-223).

32 Cf. prefácio de Castan in Barroso (1989a, p.2).

depois de várias afirmações ambíguas, que as dívidas do País eram responsabilidade de bancos estrangeiros que, em sua maioria, estariam nas mãos de judeus. Segundo Rago Filho (1989, p.8):

> *Brasil: colônia de banqueiros* está inteiramente atravessada pela idéia de que a crise brasileira é produzida historicamente pelo capital financeiro inglês, mais precisamente por Rotschild, por um judeu que há um século, desde 1824, após a independência, subordina a economia brasileira aos interesses do "banqueirismo internacional" e faz do governo uma marionete.

Em *A história secreta do Brasil*, originalmente editado em três partes, das quais apenas as duas primeiras constam entre as obras da Revisão, Gustavo Barroso contextualiza a história do Brasil desde a época colonial. A obra destaca-se por seu forte teor anti-semita, pois, ao analisar a colonização brasileira, o autor chama a atenção para a situação dos cristãos novos, lembrando que muitos não tinham abandonado o judaísmo, constituindo-se em elementos perturbadores para a harmonia da vida cristã no Brasil. Segundo Barroso (1989b, p.37), eles só visavam ao lucro e ao oportunismo político, impingindo ao judeu, tomado como "figura maléfica", a culpa pelo atraso econômico, político e social do País:

> Eis como se explica a falência dos primeiros edificadores de engenhos. Perdido o Capital inicial, o judeu adquiriu os engenhos abandonados e, como deles não invertera as somas que os cristãos haviam perdido, seus lucros teriam de ser muito grandes. Assim, agiria, mais tarde, com o ouro: o Bandeirante audaz descobriria, após mil tormentos, as lavras; eles (os judeus) se apoderariam delas... Toda a História do Brasil é assim [...]

Na opinião de Gustavo Barroso, o judeu não se importava com o futuro da terra que o abrigava, agia segundo seus interesses econômicos, escondendo-se em entidades secretas, que mascaravam seus reais objetivos. Uma dessas entidades seria a maçonaria, vista como ponte entre o capitalismo e o comunismo.

É importante salientar que o aparente nacionalismo do título e dos conteúdos das obras do autor é subproduto do anti-semitismo explícito, fundamentado em concepções difamatórias e discriminatórias, que revelam o caráter racista do autor.

A respeito das publicações da obra de Gustavo Barroso pela editora e a identificação desse intelectual com o discurso da Revisão, Roney Cytrynowicz (1992, p.266-7), afirma:

> o Barroso anti-semita operava uma cisão inaceitável no poderoso mito da integração racial, mito fundante da nacionalidade brasileira. A cisão teve de ser contida nos anos 30, com todas suas ambigüidades [...] Essa cisão reaparece, no entanto, nos anos 80 e 90, fora de contexto [...] Não é coincidência, de forma alguma, que uma editora que procure negar o genocídio contra os judeus na Segunda Guerra Mundial e que pretenda reabilitar o nazismo e difundir o anti-semitismo, procure justamente reeditar Barroso. Sua faceta de acadêmico, intelectual com mais de cem livros, fundador do Museu Histórico Nacional, pretende dar, àquela editora, crédito intelectual e prestígio. Barroso é, sem dúvida, o autor brasileiro mais identificado com os livros editados pela Revisão.

O anti-semitismo de Barroso teve um importante papel na base do pensamento antijudaico de Castan. No entanto, no que se refere à relação entre comunismo e judaísmo, o editor gaúcho distanciou-se do discurso não só de Barroso, mas de boa parte dos intelectuais dos anos 30.

Em *Holocausto – judeu e alemão?*, Castan (1987, p.47-8) chega a aproximar o nazismo e o comunismo para criticar os inimigos da Alemanha, leia-se o capitalismo sionista:

> Desde os primeiros dias do Partido Nacional-Socialista, muitos de seus membros tinham grande respeito ao comunismo, geralmente recíproco, pela sinceridade, o vigor e objetivos semelhantes aos seus [...] É, pois, natural que fosse assinado em agosto de 1939, o tratado de não-agressão e outro de intercâmbio comercial entre Alemanha e União Soviética [...] Esta aliança frustrou em parte os planos capitalistas-sionistas, que visavam a Aliança Grã-Bretanha, França, União Soviética, que juntas aos Estados Unidos da América e à Polônia poderiam arrojar a Alemanha a seus pés.

É óbvio que a interpretação apresentada não tem sustentação historiográfica. Castan atenua as críticas ao comunismo, elemento central nos anos 30 e 40, pois escreve no final dos anos 80 e começo dos 90, no apagar da guerra fria, quando o comunismo já não era um inimigo tão poderoso e temido. Castan demonstra certa admiração por Stalin, pois o ditador era anti-semita. Aliás, o editor gaúcho garantiu que a União Soviética fragmentou-se em função dos interesses sionistas:

> *Grandes objetivos já foram alcançados*: o câmbio negro está solto, as relações diplomáticas com Israel já foram estabelecidas e foi veiculada a notícia de que Israel já estava em negociação para adquirir da CEI (Comunidade dos Estados Independentes), os mais secretos (top secret) armamentos desse país. Aparecem os primeiros cartazes apontando o judeu Yeltsin. (Castan, 1992, p.74; grifo do original)

Fica claro que, no que se refere ao comunismo, Castan distancia-se de Barroso e outros intelectuais anti-semitas, já que ele não relaciona o comunismo com os judeus; ao contrário, seguindo lógica própria, acusa os judeus-sionistas de elaborarem um plano para acabar com o comunismo, por serem capitalistas em busca do mercado.

Conforme Barroso, no entanto, Castan utiliza o anti-semitismo para articular uma crítica contemporânea à política e à economia nacional brasileiras. Nos anos 30, o anti-semitismo para alguns militantes do integralismo, incluindo Gustavo Barroso, justificou-se a partir da restrição à iniciativa estrangeira na política e principalmente na economia. Tal posicionamento encontrava ressonância no nacionalismo presente nos anos 30 e começo dos anos 40.[33] No final dos anos 80 e começo dos 90, a crítica ao capital estrangeiro não encontraria respaldo governamental. O contexto internacional é outro, marcado pela globalização política e econômica baseada em blocos econômicos, como Nafta, Mercado Comum Europeu, depois chamado de

---

33 Não se pode falar do nacionalismo como uma definição que abarque todas as iniciativas do governo Vargas. No entanto, está claro que o discurso nacionalista era vigente na época entre intelectuais e políticos que davam sustentação ao governo varguista, e que o próprio presidente se apropriou desse discurso para suas manipulações políticas. Notou-se, contudo, que a economia do governo era voltada para o capital internacional. Há a hipótese de que Vargas procurou o capital externo para tentar, no futuro, possibilitar à economia brasileira se libertar do capital estrangeiro. Exemplar é o caso da construção da Usina de Volta Redonda. Tal evidência estaria de acordo com a característica do governo Vargas, que não segue uma ideologia e uma política definida, mas sim a ideologia e a política do poder e da conveniência. Pela questão ser tão complicada e requerer uma análise historiográfica mais aguçada, preferiu-se comparar o nacionalismo da Revisão ao nacionalismo dos anos 30, e não ao do próprio varguismo, que é ambíguo e contraditório, como o seu próprio governo. Sobre o nacionalismo do governo Vargas, ver Carone (1977, p.72).

Comunidade Européia, e Mercosul. As instalações de multinacionais e, depois, transnacionais nos países de Terceiro Mundo, muitos chamados de emergentes, por sua capacidade de atrair capital estrangeiro, já eram uma realidade e davam a tônica política e econômica do final do século XX. É nesse contexto que Castan propaga suas idéias baseadas na crítica ao capital estrangeiro e em afirmações contraditórias e mitificatórias sobre um complô judaico mundial e o poder político e econômico internacional do sionismo.

Diferentemente dos anos 30 de Barroso, no começo dos anos 90, a crítica ao capital estrangeiro tem elementos mais próximos da realidade brasileira. No entanto, a realidade político-cultural do final do século é diferente do contexto nacionalista e xenófobo da época em que as afirmações de Barroso ganharam receptividade. Por isso, Cytrynowicz acerta ao afirmar que essa cisão do pensamento anti-semita de Barroso, defensor da exclusão do judeu para assim formar a integração nacional, aparece, no final do século XX, nas obras da editora, fora de seu contexto. Mesmo assim, Castan se aproveita de algumas conseqüências da globalização, como a inserção do capital internacional na economia brasileira, para que possa difundir seu discurso, diluído em aparentes críticas políticas e econômicas.

Note-se que seus textos não trazem nenhuma proposta concreta para solucionar a questão do capital internacional judaico. Tal fato, central para o autor, evidencia, na verdade, que a sua crítica não passa de uma tentativa panfletária de propagandear antigas formulações anti-semitas apropriadas e readaptadas ao cenário contemporâneo nacional.

A intolerância e o anti-semitismo provocaram, a partir de 1989, a oposição de entidades ligadas aos direitos humanos e da comunidade judaica no Brasil, levando a Revisão Editora à barra dos tribunais.

4
DOS PROCESSOS ÀS NOVAS ESTRATÉGIAS

Questões judiciais

O conteúdo discriminatório e racista das obras fez que a Revisão Editora, em seus primeiros anos, fosse alvo de várias polêmicas judiciais. Antes mesmo de sua fundação, o lançamento do livro *Holocausto – judeu ou alemão?* chamou a atenção da imprensa por seu comprometimento com o anti-semitismo e sua possível ligação com o nazismo. Até o ano de 1989, as críticas à Revisão Editora restringiam-se somente a jornais e revistas; a partir de então, a grande divulgação das obras fez que a editora fosse alvo também de órgãos públicos e instituições.

Castan, logo após a fundação da editora, decidiu divulgar suas obras em feiras e exposições de livros, nas quais teve seus primeiros problemas com a justiça. Em 11 de agosto de 1989, foi declarado *persona non grata* por decisão da Câmara de Vereadores de Porto Alegre. A iniciativa foi do vereador Flávio Koutzii, pertencente ao Partido dos Trabalhadores (PT). No dia 24 do mesmo mês, na inauguração da IV Bienal Internacional do Livro, na cidade do Rio de Janeiro, o estande da Revisão foi interditado e as obras apreendidas por ordem do então governador do estado Wellington Moreira Franco. Castan atribuiu a atitude às manifestações organizadas pela Federação Israelita do Rio de Janeiro e a iniciativas do movimento sionista:

O ATO DE INTERDIÇÃO e confisco dos livros foi assinado pelo promotor de Justiça do RJ, Dr. ELÍO FISCHBERG, que por acaso, conforme suas declarações, estava no local do stand. Como testemunhas assinaram os Srs.

SAWERIN BLUMBERG, ALEQSANDER HEMBERYKLAKS e o Dr. PAULO WAINBERG, também por acaso todos quatro sionistas. (EPs, n.6, 1992, p.17).

A publicação e a divulgação dos livros teriam sido autorizadas pela Câmara Riograndense do Livro.[1] Em 26 de agosto de 1989, a instituição puniu a Revisão por se valer do nome do órgão para justificar a exposição de seus livros no Rio de Janeiro. Castan ficou, portanto, proibido de expor suas obras na feira de livros de Porto Alegre.

As punições tiveram repercussões diversas. Os livros apreendidos no Rio de Janeiro foram liberados em 4 de setembro do mesmo ano. Ainda em 1989, a Câmara Riograndense reintegrou a Revisão após Castan entrar com uma medida cautelar na 8ª Vara Cível de Porto Alegre. A atitude da Câmara de Vereadores, por sua vez, suscitou intensa discussão. Em 15 de maio de 1991, o Juiz Benedito Felipe Rauen Filho anulou a indicação e condenou o município a indenizar Castan por danos morais (Cruz, 1997, p.47-64). O juiz ancorou-se na lei de liberdade de expressão.[2] Esse posicionamento foi questionado pela imprensa, sob o argumento de que Castan tinha infringido a Constituição no artigo 20 da Lei n.8.081 de 1990, que reza que ideologia e prática do racismo aparecem vinculadas: "É considerado crime praticar, induzir ou incitar a discriminação ou preconceito de raças através de publicações de obras".

As discussões sobre liberdade de expressão e racismo continuarão presentes em todas as questões judiciais que irão envolver a editora. Os entraves citados foram os mais brandos, pois não impediram o livre-funcionamento da empresa. Já os processos iniciados na década de 1990 foram responsáveis por mudanças significativas nas iniciativas da editora.

Foi nessa época que Ben Abraham processou a Revisão Editora, acusando Castan pelo conteúdo difamatório de seus escritos. Abraham, polonês naturalizado brasileiro em 1957, sobrevivente de campos de concentração, entre eles Auschwitz, coordenador-geral da Sherit Hapleitá do Brasil, vice-presidente

---

1 Tal entidade é a organizadora da feira de livros de Porto Alegre, que ocorre anualmente na capital gaúcha. O órgão relevou a atitude da Revisão e a reintegrou ao grupo de outros expositores, dando o direito à editora de participar do evento.

2 Constituição brasileira (1988, 27.ed.), Art. 5º, § 4. ("É livre a manifestação do pensamento, sendo vedado o anonimato").

da Associação Mundial dos Sobreviventes do Nazismo, jornalista e escritor, obteve ganho de causa no processo, que tramitou na 28ª Vara Criminal da cidade de São Paulo. Entre outras ofensas, Castan (1990, p.43) acusou Ben Abraham de *"MENTIROSÍSSIMO"*, em seu livro *S.O.S. para Alemanha*, e pôs em dúvida o testemunho do sobrevivente judeu em relação aos campos de concentração. Na opinião do autor negacionista, Abraham não poderia ter permanecido cinco anos e meio em Auschwitz, uma vez que ele afirma ter chegado ao campo em agosto de 1944 e a ocupação soviética deu-se em janeiro de 1945 (idem, p.48-51). Como já foi destacado, a estratégia mais empregada pelos negacionistas é a apropriação e distorção de fatos ou documentos, generalizando-os de forma a confirmar suas teses. Castan utilizou a mesma estratégia para negar o testemunho de Abraham.

O jornalista judeu afirmou ter sofrido mais de cinco anos "nas mãos dos nazistas" e não no campo de Auschwitz. Ben Abraham esclarece que seu calvário iniciou-se em setembro de 1939, nos guetos da Polônia central, ocupados pelos nazistas. Sua libertação ocorreu no dia 2 de maio de 1945, no campo de Ravensbrück. Em nenhum momento o jornalista afirmou ter passado os cinco anos num único campo. Auschwitz foi um dos locais em que ficou confinado (cf. Abraham, 2000).[3]

Os testemunhos, para os negacionistas, só valem quando contribuem com seus intentos. Está claro que o depoimento oral, como qualquer outra fonte, não dispensa o tratamento crítico tão discutido pela Nova História. A questão do documento monumento é tão presente aqui como em qualquer outro tipo de fonte (Foucault, 1972, p.13-4). Entretanto, pode suscitar questões e dúvidas mais evidentes e imediatas do que em outro documento, pois, segundo Janaína Amado:

> A narrativa, a forma de construção e a organização do discurso são valorizadas pelo historiador, pois como lembrou Alessandro Portelli, fontes orais são fontes narrativas, isso tudo chama atenção do caráter ficcional das narrativas teóricas, seja dos entrevistados, seja do entrevistador, o que pode acarretar mudanças de perspectivas revolucionárias para o trabalho histórico. (Amado & Ferreira, 1998, p.xv)[4]

---

3 Obtivemos também o depoimento do senhor Ben Abraham, em 8 de agosto de 2002.

4 Ver também, na mesma coletânea, o artigo de Portelli (1998), onde o historiador aponta o massacre de 13 prisioneiros pelas tropas alemãs em um povoado da Toscana e discute a ques-

124 CARLOS GUSTAVO NÓBREGA DE JESUS

O uso sistemático do testemunho possibilita à história oral o esclarecimento de "trajetórias individuais, eventos ou processos que às vezes não têm como ser entendidos ou elucidados de outra forma" (idem, 1998, p.xiv). É certo que não se pode desconsiderar o profundo envolvimento emocional do depoente; entretanto, o Holocausto não está documentado somente pelo testemunho de Abraham. Há uma enorme quantidade de relatos e documentos indicadores de que a descrição do sobrevivente não é uma narrativa ficcional. Os testemunhos dos sobreviventes, apoiados por fontes, como os já comentados diários de oficias nazistas e documentos referentes aos campos, são de grande importância para que o Holocausto não seja esquecido e/ou vulgarizado sob o argumento de ser um acontecimento usual. Tais testemunhos podem estar carregados de subjetividade, o que muitas vezes dificulta o trabalho do historiador, que, por sua vez, deve, como com qualquer outra fonte, analisá-los e submetê-los à crítica, e não simplesmente negá-los sem critério algum, como faz Castan.[5]

Roney Cytrynowicz (2000, p.205) pondera:

> Lembrar do Holocausto tem se tornado cada vez mais um imperativo moral e político para que os que entendem este evento como um evento central das terríveis possibilidades de destruição tornadas possíveis no século 20. É importante enfatizar que, mesmo diante do irracionalismo e dos relativistas pós-modernos, existe sim uma camada de fatos objetivos na história. Reagir ao negacionismo nazista é pilar da democracia [...] Ao mesmo tempo é importante pensarmos e problemartizarmos as formas de lembrar, os registros da memória e da história, de forma que o Holocausto seja lembrado e problematizado para que possamos constituir mais ferramentas para construir a democracia.

A agressão à memória dos sobreviventes constitui-se em prática constante nas obras da editora. O processo movido pelo jornalista desencadeou e

---

tão da memória coletiva, evidenciando o conceito de "memória dividida", argumentando que esta última preserva as lembranças de um determinado grupo. Assim, Portelli (1998, p.103-30) defende que a memória coletiva pode ser atravessada por ideologias, linguagens, senso comum e seria um exemplo de memória dividida.

5 O raciocínio de Vidal-Naquet (1987, p.89-90) é enfático: "Minha geração, a dos homens de cinqüenta anos, é praticamente a última para a qual o crime hitlerista ainda está na lembrança [...] Mas o que faremos com essa memória que é nossa memória, que não é a memória dos outros".

ANTI-SEMITISMO E NACIONALISMO, NEGACIONISMO E MEMÓRIA **125**

incentivou um conjunto de contestações provenientes de vários movimentos ligados aos direitos humanos e à comunidade judaica. O papel de dois desses movimentos, o Movimento Popular Anti-Racismo (Mopar) e Federação Israelita do Rio Grande do Sul, foi decisivo e gerou um longo e demorado processo, no qual a discussão sobre racismo e liberdade de expressão ocupou papel central.

O Mopar foi criado em 1989 com o objetivo específico de combater S. E. Castan e a Revisão Editora. A associação foi organizada por integrantes do Movimento Negro e do Movimento de Justiça e Direitos Humanos (MJDH). Jair Krischke (2000, p.210-11), filho de imigrantes alemães, foi fundador deste último e também idealizador do Mopar.

Em 14 de novembro de 1991, Krischke apresentou denúncia contra a abordagem discriminatória presente nas obras comercializadas pela Revisão Editora. O reclamante assim justificou sua atitude:

> Na época, alguns diziam que o melhor era ignorar o assunto, não despertar um debate sobre o tema. Outros, e não foram poucos, nos criticavam porque tomávamos uma medida que objetivava impedir a publicação de livros [...] No meu caso particular diziam-me que, na condição de homem de esquerda, eu deveria manter-me fiel aos princípios da liberdade. Eu sempre respondia que se tratava de outra questão. Na verdade a liberdade também tem um limite. (idem, p.207-16)

A busca e apreensão das obras foi cumprida em 27 de novembro. Castan constituiu defesa e impetrou mandado de segurança, obtendo a liberação dos livros apreendidos pelos policiais no início do processo.[6] Em 29 de janeiro de 1992, ele impetrou, pela segunda vez, mandado de segurança, pois a decisão da Justiça, de acordo com a denúncia, determinou novamente a busca e apreensão dos livros.[7] Diferentemente do primeiro mandado de segurança, esse, de n. 691.114.169, foi negado, ainda que não por unanimidade. O desembargador João Andrades Carvalho assim justificou seu voto, favorável a Castan:

---

6 Rio Grande do Sul. Tribunal de Justiça. Acórdão: Mandado de Segurança N.691.114.169, 8ª vara criminal do Tribunal de Justiça de Porto Alegre., subclassificação; pena-cr. Prec. Raça nac (7176). Impetrante; Siegfried Ellwanger. Relator: Des. Sérgio Jacinto R. Azevedo. Lex: jurisprudência do STJ e Câmara Criminal de Férias Porto Alegre, p. 1-6. jan, 1992, p.1.

7 Idem, p.1

Um dos maiores crimes que se pode praticar, entendo eu, é a violência à intelectualidade. O prejulgamento do conteúdo do livro não pode ser equiparado a um delito comum porque, trabalhando num livro, nós estamos trabalhando num mundo de idéias. E o que para mim pode ser preconceituoso, para outro não. Trata-se de uma matéria eminentemente subjetiva e daí o perigo de incorrer nesse crime de violentar a intelectualidade.

Acima da lei, que regula a questão do racismo, me parece que há um mandamento constitucional muito mais forte o do art. 5°, inc. IV: "É livre a manifestação do pensamento vedado o anonimato".[8]

Mesmo tendo a maioria de seus livros fora de circulação, a falta de unanimidade permitiu que Castan recorresse da decisão por meio do embargo infringente. Tal recurso jurídico se baseia em:

recursos interpostos contra sentenças proferidas em primeira ou segunda instância, para que se altere ou se anule a sentença ou o acórdão anteriormente proferido. Mas, são recursos de natureza estrita, pois que os casos de sua admissão são taxativamente dispostos em lei e não podem ser aduzidos ou interpostos fora deles. (Silva, 1991, p.583)[9]

O recurso é cabível em alguns casos, quando não há decisão por unanimidade. Nesse caso, os desembargadores justificam seu voto. Dessa vez, a embargada seria a Justiça e o embargante o próprio Siegfried Ellwanger. Ele não foi atendido, mas a decisão gerou acirrada disputa. Três desembargadores votaram a favor da concessão do mandado de segurança, concordando em acolher o embargo infringente.

O acompanhamento desse procedimento é pertinente, já que permite perceber que, cada vez com freqüência maior, os desembargadores vão aceitando a apelação e a argumentação dos advogados de defesa. Nota-se tal tendência na justificativa do desembargador Luiz Glênio Bastos Soares, que foi um dos três desembargadores que votaram a favor do requerente:

---

8 Idem, p.5.
9 Ver: Rio Grande do Sul. Tribunal de Justiça. Câmaras Reunidas. Acórdão. Embargos infringentes n.692027667. Subclassificação: licitações e contratos administrativos. Embargante: Siegfried Ellwanger. Embargada: A justiça. Relator: Des. Oswaldo Proença. Lex: jurisprudência do STJ e Câmaras Criminais Reunidas Porto Alegre. p.1-20, maio 1995.

ANTI-SEMITISMO E NACIONALISMO, NEGACIONISMO E MEMÓRIA 127

É claro que com a apreensão dos livros, a sorte dos embargos vai selar a sorte do embargante que será, parcialmente responsabilizado pelos movimentos nacionalistas que sempre existiram, letargicamente adormecidos, libernados no coração de cada cidadão deste planeta e que, agora, eclodem em São Paulo, África; sempre existiram na Europa, Itália, Alemanha, França. Os "skinheads" estão em toda parte. E, nem, por isso, acredito que haja apreensão de livros lá.[10]

Alguns desembargadores pareciam sensíveis a Castan, apoiados no artigo 5°, inciso IV, da Constituição, que vela pela livre-manifestação de expressão. No primeiro acórdão, apenas um desembargador mostrou-se interessado em conceder o mandado a Castan; no segundo, três,[11] todos amparados em argumentos semelhantes. Na impossibilidade de acompanhar os outros acórdãos ou mesmo o processo em si,[12] pode-se supor que tal argumento foi ganhando força e contou com entusiasmo crescente dos desembargadores no decorrer do processo. A cada decisão, maior era o número de votos concedidos pelas Câmaras Criminais Reunidas de Porto Alegre a favor do réu. Em 12 de maio de 1994, S. E. Castan foi absolvido com fundamento no artigo 386, I, do Código de Processo Penal, visto que: "os textos dos livros publicados não implicam induzimento ou incitação ao preconceito e discriminação étnica do povo judeu. Constituem-se em manifestações de opinião e relatos sobre fatos históricos contados sob outro ângulo [...] simples opinião, no exercício constitucional da liberdade de expressão".[13]

A demanda gerou novo acórdão, pois os assistentes de acusação, Jair Lima Krischke e a Fundação Israelita do Rio Grande do Sul, apelaram, insistindo

---

10 Idem, p.17.

11 A negação em acolher *O embargo infringente* foi negada por oito votos a três. Além do desembargador Luis Glênio Bastos Soares, votaram a favor do Embargo, e por sua vez a favor de conceder o Mandado de Segurança a Castan, o relator desembargador Oswaldo Proença e o desembargador Antonio Carlos N. Mangabeira (idem, p.1).

12 Na visita que fizemos ao Tribunal de Justiça de Porto Alegre em junho de 2001, a tentativa de chegar ao processo foi em vão, pois em virtude de outro inquérito policial aberto contra a Revisão Editora, em 1996, o processo encontrava-se nas mãos do juiz responsável.

13 Histórico do processo: Rio Grande do Sul. Tribunal de Justiça. Acórdão. Apelação-crime n.695.130.484. Racismo. Edição e venda de livros, fazendo apologia de idéias preconceituosas e discriminatórias. Art. 20 da Lei n.7716/89 (redação da Lei n.8081/90) limites constitucionais da liberdade de expressão. Crime imprescritível. Sentença absolutória reformada. Apelantes: Mauro Juares Nadvorny e Federação Israelita do R.S. Apelado; Siegfried Ellwanger. Relator: Des. Fernando Mottola. Lex: jurisprudência do STJ e 3ª Câmara Criminal. Porto Alegre. p.1-43 nov. 1996, p.3.

128 CARLOS GUSTAVO NÓBREGA DE JESUS

que a linha da editora conclamava o ódio racial. Castan novamente foi intimado em 19 de junho de 1994. A Apelação-Crime n.695.130.484, último acórdão a ser analisado, apresenta os argumentos dos desembargadores para acolher a apelação dos assistentes, que acusavam o réu de infringir o artigo 20 da Lei n.7.716/89, com redação dada pela Lei n.8.081/90.

É interessante destacar que o embate levou os desembargadores a discutir se a lei de racismo se sobrepunha àquela que diz respeito à liberdade de expressão. Esse ponto, mais do que a análise dos livros da editora em si, dominou os debates. Tal fato não quer dizer que o conteúdo dos livros não tenha sido discutido: da página 8 à 14 do acórdão os textos são criticados pelo relator desembargador Fernando Mottola, que conclui assim sua análise: "Todos são pragmáticos, adotam o monismo da causa como explicação histórica, e fazem escancarado proselitismo de idéias antijudaicas".[14] Destacando que não eram "passagens isoladas", o relator esclareceu que:

> não se está, portanto, julgando historiadores. O que se discute neste processo não são os limites da pesquisa histórica ou da criação literária, são os limites da sustentação ideológica, da pregação de idéias preconcebidas e carregadas de intolerância.[15]

O presidente e revisor do processo de apelação, desembargador José Eugênio Tedesco, por sua vez, deixou claro que a lei de liberdade de expressão tinha, em seu entender, limites e que a Constituição: "dá ao Judiciário, com absoluta exclusividade, o poder de controlar os abusos da liberdade de expressão mediante o exercício da jurisdição".[16] Estipulou-se que nenhuma lei podia ser exercida ilimitadamente, nem mesmo a de liberdade de expressão. Assim, por votação unânime, em 31 de outubro de 1996, S. E. Castan, na condição de fundador e diretor da Revisão Editora, foi declarado culpado. A pena proposta foi dois anos com direito a *sursis*.[17] Sobre a questão, o relator desembargador Fernando Mottola argumentou:

---

14 Idem, p.10.
15 Idem, p.16.
16 Idem, p.23.
17 *Sursis:* "suspensão condicional de pena leve ou adiamento de sua execução que o magistrado pode conceder a um criminoso primário" (Silva, 1991, p.110).

Não vou votar vencido nessa questão, até porque o encarceramento do acusado poderia servir para criar um mártir, e coisa pior não poderia resultar deste julgamento.

Como o crime é imprescritível, concordo com a pena de dois anos de reclusão com *sursis*, proposta pelos iminentes colegas, mas entendo, considerada a intensidade do dolo e as peculiaridades do caso, deva-se estender ao máximo o período de prova - quatro anos- e impor as condições usuais; prestação de serviços à comunidade durante o primeiro ano, e ,no período subseqüente, comparecimento trimestral ao juízo da execução para informar e justificar suas atividades, e proibição de ausentar-se da comarca, por mais de oito dias, sem autorização daquela autoridade judiciária.[18]

O Tribunal de Justiça impôs pena alternativa de quatro anos. No primeiro ano, prestação de serviços à comunidade, e, nos períodos posteriores, comparecimento trimestral ao juízo de execução. No entanto, os advogados de Castan apelaram à decisão da Justiça, dando continuidade ao processo, que teve seu desdobramento até o ano de 2003.

O catálogo e a estratégia "nacionalista"

Em 2 de novembro de 1996, dois dias após sua condenação, Castan montou um estande para expor seus livros na Feira do Livro de Porto Alegre, e, a pedido do Mopar, novo inquérito policial foi instalado, seguido de processo na 8ª Vara Criminal de Porto Alegre, sob a acusação de comercializar livros de conteúdo racista.

Desde a condenação, a editora funcionara quase clandestinamente, conforme pôde ser comprovado em visita realizada em junho de 2001. Ela se localiza em rua pouco movimentada, na Zona Leste de Porto Alegre, no primeiro andar de um pequeno prédio residencial. Apenas o logotipo da editora – o desenho de um jovem com uma lupa, lendo um livro – colocado numa das janelas do apartamento indica que ali se abriga a Revisão Editora. Tal recurso é utilizado para atrair somente aqueles já familiarizados com o logotipo. Segundo um funcionário, no local atende-se apenas clientes mais freqüentes.

---

18 Acórdão. Apelação-crime n.695.130.484 (op. cit., p.42).

130 CARLOS GUSTAVO NÓBREGA DE JESUS

A comunicação foi realizada por meio de interfone. Revelado o interesse de adquirir obras, a porta é aberta. Assim que se adentra o apartamento, esse é imediatamente trancado. Pode-se constatar a existência de três cômodos, mais parecidos com um escritório do que com uma livraria. Nas paredes, vêem-se quadros e molduras alusivos ao nazismo, fotografias de Hitler e imagens da suástica e da cruz maltada. Um dos cômodos abriga a sala pessoal de Castan, nos outros estão acomodados os livros da editora e também grandes caixas separadas por assuntos que, provavelmente, contêm materiais impressos. Na parte externa, pode-se ler: Olga, Israel e sionismo. O ambiente é escuro, há poucas janelas e apenas uma é direcionada para a rua, e, pelo que parece, fica a maior parte do tempo fechada. As demais são pintadas de forma que o apartamento, observado da rua, parece estar desocupado. Os livros são entregues ao cliente envoltos em papéis que impedem a sua visualização. Os cuidados com a discrição não se limitam, portanto, à sede da empresa.

Os processos estreitaram em muito as possibilidades de ação do proprietário da editora. O silêncio que lhe impuseram deu margem à construção de novas estratégias, a fim de manter a empresa em funcionamento. A primeira delas foi a transformação da editora em livraria. Em 1996, quando a editora foi proibida de distribuir suas obras, juntamente ao nome Revisão Editora adicionou-se o substantivo Livraria. Entretanto, essa não era uma prática nova. Antes da primeira apreensão, informava-se que a comercialização cabia a Tertius Livros. Essa tinha o mesmo endereço da editora, o que permite supor que a distribuidora era um segmento da própria Revisão:

Peça já seu exemplar para TERTIUS LIVROS, rua Voltaire Pires 300, conj. 01 - 90640-160 PORTO ALEGRE - RS Fone/Fax (051) 223.16.43

Ainda em 1992, tentando sugerir uma aparência de seriedade às suas atividades, fundou-se no mesmo local da editora o Centro Nacional de Pesquisas Históricas (CNPH).[19] Essa iniciativa só reafirma a intenção de Castan

---

19 Quando estivemos na Junta Comercial de Porto Alegre, em junho de 2001, pudemos constatar que o CNPH estava registrado como empresa com o n.16.350, fundado em 8/6/1992, cujo CGC era 97.264.626/0001-47.

de tentar ocultar seu principal intuito, a propaganda anti-semita. No *Boletim de Esclarecimento ao País*, n.6, novembro de 1992, é clara a preocupação com a comercialização. Essa era feita por um cupom anexo, na última folha do *Boletim*, no qual se lê:

COLABORE com a manutenção do Boletim-EP/ESCLARECE torna-se...
GARANTA o recebimento dos exemplares solicitados, PARTICIPANDO na luta de levar a VERDADEIRA INFORMAÇÃO ao maior número possível de pessoas

SOLICITO minha inclusão na CATEGORIA abaixo, juntamente com o envio do próximo ESCLARECIMENTO AO PAÍS Nº 7, pelo qual estou anexando CHEQUE NOMINAL A "Boletim-EP", no valor abaixo, correspondente à quantidade de exemplares por mim solicitados:

CATEGORIA	Nº DE EXEMPLARES	VALOR
COLABORADOR	01 exemplar	Cr$ 25.000,00 ( )
DIVULGADOR	02 exemplares	Cr$ 35.000,00 ( )
PATROCINADOR	03 exemplares	Cr$ 50.000,00 ( )

(Assinale com x sua opção)

PARA MAIORES QUANTIDADES pague o valor de PATROCINADOR:

SOLICITO_____ exemplares. TOTAL DO CHEQUE Cr$ _____

CHEQUE NOMINAL CRUZADO a favor de "Boletim-EP". Junte ao CUPOM DE PEDIDO, devidamente assinalado e preenchido e ENVIE para Caixa Postal 10.163 - PORTO ALEGRE, RS, CEP 90001-970.
(se não quizer recortar a revista, envie xerox)

Nome _____
Rua_____ Nº_____ Aptº/conj __
CEP _____ Cidade_____ _____ Sigla da Fed __
Banco _____ Nº Rcº __ Nº C/C_____ Nº cheque __

Na guia destinada aos assinantes do *Boletim* não se usa a palavra compradores, mas colaboradores, divulgadores ou patrocinadores, forma de a editora torná-los cúmplices e partícipes de seus ideais.

Após os problemas com a Justiça, que impediram Castan de expor seus produtos, os *Boletins* (EPs) e o catálogo da editora foram os meios de tomar conhecimento de suas atividades. No final dos anos 1990, o catálogo apresentava um total de 43 títulos editados pela casa, além de várias obras, em português, alemão, espanhol, inglês e francês, ligadas ou não ao negacionismo e ao nacional-socialismo, totalizando perto de duzentos livros.

Mesmo com a proibição da Justiça, a Revisão continuava a editar e comercializar suas obras. É importante salientar que, nesse momento,

132 CARLOS GUSTAVO NÓBREGA DE JESUS

Holocausto – judeu ou alemão? estava disponível em quatro línguas: alemão; espanhol; francês e inglês. As obras do catálogo podem ser reunidas em três grupos, conforme se segue:

1. Obras negacionistas, de autores nacionais e estrangeiros. Nessa subdivisão estão as principais obras da editora escritas por autores ligados ao negacionismo, entre eles Castan, Sérgio Oliveira, Faurisson e Louis Marschalko.

Autores	Nacionalidade	Quantidade de obras editadas	Idioma em que as obras foram editadas
S.E. Castan	brasileiro	5	Especificamente a obra *Holocausto – judeu ou alemão?* foi traduzida para espanhol, alemão e inglês, as demais obras são redigidas em português.
Sérgio Oliveira	brasileiro	9	português
Louis Marschalko	húngaro	1	português
Robert Faurisson	francês	1	português
León DeGrelle	belga	1	português
C. W. Poter	belga	1	português
Richard Harwood	inglês	1	espanhol
Hélio Oliveira	brasileiro	1	português, francês, inglês e alemão
Equipe de reportagem RS	brasileira	1	português

2. Autores não-contemporâneos ligados ao anti-semitismo e ao nacionalismo, que serviram de inspiração para a formação das teses negacionistas e anti-semitas apresentadas pela editora. Nessa lista estão: Hitler, Gustavo Barroso e notas oficiais do governo alemão, livro comprometido com o nazismo, no qual os negacionistas se apóiam para formular suas teses. É importante chamar a atenção para a inclusão de Lutero nessa classe. Alguns pensamentos do precursor da Reforma Protestante foram apropriados pelos negacionistas, principalmente aqueles nos quais o reformista propõe a aplicação de medidas drásticas contra os judeus, idéias defendidas em *Contra os judeus e suas mentiras* (1542), editado e comercializado pela Revisão Editora.[20]

---

20 A opinião de Lutero em relação ao judeu é ambígua, em certos momentos ele se mostra favorável aos judeus como em seu opúsculo *Das Jesus Christus ein geborener Jude sei [Jesus é judeu*

ANTI-SEMITISMO E NACIONALISMO, NEGACIONISMO E MEMÓRIA 133

Autores	Nacionalidade	Quantidade de obras editadas	Idioma em que as obras foram editadas
Adolf Hitler	alemã	1	português
Eva Perón	argentina	1	português
Gustavo Barroso	brasileira	8	português
Henry Ford	norte-americana	1	português
Martinho Lutero	alemã	1	português
Notas oficiais do governo alemão	alemã	1	português

3. O terceiro grupo reúne autores praticamente desconhecidos, cujo ideário só pode ser estabelecido a partir da análise interna dos trabalhos que escreveram.

Autores	Nacionalidade	Quantidade de obras editadas	Idioma em que as obras foram editadas
Marco Pollo Giordani	brasileira	1	português
Maurice Pinay	desconhecida	4	português
O. D. Levine	desconhecida	1	português
Aldo O. Mónaco	desconhecida	1	português
Ron Kalenuik	desconhecida	1	português

A sistematização das obras evidencia que aquelas realmente escritas para a Revisão são de Sérgio Oliveira (nove livros) e S.E. Castan (cinco livros, sendo um em quatro idiomas). Portanto, os números confirmam que a editora estrutura-se, sobretudo, em torno dos dois primeiros, tendo em Gustavo Barroso (oito livros) sua fonte de inspiração. Do total de 40 títulos, 23 são desses três autores, ou seja, mais de 50%. Tais números corroboram a hipótese de que o principal intuito da Revisão é disseminar idéias racistas, anti-semitas e simpáticas ao nazismo.

Além de suas próprias edições, a Revisão oferece obras de outras editoras. Para os potenciais compradores, informa-se que, dos livros não editados

---

de nascimento], e em outros, como no livro citado, ele se opõe ao povo judeu de um modo sistemático (Sorlin, 1974, p.114-15).

134 CARLOS GUSTAVO NÓBREGA DE JESUS

pela Revisão, serão fornecidas como cópias xerográficas, coladas e/ou cos-
turadas.[21]

Para contornar o problema dos direitos autorais, no final do catálogo há
um quadro com as seguintes observações:

> 1– Qualquer cópia relacionada do n° 101 ao 667 das obras em questão deve
> ser procurada nas livrarias e editoras antes de fazer eventual pedido, 2 – Fica
> entendido que, em caso de pedido de Cópia o leitor tentou e não encontrou a
> obra original, 3 – Tratam-se de obras destinadas exclusivamente ao ESTUDO E
> PESQUISA que poderão dar ao leitor mais cultura e maior visão do mundo [...]
> 7 – DIREITOS AUTORAIS: Apesar de tratar-se de simples cópias de obras
> raras antigas ou de edições esgotadas, para fins exclusivos de pesquisas, nossa
> livraria depositará 10% sobre eventual venda que for realizada, EM CONTA
> ESPECIAL DE POUPANÇA NO BANCO DO BRASIL, que ficarão à dis-
> posição do autor ou seus legítimos herdeiros, ou ainda às editoras que possuírem
> os direitos exclusivos devidamente comprovados.[22]

A lista de livros é dividida segundo idioma: português (66); espanhol
(47); alemão (75); inglês (06) e francês (04). Merece destaque o ecletismo
do catálogo, que engloba títulos como *Sobre o direito das nações à autodeterminação*, de Lenin; *Minha luta contra Trotski*, de Stalin; *Holocausto no
Líbano* e *A questão Palestina*, ambas assinadas pela Liga dos Estados Árabes
no Brasil; além de trabalhos publicados pelo Centro Brasileiro de Estudos
Estratégicos do Exército brasileiro, como *Amazônia brasileira* e *Projeto Nacional*: aspectos estratégicos.

É importante salientar que o ecletismo das obras pretende difundir uma
imagem democrática da editora, que coloca, lado a lado, publicações de
tendências políticas e ideológicas opostas, tais como *O caminho do socialismo*, de Fidel Castro, e *Despertemos a nação*, de Plínio Salgado. Porém, uma
análise mais atenta revela que todas têm em comum no tema o nacionalismo:
Memórias de Santa Helena, de Napoleão Bonaparte; *A razão de minha vida*,
Eva Perón; *Poemas do cárcere*, do líder norte-vietnamita Ho Chi Minh; *O
que é marxismo?*, de Lenin; *A destruição de Dresden*, do negacionista Daving
Irving; entre outros. Os livros vão dos clássicos, como *O manifesto comunista*,

---

21 Revisão Editora e Livraria. *Catálogo*. Porto Alegre, 2000, p.5.
22 Idem, p.27.

de Marx e Engels, às obras que fazem apologia do nazismo, como *Atrocidades polonesas contra os grupos étnicos alemães na Polônia*, "documento com fotos", como se anuncia.[23]

Entre as obras comercializadas pela editora, há raridades como *A Alemanha saqueada*, de Mário Pinto Serva, editada por Monteiro Lobato nos anos 1920, e livros ligados a editoras internacionais. Pode-se supor que tais livros fazem parte do acervo dos próprios responsáveis pela editora, que colocam cópias deles à disposição dos clientes mais assíduos.

Obra	Autor	Editora
A razão da minha vida	Eva Perón	Não mencionada[24]
Minha luta	Adolf Hitler	Não mencionada
O nacional-socialismo: exposição do programa e do sistema	G. de Almeida Moura	Não mencionada
Os magnatas do tráfico negreiro	José Gonçalves Salvador	Editora Universidade de São Paulo
Escândalo do Morro Velho	A. Tenório de Albuquerque	Não mencionada
O judeu internacional	Henry Ford	Editora do Globo
A ilusão maçônica	Bispo diocesano D. Justino	Editora Getúlio Costa
A ditadura dos cartéis	Kurt Mirow	Civilização Brasileira
Do mundo da luz ao submundo das trevas	Brasilino de Carvalho	Não mencionada
Multinacionais	Vanderlino Horizonte Ramage	Não mencionada
O protesto negro	James Malcom X, Martin Luther King e Keneth B. Clarc.	Editora Laemmert
As duas culturas – Ciência e governo	C. P. Snow	Dom Quixote
A Suíça acima de qualquer suspeita	Jean Ziegler	Paz e Terra
A questão judaica.	Karl Marx	Editora Laemmert

É evidente a preocupação da editora em ostentar uma aparência democrática, patenteada na presença de obras de natureza política e ideológica

---

23 Idem, p.6.

24 Não é mencionada a editora no catálogo, deve-se lembrar que todas estas obras não são editadas pela Revisão, mas sim copiadas e comercializadas da edição original.

opostas. O fato de agrupar obras da extrema-esquerda nacionalista à sua literatura de extrema-direita pode dar a impressão de que o intuito da editora seja defender o nacionalismo e não o anti-semitismo. Nota-se, ainda, que dentre os livros escritos em português, xerografados e comercializados pela Revisão, quinze apresentam o carimbo CANCELADO:

Lista de CÓPIAS de importantes livros históricos - usados que serão fornecidos colados/costurados:
List of copyes from important historical used books

EM PORTUGUÊS - ESPANHOL - ALEMÃO - INGLÊS e FRANCÊS

Cód	Título da Obra	Autor	Páginas	Valor R$	Idioma
101	A Força é o Direito das Bestas / Após sua deportação, do exílio.	Juan D. Perón	254	30,00	Port.
	... Minha Vida	Eva Perón	332	38,00	Port
104	O Caminho do Socialismo / Imperdível para conhecer o líder	Fidel Castro	77	10,00	Port
105	Memórias de Santa Helena	Napoleão Bonaparte	168	20,00	Port
106	Despertemos a Nação / Mensagem do líder do integralismo.	Plínio Salgado	202	25,00	Port
107	Minha Luta contra Trotski	Stálin	68	12,00	Port
109	O que é Marxismo ?	V. I. Lênin	76	12,00	Port
110	Poemas do Cárcere / Líder norte vietnamita	Ho Chi Minh	70	12,00	Port
111	Sobre o Direito das Nações à Autodeterminação	Lênin	86	12,00	Port

Cód	Título da Obra	Autor	Páginas	Valor R$	Idioma
113	O Manifesto Comunista / De fevereiro de 1848	Marx e Engels	57	9,00	Port
114	O Crepúsculo dos Ídolos	Friedrich Nietzsche	128	16,00	Port
115	O Anti-cristo	Friedrich Nietzsche	142	17,00	Port
116	O Livro Verde / Plano de governo do líder Líbio	Muamar Kadhafi	120	15,00	Port
117	Hitler / Visto por este escritor. Uma raridade	Hélio Sodré	80	12,00	Port
118	Adolf Hitler - Minha Luta	Adolf Hitler	578	40,00	Port
119	Testamento político de Hitler - Raridade	Martin Bormann	118	15,00	Port
127	Atrocidades Polonesas contra os Grupos Étnicos Alemães na Polônia (Doc. com fotos)	Documentário	216	26,00	Port
128	A Alemanha Saqueada / Analisa a 1ª Guerra Mundial e o Tratado de Versalhes. Edit. Monteiro Lobato	Mario Pinto Serva	190	24,00	Port
129	A Questão Judaica / Surpreendentes revelações deste pesquisador católico	Padre J. Cabral	244	30,00	Port
130	As Forças Secretas da Revolução / Imperdível exposição de acontecimentos mundiais	Leon de Poncins	266	32,00	Port
	O Nacional Socialismo Alemão	G. de Almeida Moura	38	7,00	Port
132	Os Piores Inimigos dos nossos Povos / Referente ao sionismo	Jean Boyer	128	16,00	Port
133	O Dossiê Rosenthal / O monstro sionista estrangula a América	Walter White	44	8,00	Port

Dentre as obras canceladas, três foram editadas, também, pela própria Revisão, sendo duas claramente anti-semitas: *Minha luta* e *O judeu internacional*.[25] A presença de editores comerciais em atividade – Edusp, Paz e Terra, Globo, Civilização Brasileira – permite supor que tais empresas devem ter contestado a prática da Revisão de copiar e comercializar seus títulos.

A penúltima página do catálogo contém a seguinte nota:

---

25 Essas duas obras, juntamente com *A razão de minha vida*, estão canceladas por ser de outra editora que não a Revisão. Suas similares que estão disponíveis à comercialização são aquelas reeditadas pela Revisão, pois estão sem carimbo na primeira parte do catálogo reservada às publicações exclusivas da editora de Castan.

ANTI-SEMITISMO E NACIONALISMO, NEGACIONISMO E MEMÓRIA   137

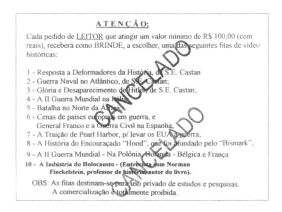

Seguem-se títulos de fitas cassetes como: *A traição de Pearl Harbor, p/ levar os EUA à guerra*; *A história do encouraçado "Hood", que foi afundado pelo "Bismarck"*; *A II Guerra Mundial – na Polônia, Holanda – Bélgica e França*; *A II Guerra Mundial na Itália*; *Batalha no norte da África*; *Cenas de países europeus em Guerra*; e *General Franco e a Guerra Civil Espanhola*; e três fitas de autoria do próprio Castan: *Guerra naval no Atlântico*; *Resposta a defamadores (sic) da História* e *Glória e desaparecimento*.

É possível notar, pela maioria dos títulos, que as fitas estão relacionadas com o negacionismo, nacionalismo nazista e anti-semitismo. Nota-se também que, além de comercializar, a editora também produz algumas fitas, pois ao negacionismo podem-se relacionar três vídeos de Castan: *Guerra naval no Atlântico*; *Resposta a defamadores (sic) da História* e *Glória e desaparecimento*. Ao nacionalismo pode-se relacionar: *A História do encouraçado "Hood", que foi afundado pelo "Bismarck"*, mostrando o poderio militar alemão, e *A II Guerra Mundial – na Polônia, Holanda – Bélgica e França*, que apresenta, segundo o título sugere, a Segunda Guerra Mundial por meio da perspectiva dos países ocupados pela Alemanha.

Sendo tão explícito o conteúdo dos demais títulos, pode-se constatar pela óptica da cultura política que esses vídeos devem guardar relação com o negacionismo e/ou o nacionalismo. A exceção está na entrevista de Norman Finkelstein (2000), professor de política da Universidade de Nova York, que escreveu a polêmica obra *Indústria do Holocausto* (2000), na qual defende a tese de que o Holocausto é utilizado por grupos judaicos para cobrar pesadas

138 CARLOS GUSTAVO NÓBREGA DE JESUS

indenizações financeiras. Finkelstein não nega o Holocausto, muito menos é adepto da ideologia nazista; no entanto, seu pensamento crítico pode dar certa credibilidade às teses negacionistas se for apropriado e ter seu conteúdo distorcido em favor dos pretensos revisionistas.

Analisando os títulos que acompanham as fitas, julga-se que foi esse o intuito de Castan em colocar a entrevista do professor norte-americano juntamente com outras fitas de caráter negacionista, nacionalista e nazista.

Tal hipótese ganha consistência quando se nota que todos os títulos estão com o carimbo "CANCELADO", possivelmente atendendo à ordem judicial, além da observação de que: "As fitas destinam-se para uso privado de estudos e pesquisas. A comercialização é totalmente proibida".[26]

Luiz Nazário (1995, p.D7) escreveu artigo para o jornal *O Estado de S. Paulo* chamando a atenção sobre uma empresa que estava comercializando filmes nazistas:

> Os nazistas não desistiram e colocaram agora no mercado uma arma devastadora, ainda não identificada pelas autoridades. A difusão do nazismo, no Sul, prossegue, sem entraves, por meio do vídeo. Uma empresa intitulada *Scotton Internacional*, cujo símbolo é uma fita de celulóide em forma de serpente enroscando-se na América Latina, está vendendo cerca de 80 títulos de caráter revisionista e nazista [...] A Scotton Internacional intitula seu catálogo Vídeos de cultura Histórica. Algum interessado na Segunda Guerra poderia adquirir aí, ingenuamente, alguns vídeos que o tornariam mais ilustrado. Mas o que receberia em casa? Filmes de propagandas nazistas produzidas por Joseph Goebbels [...] um documentário sobre o "heroísmo" dos aviadores que bombardearam Guernica [...] ou toda série de *Noticiários de Guerra Alemães* [...][27]

É importante mencionar que esse artigo é de 9 de maio de 1995; portanto, mais de um ano antes de Castan ser condenado pelo Tribunal de Justiça de Porto Alegre. O que permite questionar se, nessa época, o editor gaúcho, além de comercializar livros, também não seria responsável pela Scotton Internacional. Menciona-se tal hipótese em virtude do depoimento de Jair Krischke (2000, p.214):

---

26 Revisão Editora e Livraria. *Catálogo*. Porto Alegre, 2000, p.26.
27 Nazário, L. Filmes fazem difusão do nazismo. *Estado de S. Paulo*. São Paulo, 9 maio.1995, Caderno 2, p. D.7.

Ellwanger e sua companheira foram sócios fundadores de uma outra empresa, segundo os dados da Junta Comercial de Porto Alegre, a *Scotton Internacional*, que se dedica a comercializar vídeos e fitas cassetes, cópias exatas do que é divulgado nos Estados Unidos pela *National Alliance*. Aqui se trata de discursos de Hitler, de Mussolini, marchas e canções de Wermacht, da Juventude Hitlerista, além de uma filmografia de extração claramente nazista.

De acordo com Krischke[28] e observando-se os títulos presentes no catálogo, não seria descabido afirmar que as fitas do catálogo da Revisão Editora veiculam conteúdos nazistas e anti-semitas, tal como ocorre com os livros da editora, podendo, até mesmo, ser remanescentes da Scotton Internacional, empresa registrada em nome de Castan na Junta Comercial de Porto Alegre.[29] No entanto, trata-se de uma hipótese, pois não houve possibilidade de acesso a esses filmes.

Nessa segunda fase da Revisão Editora, nota-se, com maior evidência, a preocupação de Castan em tentar desvincular-se do estigma de nazista e anti-semita. É notório que o catálogo passou a veicular obras de várias tendências ideológicas, unidas pelo caráter nacionalista, para assim tentar se desvincular desse estigma e dar uma aparência democrática as publicações.

O anti-semitismo, que até então era o tema comum aos livros, cedeu, propositalmente, espaço ao nacionalismo. Se nem todas as obras apresentadas no catálogo eram anti-semitas, em contrapartida todas dialogam como o nacionalismo. Assim, obras como *Razão de minha vida* de Eva Péron, *Projeto Nacional* e *Amazônia brasileira*, os dois últimos estudos realizados pelo Centro Brasileiro de Estudos estratégicos, Cebres, órgão ligado ao Exército brasileiro, primam, antes de tudo, pelo ideal nacional. Essa iniciativa da editora demonstra que a adesão ao nacionalismo foi uma artimanha, uma nova estratégia.

À primeira vista, pelo catálogo, poder-se-ia levantar a suposição de que, antes de tudo, a editora seria nacionalista, o nacionalismo seria o pólo agregador das obras. No entanto, pode-se afirmar que tal critério baseado no nacionalismo como tema definidor das publicações seria uma estratégia para encobrir o verdadeiro intuito da editora.

---

28 Natália dos Reis Cruz (1997, p.45) também levanta a hipótese de Castan estar ligado à Scotton Internacional.

29 Pode-se levantar a hipótese de que após o processo que condenou Castan, a Scotton Internacional parou de comercializar as fitas, as quais ficaram relegadas à Revisão Editora.

A estratégia de Castan foi especializar a editora em obras nacionalistas, pois assim teria argumentos para divulgar obras negacionistas, anti-semitas e até mesmo nazistas, pois todas dialogam, de uma forma ou de outra, com o nacionalismo.

Já se notava o papel do nacionalismo como componente do anti-semitismo e do negacionismo na primeira fase da editora; no entanto, essa prática só fica evidente a partir do momento que Castan passa a ser alvo dos processos e acaba condenado por racismo, ou seja, no segundo momento da editora. A partir disso, seu anti-semitismo teria de se tornar ainda mais implícito. No primeiro momento, notou-se que Castan tentava se desvincular do rótulo de racista utilizando estratégias de discurso, no qual o nacionalismo aparecia como uma das alternativas para o anti-semitismo. Entretanto, no segundo momento, o discurso passa para a prática de divulgação, e pelo catálogo pode-se evidenciar, com maior clareza, o posicionamento do nacionalismo dentro da editora, ou seja, uma estratégia para diluir a iniciativa racista.

Tal conclusão talvez esclareça melhor o posicionamento equivocado de Natália dos Reis Cruz ao tentar explicar o nacionalismo da Revisão Editora a partir da explicação baseada no germanismo no Sul do Brasil (cf. Cruz, 1997, p.82-94). A historiadora não teve a oportunidade de trabalhar com o catálogo e nem com os acórdãos, fontes que facilitaram enxergar o verdadeiro intuito do nacionalismo nas obras da editora. Pode-se dizer que o segundo momento da Revisão, em virtude de suas fontes, foi primordial para entender não só as estratégias do catálogo e os processos, mas também para olhar para o passado e entender a prática e o discurso de Castan.

Pode-se afirmar que o nacionalismo sempre foi um componente importante dentro da editora; no entanto, foi somente a partir da segunda fase que começou a ser utilizado, de forma sistemática e evidente, como estratégia para encobrir o anti-semitismo e o negacionismo.

Até 1999, as apelações e os recursos da Revisão Editora ainda não tinham sido concluídos, mas a editora estava proibida de divulgar seus livros. Para contornar as proibições legais, a Revisão Editora lançou mão de outra estratégia, uma página na internet que comercializava seus produtos: www. revision.com.br

Como se vê na capa do catálogo, do ano de 2000, a internet não inviabilizou a divulgação pelo meio impresso; no entanto, este último ficou restrito aos compradores que freqüentavam o espaço físico da editora. Sendo assim, julga-se que o papel do catálogo, depois da página na internet, ficou relegado ao segundo plano, pelas facilidades oferecidas pela infovia.

A internet, a exemplo do que ocorre com o Institute Historical Review e outros grupos negacionistas e/ou neonazistas, foi mais uma alternativa encontrada pela Revisão Editora para driblar as proibições legais.

O espaço virtual

O *site*, colocado à disposição dos usuários em 1º junho de 1999, além de comercializar livros, continha artigos negacionistas de autores nacionais e internacionais, contemporâneos e antigos.

A reorganização da página ocorria semestralmente. Os artigos eram agrupados no *site* de acordo com o ano de sua exibição. Assim, quem visitasse a página em 2002 encontraria subdivisões: artigos de 1999 (apenas um semestre); artigos de 2000 (dois semestres juntos); artigos de 2001 (dois semestres juntos). Essa terceira fase da editora foi dinâmica, sendo possível destacar três momentos principais no que se refere o *site* da Revisão.

Entre 1999 e 2000, a página na internet era mera extensão do espaço físico da Revisão, por isso foi utilizada para exibir fragmentos de textos e teses anti-semitas, de livros publicados pela editora e artigos assinados por Castan ou Sérgio Oliveira, além de comercializar as obras por meio de um catálogo virtual.

Nesse momento, os textos presentes no *site* eram estritamente ligados à causa negacionista; sobressaía, assim, o caráter propagandístico do material. Nota-se que, com a página, a editora volta a seu intuito original: difundir as teses negacionistas e anti-semitas. Eis alguns títulos dos primeiros artigos veiculados no *site*: "Porque os judeus mentem a respeito de sua verdadeira população mundial"; "Quem provocou a II Guerra Mundial"; "Auschwitz: fatos e lendas"; "Anne Frank em nova versão"; "A verdadeira história do levante do Gueto de Varsóvia"; "Banqueiros judeus financiaram Hitler?"; "Quem foram os verdadeiros ladrões de dentes de ouro" (verificar Anexo).

Castan também se valeu da página para apresentar sua versão dos embates em que se envolveu e acusar a imprensa de estar a serviço do sionismo. Exemplar, nesse sentido, foi a entrevista que ele concedeu, por e-mail, em 16 de fevereiro de 2000, à *IstoÉ*. A revista solicitou sua opinião a respeito do governo de extrema-direita na Áustria. A matéria não foi publicada, mas Castan disponibilizou-a no *site*.[30]

A Revisão Editora moveu processos por calúnia e difamação contra a revista *Manchete*, os jornais *Folha de S.Paulo* e *Notícias Populares*. Particularmente em relação à *Folha*, que o teria acusado de racista e neonazista em artigos publicados nos dias 6, 11 e 13 de abril de 2000, afirma:

> Apontar-me como EDITOR NAZISTA, NEONAZISTA, RACISTA E ANTI-SEMITA é sem dúvida uma das maiores ofensas que se pode atribuir a uma pessoa, quando após mais de 50 anos, diariamente até hoje, o nazismo é apresentado e acusado pela mídia, cinema e TV, como autor dos maiores crimes cometidos contra a humanidade. Quem não me conhece tem todas as possibilidades de acreditar nesse que é o jornal de maior tiragem e circulação do país.[31]

A Revisão Editora também se envolveu em conflitos com os jornais *Zero Hora* (Porto Alegre) e *O Dia* (Rio de Janeiro).

---

30 A entrevista, datada de 15 de fevereiro de 2000, está disponível em: <www.revision.com.br.> Acessada em: 10 dez. 1999. Conferir Anexo.

31 Cf. Castan, *Direito de resposta contra* Folha de S.Paulo. Disponível em: <www.revision.com. br> 29 maio 2000. Acessado em: 12 ago. 2001.

Em 2001, a apelação de Castan ainda estava tramitando na Vara de Execuções Criminais do Foro Central de Porto Alegre, quando, junto ao processo movido pelo Mopar e pelo Movimento de Justiça e Direitos Humanos, foi anexada uma notícia-crime sobre a divulgação de idéias racistas no *site* da editora. Em março, a apelação feita por Castan ao STJ de Porto Alegre foi negada, e em dezembro do mesmo ano, a condenação foi mantida. Dessa forma, pode-se constatar que não foi por acaso que, em 2001, ocorreu uma mudança significativa na página virtual, marcando o segundo momento do *site*. Os responsáveis pela editora passaram a apropriar textos de linhas ideológicas e políticas opostas, diluindo seu discurso anti-semita entre propostas nacionalistas.

A editora estava passando por dificuldades financeiras e solicitava, por meio da página, a colaboração de seus usuários. Ao diversificar suas propostas, ela abriria mais possibilidades de angariar subsídios financeiros, que não se limitariam àqueles que compartilhavam da intolerância anti-semita. O fato de o anti-semitismo diluir-se entre discursos nacionalistas também contribuía, pois possibilitava a colaboração daqueles que se sentiriam constrangidos em fazer "doações" a uma editora que propagava a intolerância. Entretanto, o intuito anti-semita da editora ainda era muito evidente.

Merece destaque o fato de os artigos veiculados divergirem significativamente em termos políticos, ideológicos e até culturais. A partir desse momento, nem todos os grupos que visitavam a página abraçavam a causa do anti-semitismo, da discriminação e do racismo e/ou nutriam simpatias pelo nazismo. Tal proposta, única no início, cedeu lugar a um discurso nacionalista, que agregou tendências muito diversas em defesa da nação.

Ainda nesse momento, no entanto, os artigos eram apropriados, o que evidencia o interesse de Castan em dar uma aparência nacionalista ao *site*. Esse é o caso dos artigos de Marcos Coimbra, "O governo mundial" e "Perigo na Amazônia", elaborados para o jornal *Mercado Mercantil* e disponíveis no *site* do professor.[32] Os textos apropriados eram inseridos na seqüência de textos racistas, de forma a sugerir que os autores dos primeiros comungavam das opiniões expressas pela editora. No artigo de Marcos

---

32 Disponível em: <www.brasilsoberano.com.br>. Acessado em: 12 maio 2001; também disponível em <www.revision.com.br> Acessado em: 12 fev. 2002.

144 CARLOS GUSTAVO NÓBREGA DE JESUS

Coimbra, por exemplo, critica-se a globalização e a política imperialista dos Estados Unidos:

> O Brasil corre sério risco. Talvez o mais grave de sua história. Existe claramente em ação a estratégia imposta pelos "donos do mundo", os detentores do capital transnacional, líderes do sistema financeiro internacional [...] As etapas do processo estão claramente delimitadas, em linhas gerais. De início, a adoção da "globalização", nova denominação do "neocolonialismo", partindo dos países centrais para a periferia, com o domínio da expressão econômica do Poder Nacional, através da imposição dos ditames dos organismos internacionais: FMI, OMC, Banco Mundial, BID e outros.[33]

O texto está inserido num mesmo conjunto que inclui os de João Barcelos, como "Do poder global & do terror", no qual o jornalista critica a globalização e o imperialismo norte-americano. No entanto, diferentemente do professor, ele associa tais iniciativas aos judeus sionistas. O autor começa o texto com a seguinte frase: "O Eixo judaico-americano de Poder Mundial e a Podridão Política da ONU", e continua:

> Enquanto Israel invade e coloniza a Terra palestina, e impede o Estado da Palestina, a ONU não se manifesta, ou enquanto os EUA invadem o Iraque e a Líbia, chacinam milhares de pobres árabes, para defenderem políticas do mercado petrolífero determinadas pelo G-7, ou anuncia a possibilidade de se criar um exército amazônico internacional (sob seu comando), a ONU não se manifesta [...] Neste contexto, e no âmbito da retaliação militarista dos EUA contra os árabes, na figura místico-terrorista de Osama bin Laden (que dirige o grupo guerrilheiro Al-Qaeda) e na figura territorial do Afeganistão (dominado politicamente pelo fanatismo do grupo místico Taleban, que dá guarida ao Al-Qaeda), os fanáticos colonialistas de Israel já queriam aproveitar para uma ofensiva militar global, e definitiva, contra a Palestina, o que comprova, de uma vez, a política hegemonista do "poder mundial" que é uma velha bandeira do Sionismo segregacionista religioso e político, em prática no eixo judaico-americano.[34]

---

33 Cf. Coimbra, *O governo mundial*. Disponível em <www.revision.com.br>. Acessado em: 12 fev. 2002. Para ler o artigo na íntegra, conferir Anexo.

34 Cf. Barcellos, *Do poder global & do terror*. Disponível em <www.revision.com.br>. Acessado em: 28 fev. 2002. Para ler o artigo na íntegra, conferir Anexo.

Nota-se que Castan, ao agrupar textos nacionalistas (apropriados) e anti-semitas, está tentando colocá-los todos no mesmo patamar no intuito de disseminar a idéia de que o discurso do professor pode dar legitimidade ao discurso do jornalista. Nesse momento, os fatores comuns aos dois articulistas são o nacionalismo e a crítica ao capital estrangeiro. Tal estratégia assemelha-se, mais uma vez, à utilizada nos livros da editora, pois Castan distorce o sentido do documento para dar fundamento à difusão de idéias marcadas pela intolerância. O texto do professor é uma crítica ao capital estrangeiro e não ao sionismo e ao povo judeu; no entanto, no contexto em que é disposto, parece endossar as críticas nacionalistas anti-semitas.

Artigos contra a privatização da Petrobras e de outras estatais foram apropriados e, apesar de nem sempre indicarem autoria, assumem posições similares às defendidas pela esquerda brasileira contemporânea.[35] Vale destacar que o espaço virtual estava, aparentemente, tornando possível a convivência pacífica de grupos com tendências ideológicas opostas, mas que, supostamente, compartilhavam certos ideais semelhantes. O internauta incauto poderia supor tratar-se de crenças e valores idênticos. De fato, tal apropriação integra a estratégia da editora, semelhante à empregada no catálogo. Com o intuito de atribuir um aspecto democrático para sua página virtual, a editora preocupou-se em camuflar o anti-semitismo e o negacionismo em um discurso nacionalista. Como na segunda fase da editora, a partir desse momento do *site*, o que agregaria textos e autores seria o nacionalismo, e não mais o anti-semitismo.

Os ideais anti-semitas e negacionistas passaram a conviver com o exacerbado nacionalismo, unindo virtualmente grupos muito diferentes, que vão da extrema-direita à extrema-esquerda, mas que compartilham a mesma causa, qual seja, um nacionalismo radical. Os primeiros particularizam-se pelo nacionalismo xenófobo e afirmavam desejar livrar a nação de elementos estrangeiros que a estariam contaminando e que seriam formados, em grande parte, por judeus apoiados pelos Estados Unidos. Os de esquerda, por sua vez, criticam as privatizações, o capital estrangeiro e o FMI; lamentam o fim das empresas estatais, vendidas a grupos internacionais; são

---

35 Conferir o texto de Nery, *Petrobrás e a genealogia*. O texto foi publicado na *Tribuna da Imprensa*, em 29 de março de 1999 e apropriado dois anos depois pela editora. Disponível em: <www. revision.com.br>. Acessado em: 20 maio 2002. Ver Anexo.

146 CARLOS GUSTAVO NÓBREGA DE JESUS

radicalmente contra a globalização da economia e pedem um Estado forte, capaz de lutar contra a ameaça do imperialismo americano. Um exemplo do discurso nacionalista é o artigo de Joaquim de Almeida Serra:

> O Brasil, devido à traição de seus 3 poderes, passará em breve a colônia dos Estados Unidos da América, da Grã-Bretanha, dos outros membros do grupo dos Sete, das multinacionais e dos banqueiros e aproveitadores de todo tipo. O povo brasileiro, levado à pior humilhação, será escravo dos imperialistas e ficará condenado a mais negra miséria.[36]

Tal texto tem conteúdo, aparentemente, semelhante ao discurso de um grupo ligado ao anti-semitismo:

> O que está por trás desde posicionamento anti-Humanidade e anti-Terra dos USA é um jogo econômico que visa manter o império nos níveis de dominação mundial. "Façam o que eu mando, mas esqueçam o que eu faço" é o velho lema ditatorial norte-americano, cuja economia é livre para si e fechada para os outros. A atitude antiecológica dos norte-americanos demonstra que a Humanidade deve estar mais atenta à política viciada dos países que se tornaram satélites dos USA, como outrora aconteceu com os da ex-URSS, pois, é possível que a estratégia imperial norte-americana já esteja a preparar mais conflitos bélicos regionais para outras demonstrações de força, enquanto apóia a matança dos palestinos sob as armas sofisticadas dos judeus de Israel.[37]

A estratégia de Castan foi eficaz, pois, ainda em 2001, artigos de conteúdos essencialmente nacionalistas começaram a ser enviados espontaneamente à página da editora. "A nossa vitória na Segunda Guerra", do tenente-coronel da aeronáutica Aldo Alvim, mostra-se como uma crítica nacionalista na qual o militar reclama um maior reconhecimento internacional para o Brasil após a Segunda Guerra Mundial:

> Completamos 50 anos em que o povo brasileiro contribuiu com sangue e muitos sacrifícios para a vitória dos Aliados na Segunda Guerra Mundial, é uma

---

36 Cf. Serra, *O Partido de Tiradentes*. Disponível em: <www.revision.com.br>. Acessado em: 28 fev. 2002.

37 Cf. Grupo Granja. *Norte-americanos barram berço da Terra*. Disponível em: <www.revision.com.br>. Acessado em: 28 fev. 2002.

vitória que está atravessada na garganta. Não pelo nosso fracasso nas armas, pois para orgulho do nosso povo, isto não aconteceu [...] A Imprensa brasileira, reporta em 6 de maio de 1995, que o Presidente Fernando Henrique Cardoso, em sua visita à Inglaterra, discursou em recepção, feita pelo primeiro-ministro inglês John Major, reivindicando um lugar para o Brasil no Conselho de Segurança da ONU, explicando que o Brasil foi um dos países mais sacrificados economicamente no Conflito e que não temos recebido nem retribuição econômica nem política por este sacrifício [...] Caso a ONU não se modifique, ou não faça as reformas necessárias e atenda nossas reivindicações, só resta ao Brasil retirar-se da ONU, pois será uma posição mais digna do que bancar a vaca de presépio.[38]

Em "Desenvolvimento econômico e social nos períodos dos governos militares" o general da brigada Niaze Almeida Gerude mostra-se nostálgico da época do regime militar:

> O país, desde o primeiro Governo do Gen. Castelo Branco, iniciou imediatamente a faina normalizadora, tornada urgentíssima à vista das deploráveis circunstâncias em que afundara. Mister se tornara reorganizar a economia e as finanças e impulsionar o desenvolvimento econômico e social. Após um curto período de recessão, com a ordem restabelecida ou, pelo menos, controlada, foi possível realizar muito, tanto no plano econômico, quanto no social, mudando a face do Brasil.[39]

Nesse momento, notou-se que o *site* passou a incorporar colaborações de matizes políticas e ideológicas variadas, pois, além dos militares citados, pode-se falar em Movimento Nova Inconfidência, que tem à sua frente José Gil de Almeida; Grupo Guararapes, composto por militares da reserva; Said Barbosa, professor de história do Distrito Federal; Antonio Sebastião de Lima, advogado e juiz de direito aposentado; que se juntaram aos anti-semitas: Altair Reinehr, lingüista e membro do Centro Nacional de Pesquisas Históricas (CNPH). William Pierce, jornalista norte-americano, antigo membro do Partido Nazista dos Estados Unidos nos anos 1940; além dos

---

38 Cf. Alvim, *Nossa vitória na Segunda Guerra*. Disponível em <www.revision.com.br>. Acessado em: 28 fev. 2002. Para ler o texto na íntegra, conferir Anexo.

39 Cf. Gerude, *Desenvolvimento econômico e social no período dos governos militares*. Disponível em <www.revision.com.br>. Acessado em: 28 fev. 2002. Para ler o texto na íntegra, conferir Anexo.

148 CARLOS GUSTAVO NÓBREGA DE JESUS

grupos Granja, liderados pelo jornalista português João Barcellos;[40] Centro de Estudos e Debates Integralistas (CEDI), liderado, na época, por Marcelo Santos Mendez.

O interessante a notar é que a sede de todos esses grupos é uma página na internet, seus encontros são virtuais e possivelmente muitos dos freqüentadores jamais se viram pessoalmente.

O envio espontâneo de artigos nacionalistas ao *site* da Revisão marca o terceiro momento da página virtual. Não é possível afirmar se tais colaboradores desconheciam o verdadeiro intuito da editora, mas é provável supor que, enquanto a editora só publicava textos negacionistas e anti-semitas, esses autores não se aventuraram a divulgar seus artigos na página. É certo que a imagem do *site* deixou de ser, aparentemente, associada ao anti-semitismo.

Ao pontuar os três momentos do *site*, é possível levantar questões sobre o texto eletrônico e as inovações culturais e sociais ocasionadas pela internet. Primeiramente, o que se deve deixar claro é que a estratégia de Castan de divulgar os pressupostos da Revisão Editora por meio da internet não tinha um caráter único. Constata-se que a intenção de compensar a clandestinidade e de driblar as proibições legais é uma explicação sólida, mas não resolve inteiramente o problema de a editora ter escolhido a internet como principal meio de divulgação de suas iniciativas.

A informática inovou tanto no sentido material do texto quanto em seu sentido abstrato, isto é, no campo das idéias, das práticas de leitura e do papel do leitor ante o texto eletrônico. Sendo assim, deve-se considerar o papel do texto eletrônico na história da leitura, mas também balizar a importância da informática na cultura e na sociedade contemporâneas.

---

40 Tal grupo merece ser citado com maior atenção, pois de todos os novos grupos de intelectuais ligados à Revisão Editora, o Grupo Granja é o que vem colaborando com a maior quantidade de artigos. Nesse grupo internacional, os encontros de seus membros se dão no *site* http://www.cotianet.com.br; seu presidente é o português radicado no Brasil João Barcellos, jornalista, escreve para *Gazeta de Cotia* (Cotia - SP) e para o jornal da Granja Viana. É membro da Associação Nacional de Escritores (ANE) e do Instituto Histórico e Geográfico de Santa Catarina (IHGSC) (correspondente). Entre seus livros editados, destacam-se: *O outro Portugal* (São Paulo: Cotianet, 1998), e *500 anos de Brasil, ensaios* (São Paulo: Edicon, 2000), e o artigo "A história é feita de documentos e não de estórias", in *O drama de ser palestino* (Florianópolis: Editora UFSC, 1991). Junto com Carlos Firmino – professor e jornalista –, São Paulo; Joane D'Almeida Piñon – física e ensaísta –, Houston - USA e Buenos Aires; Marc Cédron – ecologista, psiquiatra –, Zurich, Suíça; Rosemary O'Connor – professora e crítica de arte –, Irlanda; João Barcellos, entre outros intelectuais, compõe o Grupo Granja.

No que diz respeito às implicações mais amplas, deve-se, primeiramente, chamar a atenção para a considerável ampliação da liberdade do leitor do texto eletrônico quando comparado ao texto impresso. Tal prática pode dialogar com o raciocínio de Michel de Certeau (1996, p.49-53), que alerta para o fato de o consumo também ser entendido como uma produção, isto é, "o leitor é ao mesmo tempo consumidor e produtor daquilo que recebe, ou daquilo que se apropria".

Nesse sentido, é provável que Castan tenha antevisto uma boa oportunidade de propagar suas idéias pela internet graças à "pulverização do autor" (Chartier, 1998, p.16), típica do texto eletrônico. No *site* da Revisão Editora, a noção de editor, distribuidor e autor confundiam-se. Os textos enviados e/ou apropriados pela página foram editados e distribuídos, quando não alterados por Castan.[41]

Pode-se supor que a fragmentação das obras em pequenos textos seria uma artimanha para divulgação dos livros cassados. Entretanto, o reordenamento desses artigos, colocados ao lado de outros de natureza e conteúdo distintos, evidencia que tal estratégia tem conseqüências mais profundas. Segundo Chartier (1998, p.128):

> Ler um artigo em um Banco de Dados eletrônico sem saber nada da revista na qual foi publicado, nem dos artigos que o acompanham, e ler o "mesmo" artigo no número da revista na qual apareceu, não é a mesma experiência. O sentido que o leitor constrói, no segundo caso depende de elementos que não estão presentes no próprio artigo, mas que dependia do conjunto de textos reunidos em um mesmo número e do projeto editorial da revista e do jornal.

Nota-se que a palavra *mesmo* foi colocada entre aspas pelo autor com o intuito de demonstrar que o texto perde parte de seu significado original quando é deslocado dos demais artigos, do conjunto textual ao qual pertence. Ao fragmentar o conteúdo dos livros comercializados pela Revisão, Castan pretendia não só divulgar teses anti-semitas e negacionistas, mas também

---

41 Cf. Castan, *A verdadeira história do levante do Gueto de Varsóvia*. Disponível em <www.revision.com.br>. Acessado em: 3 jan. 2003. Nesse texto, o autor recorta vários fragmentos de textos de jornais, referentes ao Gueto de Varsóvia, comentando cada um deles. No ato de recortar e comentar, ele distorce totalmente o sentido dos textos. Tal prática é uma constante nos textos da página virtual da editora.

encobrir o conteúdo paradoxal de suas afirmações, já que a fragmentação possibilita uma manipulação maior do sentido.

No texto eletrônico, a liberdade do leitor pode-se impor à função de autor. No entanto, deve-se deixar claro que a gradação dessa liberdade foi um processo e não se desenvolveu exclusivamente com a revolução da informática e o aparecimento do texto eletrônico. Segundo Chartier (1998, p.67), tal processo é uma evolução que começou no século XVIII com a desmaterialização da propriedade do autor, que até então tinha total propriedade do texto manuscrito que enviava para a editora para ser impresso:

> Na prática da comunidade dos livreiros e gráficos de Londres, considerava-se que o objeto da propriedade, do *copyright*, era o manuscrito da obra que o livreiro tinha depositado e registrado. Este manuscrito devia ser transformado em livro impresso, mas ele continuava sendo o fundamento, a garantia e o objeto mesmo sobre o qual se aplicava o conceito *right in copies*, isto é, do direito sobre o exemplar, direito sobre o objeto. Durante o século XVIII, todo um trabalho foi feito para desmaterializar essa propriedade, para fazer com que ela se exercesse não sobre um objeto no qual se encontra o texto, mas sobre o próprio texto, definido de maneira abstrata pela unidade e identidade de sentimentos que aí se exprimem, do estilo que tem, da singularidade que traduz e transmite.

É a partir dessa desmaterialização da propriedade do texto que Chartier sugere explicar a revolução do texto eletrônico. O historiador francês afirma que tal revolução suplementa esse processo de desmaterialização, que começou no século XVIII:

> O que produz de fato a revolução do texto eletrônico, senão um passo suplementar no processo de desmaterialização, de descorporalização da obra, que se torna muito difícil de estancar? Todos os processos modernos, sobre a propriedade literária, em particular, em torno da noção de imitação, de plágio, de empréstimo, já estão ligados a esta dupla questão: a dos critérios que caracterizam a obra independentemente de suas diferentes materializações e a de sua identidade específica. A distinção entre a obra e o conjunto das materialidades, das formas por meio das quais ela pode ser vista ou ouvida, designa ela própria o lugar de uma questão ao mesmo tempo jurídica e estética que é preciso aprofundar. (ibidem)

A partir de tal constatação, pode-se explicar por que o texto eletrônico tornou-se importante instrumento para a Revisão Editora.

Castan pôde, então, manipular o sentido e a materialidade do conteúdo da página virtual. O texto eletrônico, além de propiciar maior distância do leitor, tanto intelectual quanto fisicamente, é mais flexível, por permitir que o leitor também se torne produtor, dependendo da forma como se apropria do material.

A autoridade do autor perde-se mais facilmente do que no impresso, que se apresenta acabado, o que torna qualquer intervenção do leitor mais evidente. A própria característica "material" do texto eletrônico é menos submetida às regras, suas fronteiras não são tão facilmente visíveis como as que delimitam o impresso que se encerra com a encadernação. No suporte eletrônico há a possibilidade de entrecruzar não só as palavras e os parágrafos, mas também as idéias.[42] A seriação eletrônica, a revolução da informática e a popularização do texto eletrônico têm resultados antagônicos: "às vezes, a proliferação do universo textual acabou por levar ao gesto destruição, quando deveria ser considerada a exigência da conservação" (idem, p.128).

As reflexões sobre o texto eletrônico e sua apropriação pela Revisão colocam a questão das formas de uso do espaço virtual por grupos neonazistas e/ou nacionalistas que estão utilizando as infovias a favor de seus ideários. A iniciativa levou estudiosos do tema a constatarem a presença de um ciber-fascismo na rede de computadores.[43]

Sites neonazistas na internet tornaram-se presença marcante a partir da década de 1990, época que começaram a surgir definições como Revolução Digital (cf. Negroponte, 1995) e Revolução Informacional (cf. Castells, 2001a). Segundo o sociólogo Manuel Castells, tal revolução viria complementar o mundo tal como produzido pela Revolução Industrial, possibilitando, a partir da década de 1970, a formação de redes em todas as estruturas da sociedade. Nessa sociedade de redes, o fluxo de informação seria o fator primordial. Tais redes seriam "um conjunto de nós interconectados [...] estruturas abertas capazes de se expandir de forma ilimitada integrando novos nós desde que consigam comunicar-se dentro da rede, ou seja, desde que compartilhem os mesmos códigos de comunicações" (idem, p.498). A

---

42 Vale destacar o formato denominado PDF, que impede, em parte, a intervenção no texto eletrônico. No entanto, mesmo que não seja possível substituir, adicionar ou extrair o conteúdo do texto, trechos podem ser selecionados e destacados "do contexto", concedendo-lhes novo sentido que, originalmente poderia não ser o pretendido pelo autor.

43 Sobre o racismo na internet, ver Khan (2000).

152 CARLOS GUSTAVO NÓBREGA DE JESUS

definição ampla abarca redes de bolsas de valores, de terrorismo internacional, de países interligados por tratados comerciais até as de computadores.

No que se refere à esfera da informática, as redes possibilitaram um novo tipo de espaço: o ciberespaço,[44] o que, por sua vez, contribuiu para uma sociabilidade virtual. Segundo Pierre Lévy (1998, p.94-5), essa nova comunidade seria como uma sociedade anônima, pois seus cidadãos estariam distantes uns dos outros, mas, mesmo assim, poderiam trocar experiências e conhecimentos num "espaço antropológico" (idem, p.127), que produziria a chamada "inteligência coletiva". Todas essas definições surgiram como propostas metodológicas para estudar esse novo espaço, diverso de outras formas de sociabilidade, pois a principal característica seria desterritorização:

> [...] o ciberespaço, o interior das redes digitais, é uma esfera desterritorizada que perpassa todos os espaços geográficos sem pertencer a nenhum local específico. Esta desterritorização é a base do problema sobre como manifesta, nesta nova esfera, o poder político do mundo físico [...] (Silveira, 2000, p.10)

O fim das fronteiras físicas traz um duplo efeito. Primeiro, ao agregar grupos de anônimos de localidades distantes, o ciberespaço pode deslocar seus usuários, sem necessariamente tirá-los de seu território físico,[45] fator preponderante no final do século XX, especialmente para grupos nacionalistas que buscam afirmar sua identidade, reivindicando um sentimento de pertença a uma localidade e cultura específica (cf. Castells, 2001b e 2001c). O segundo fator coloca em questão o Estado Nacional, pelo fato de o ciberespaço ser uma comunidade que está além das fronteiras físicas do espaço nacional; assim, pode-se imaginar que esse mundo virtual seria o oposto do mundo real. No entanto, segundo Lévy (1996), isso não ocorre,[46] há presenças, trocas e iniciativas nesse espaço, conclusão idêntica à de Sérgio Amadeu da Silveira (2000, p.11), para quem "a Rede não pode ser pensada como algo irreal, nem o ciberespaço como algo incapaz de criar uma demanda

---

44 O termo é denominado por William Gibson em seu livro *Neuromancer*, em 1984.

45 Pierre Lévy (1998, p.14) denominou o deslocamento de grupos pelo ciberespaço como um retorno a um nomadismo: "Mesmo que não nos movêssemos, o mundo mudaria à nossa volta. Ora, nós nos movemos. E o conjunto caótico de nossas respostas produz a transformação geral".

46 "Em termos rigorosamente filosóficos, o virtual não se opõe ao real, mas ao atual; virtualidade e atualidade são apenas duas maneiras de ser diferentes" (Lévy, 1996, p.15).

política no mundo físico territorizado". Por isso, pode-se afirmar que o fato de estar além dos limites do Estado não impede que se formulem leis que tentem regular o ciberespaço.[47] No entanto, na prática, a questão tem se revelado bastante complexa:

> Seja o ciberespaço pensado ou vivido como uma esfera distinta das identidades tradicionais, seja como reforço de velhas tradições, ideológicas, nacionais, criminosas, a política e as instituições políticas precisarão adequar-se aos seus formatos e às novas relações tempo-espaço que serão criadas. (idem, p.11)

Há cooperação entre países para impedir a divulgação de *sites* considerados impróprios;[48] também há o acordo internacional de Wassenaar, que considera prática perigosa a criptografia, técnicas e códigos utilizados para manter uma informação digital segura. O problema estaria na adequação das leis a esse novo espaço peculiar. Por mais que haja colaboração entre as nações, as tentativas de controle esbarram no fato de a rede ser "um fluxo permanente de informação", em essência transnacional. Assim, como legislar a respeito de um *site* que está em um provedor de outro país, submetido, portanto, a outra legislação. A brecha dá margem à difusão do racismo, que, por sua vez, se apóia no direito de liberdade de expressão. Nos Estados Unidos e na Espanha, por exemplo, livros e discursos neonazistas são comercializados livremente, pois nesses países a liberdade de expressão se sobrepõe ao racismo, razão pela qual a maioria de *sites* desse gênero está presente em provedores norte-americanos e espanhóis.

Pode-se afirmar que a desterritorização foi um fator determinante para Castan escolher a infovia. Ele se vale desse meio com o intuito de divulgar

---

47 Essa conclusão foi utilizada por Silveira (2000, p.15-137) para se contrapor à tese de filósofos e sociólogos de que a internet é um espaço democrático ou mesmo anárquico. Por sua vez, Lévy (1999, p.116-17) afirma que não há como garantir um controle global com o aparecimento da internet; essa cibercultura viria retomar os princípios liberais da modernidade, fundados nos ideais de liberdade, igualdade e fraternidade.

48 De acordo com outros Estados, no que é chamada operação internacional, um Estado pode impor as determinações para além de suas fronteiras. Isso também vale para a internet. Um exemplo significativo disso aconteceu em agosto de 1998. Doze países, coordenados pela polícia britânica, participaram de uma operação para identificar e prender praticantes de pornografia infantil, nos Estados Unidos, na Europa e na Austrália. A ação internacional foi denominada "Operação Catedral" (cf. Silveira, 2000, p.77).

154 CARLOS GUSTAVO NÓBREGA DE JESUS

livros que estão proibidos de circular. Isso não lhe garante anonimato,[49] porém assegura a possibilidade de continuar difundindo seu ideário. Em junho de 2003, quando o *site* da editora desapareceu de seu endereço habitual por problemas judiciais, podem-se encontrar textos de Castan em um provedor espanhol que contém vários *links* neonazistas, nazistas e negacionistas.[50]

A respeito da atual discussão envolvendo a rede e suas problemáticas, deve-se levar em conta a afirmação de que a "atividade técnica é intrinsecamente política" (Lévy, 1997, p.60) ou seja, a infovia, como qualquer outro meio de comunicação, é, antes de tudo, mediadora de interesses, seja de um grupo ou de um indivíduo, não podendo definir a internet como um instrumento segundo parâmetros negativos ou positivos. O debate em torno do neonazismo na internet precisa ser intensificado, pois é urgente o estabelecimento de acordos internacionais que regulem o ciberespaço, seja para coibir o neonazismo e outros grupos de extrema-direita ou a pedofilia e outras atividades que se valem da agilidade e da ausência de regras gerais na rede.

---

49 Silveira (2000, p.65) tem uma opinião crítica em relação ao anonimato na internet: "Muito ao contrário do que foi insistentemente divulgado, é muito difícil ser anônimo na rede mundial de computadores. Poucos conseguem ocultar-se quando estão na mira dos Estados, dos provedores e de especialistas em computação. O grande problema é o rastro eletrônico que os internautas deixam pelo ciberespaço. Este rastro pode ser perseguido e permitir a localização das máquinas que enviaram ou receberam esta ou aquela mensagem, que hospedam este ou aquele site".

50 Disponível em: www.libreopinion.com/members/topcins/. Acessado em: 22 dez. 2003.

Considerações Finais

Os problemas de Castan com a Justiça não acabaram em dezembro de 2001, com a confirmação da condenação pelo Supremo Tribunal de Justiça (STJ). O caso Ellwanger, como ficou conhecido, estendeu-se até o final de 2003.

A condenação de Castan, em outubro de 1996, deu-se quase cinco anos após o recebimento da denúncia, em novembro de 1991. Com tal argumento, em 2002, constituiu-se um novo julgamento. O advogado de Castan, Wener Becker, impetrou *habeas corpus* no Supremo Tribunal Federal (STF), a fim de substituir a acusação de racismo por práticas discriminatórias, que se constitui em crime prescritível após quatro anos, o que livraria o réu de qualquer penalidade. O advogado justificou sua causa no jornal *Folha de S.Paulo*:

> O Sr. Siegfried Ellwanger, editor, cidadão brasileiro, editou vários livros anteriormente já editados no Brasil e cuja circulação nunca sofreu nenhum embaraço. Editou também um livro de sua autoria, que pretende demonstrar que as versões publicadas sobre a Segunda Guerra se revestem da costumeira parcialidade como que os vencedores se referem aos vencidos [...] Examinando o fato imputado, cheguei à conclusão da inexistência de delito, pois configurava divulgação de pensamento. E cheguei a outra conclusão que me pareceu ainda mais evidente. Não se tratando os judeus de uma raça – afirmativa defendida pelos mais eminentes judeus –, à evidência que não se poderia averbar o delito de imprescritível, característica exclusiva dos crimes de racismo prevista no artigo 5, XLII da Constituição brasileira. (Becker, 2003, p.A3)

156 CARLOS GUSTAVO NÓBREGA DE JESUS

Em dezembro de 2002, o relator do processo, Moreira Alves, acolheu esses argumentos e votou pela concessão de *habeas corpus*. O julgamento foi interrompido pelo presidente do Supremo Tribunal Federal, ministro Maurício Corrêa, que formulou uma das frases que se tornaram símbolo do combate ao racismo no Brasil:

> Só existe uma raça a raça humana [...] As práticas discriminatórias são histórico-político-culturais e Ellwanger, ao defendê-las e divulgá-las, é racista é está sujeito às sanções penais contempladas pelo Direito brasileiro. Com efeito, os judeus não são uma raça, mas também não são uma raça os brancos, os negros, os mulatos, os índios, os ciganos, os árabes e quaisquer outros integrantes da espécie humana. (apud Lafer, 2003a)

O mesmo julgamento foi retomado em abril de 2003. Maurício Corrêa confirmou sua posição e denegou o *habeas corpus*. Relembrou também a discussão a respeito da liberdade de expressão e racismo ocorrida em 1996, quando da condenação de Castan. Em junho do mesmo ano, os ministros Gilmar Mendes, Carlos Velloso, Nelson Jobim, Ellen Gracie e Cezar Peluso votaram juntamente com Corrêa a favor de manter a condenação e negar o *habeas corpus*.

No jornal *Folha de S.Paulo*, Paulo Sérgio Pinheiro, que foi secretário de Estado dos Direitos Humanos do governo Fernando Henrique Cardoso, mostrou seu posicionamento contrário ao pedido de *habeas corpus*:

> Faz alguns anos visitei Gramado. Fiquei perplexo ao ver, sendo vendida livremente em quiosques na praça central, uma enorme série de publicações anti-semitas e negacionistas do Holocausto, às escâncaras, junto com outros livros. Entre os que distribuem esses livros está o sr. Siegfried Ellwanger, proprietário da editora Revisão, que edita essas obras, da sua própria lavra e de terceiros [...] Por isso foi condenado, pela prática de racismo, pelo Tribunal de Justiça do Rio Grande do Sul – sentença mantida pelo Supremo Tribunal de Justiça, agora em reexame pelo STF em um julgamento de *habeas corpus* [...] A conduta do acusado, ao negar o Holocausto e ao imputar aos judeus a responsabilidade pelos horrores da Segunda Guerra Mundial, incide em prática de racismo. E, portanto, imprescritível, muito bem definida na nossa Constituição. (Pinheiro, 2003, p.A3)

Em agosto de 2003, quando se pensou que o caso tinha chegado ao fim, o novo ministro do Supremo Tribunal Federal, Carlos Brito, votou a favor do *habeas corpus*, o que repercutiu na imprensa e no STF. Celso Lafer (2003b, p.) registrou sua indignação no jornal *O Estado de S. Paulo*:

> No voto absolutório, o novo ministro não alegou que o princípio da liberdade de expressão deve sempre, como regra geral, prevalecer sobre o princípio de repúdio ao racismo [...] O que o ministro Carlos Britto proclamou no seu voto, para absolver Ellwanger é que [...] *Holocausto – judeu ou alemão?:* nos bastidores da mentira do século era um livro de respeitável pesquisa histórica. [...] A motivação do voto do ministro recém-empossado é surpreendente e inaceitável. Convalida um processo de transformação de opinião preconceituosa e de má-fé, em fatos. Torna o valor da liberdade de opinião uma farsa ao asseverar que a mentira propalada com insistência por Ellwanger é uma verdade factual. Negar o fato histórico do Holocausto é como negar que a Alemanha invadiu a Polônia, dando início à Segunda Guerra Mundial.

Em 17 de setembro, por oito votos a três, foi mantida a condenação de Siegfried Ellwanger. Como a votação não foi unânime, Werner Becker pode recorrer ao próprio STF.

Os últimos acontecimentos relacionados à editora foram, segundo o ministro Maurício Corrêa, referentes ao "caso mais emblemático, no contexto dos direitos civis", desde a promulgação da Constituição de 1988.

Os ministros que votaram a favor de Castan não o absolveram, mas garantiram sobrevida à Revisão Editora. É preferível pensar que os mesmos não tiveram a oportunidade de ler as obras de Castan e Sérgio Oliveira ou, se o fizeram, foram enredados pelos argumentos de uma pretensa revisão histórica. Tal posicionamento dos ministros deixa claro o quanto é delicado o tema proposto neste estudo, pois tanto o discurso quanto a prática da Revisão Editora nos obrigam a reavaliar não só os parâmetros da historiografia, mas também as iniciativas referentes a liberdade de expressão e racismo, duas questões muito discutidas na última década em razão dos vinte anos de ditadura militar. Castan aproveita-se dessa imatura discussão para se amparar nas brechas possibilitadas pelas leis de um código penal e civil ainda em fase de adaptação às novas realidades políticas e sociais pós-ditadura. Por isso, como se evidenciou na pesquisa, é preciso estar atento, principalmente, às estratégias da Revisão, que tenta dissimular ou corromper toda e qualquer iniciativa que venha expor os verdadeiros intuitos da editora, que, por sua vez, não têm comprometimento algum com a democracia, liberdade de expressão ou mesmo "verdade histórica".

Notou-se com este estudo que a Revisão Editora revelou-se não como um veículo divulgador de uma nova concepção histórica, mas sim como porta-voz do racismo anti-semita, amparado em um nacionalismo que pretende livrar a economia, a política e a imprensa brasileiras da ação do que denominam "sionismo internacional".

De fato, verificou-se que a primeira característica definidora da Revisão foi anti-semitismo, que juntamente com o negacionismo constituíram-se na base ideológica dos escritos de Castan e Sérgio Oliveira. O nacionalismo das duas últimas fases da editora já se fazia presente nos primeiros momentos, mas teve seu papel acentuado com a intenção de diluir o anti-semitismo e o negacionismo em um discurso de cunho patriótico.

Tais conclusões deixaram patentes as diversas artimanhas utilizadas por Castan para fugir ao estigma nazista/racista e para driblar as proibições legais. Na primeira fase, o discurso negacionista de Castan e Sérgio Oliveira é explícito. Com as proibições legais, mudam as formas de divulgação da editora, sem abandonar, porém, o anti-semitismo exacerbado, agora camuflado por um suposto anti-sionismo associado ao culto à Nação e a cultura brasileiras.

Desvendar as estratégias mobilizadas pela Revisão foi o ponto central deste estudo. A análise tornou evidente o intuito desse grupo que se apropria de diversos elementos e discursos antagônicos, alguns até produzidos em temporalidade variáveis. Assim, ao mesmo tempo que se recoloca em circulação a produção do integralista Gustavo Barroso, numa apropriação do anti-semitismo dos anos 30 e 40, o discurso da Revisão também se vale de um nacionalismo que critica a globalização e as multinacionais, o que o aproximou, por vias transversas, da esquerda brasileira. Tratava-se de dar nova aparência à editora e, assim, fugir às proibições legais, o que poderia levar um leitor incauto a supor que os dois extremos do espectro político, esquerda e direita, estariam empunhando a mesma bandeira.

Tal postura evidenciada no catálogo da editora, que dispôs lado a lado livros como *Minha luta*, de Hitler, e *Caminho do socialismo*, de Fidel Castro, estendeu-se ao *site* da editora. A internet foi fundamental para a sobrevivência da Revisão. Ela contribuiu para burlar as proibições legais, o que se deu muito mais pelo caráter desterritorizado e transnacional da infovia do que por um suposto anonimato. As características do texto eletrônico possibilitaram ao editor gaúcho dar nova aparência a seu ideário, e, sobretudo, que seguisse divulgando e comercializando as obras da Revisão na rede mundial de computadores, podendo, aliás, ultrapassar as fronteiras nacionais.

Há vários grupos negacionistas, semelhantes ao de Castan, que se dizem revisionistas e que divulgam suas teses pela internet. Pode-se afirmar que esses grupos são mais perniciosos que os próprios neonazistas e nazistas que também se valem da internet para divulgar suas teses racistas, pois estes últimos deixam claras as suas posições, diferentemente daqueles que, por meio de estratégias variadas, tentam diluir o racismo no nacionalismo e num pretenso discurso de caráter histórico.

Tendo consciência das intenções, é possível valer-se dos instrumentos da ética e da história para evidenciar a natureza discriminatória desses grupos, mesmo daqueles que afirmam estar "divulgando a verdade histórica" ou dando novas versões dos fatos.

Nesse sentido, é relevante mencionar que nosso interesse por este estudo objetivando as estratégias da Revisão Editora partiu de uma dupla preocupação. Primeiro, de historiador, baseado na indignação de notar que os acontecimentos históricos estão sendo relativizados sem critérios propriamente históricos, ou seja, conforme interesses discriminatórios, políticos, ideológicos e propagandísticos. Segundo, de educador, ao visualizar, na prática, textos negacionistas sendo utilizados de forma intensa em trabalhos escolares que abordam o tema da Segunda Guerra Mundial. Tal iniciativa vem ganhando espaço no meio escolar em virtude da facilidade proporcionada pela internet, que, por sua vez, é utilizada irresponsavelmente por pretensos historiadores como Castan, que diluem seu discurso proselitista em produto de aparente pesquisa histórica.

No começo deste estudo, ainda no papel de educador do ensino médio, tive o infortúnio de presenciar tal iniciativa. Foi essa experiência que me incentivou a dar continuidade ao estudo da editora, não só com a obrigação de historiador, mas também de educador. A relevância e o propósito de escolher tal tema ficaram ainda mais patentes quando, na conclusão da pesquisa, deparei com páginas negacionistas "didáticas", isto é, direcionadas a estudantes de ensinos médio e fundamental. Por ter certa familiaridade com o assunto e com as estratégias negacionistas, pude visualizar com facilidade

160 CARLOS GUSTAVO NÓBREGA DE JESUS

a origem do *site*.[1] No entanto, tal prática é extremamente complicada para aqueles que desconhecem o negacionismo, pois a gravidade de suas propostas passa quase que despercebida em virtude da singular estratégia de discurso própria desse movimento.

Pode-se dizer que o negacionismo soa como provocação tanto aos historiadores quanto aos educadores, que devem, nesse momento, se posicionar, tendo em vista o estabelecimento de uma visão crítica e ética da história, iniciativa essencial numa época em que essa virtude se encontra tão ameaçada. Como afirmou Jaques Le Goff (1992, p.25), uma das tarefas da ciência histórica, "além de estabelecer a relação passado-presente, é acrescentar o horizonte do futuro", e nesse futuro, para o bem da democracia, da ética e dos direitos humanos, não se pode correr o risco de a História tornar-se instrumento de grupos intolerantes e discriminatórios, como a Revisão Editora.

Espera-se que este estudo possa ser um instrumento não só de análise historiográfica, mas também de alerta para a crescente falta de posicionamento firme da comunidade de historiadores e educadores diante dos usos e abusos que se têm feito em nome do passado.

---

1 Seguindo a estratégia negacionista, os *sites* têm nomes sugestivos. Disponível em: <www.estudonaboa.hpg.ig.com.br/trabalhos/historia.htm>; <www.mundoestudante. hpg.ig.com.br/historia.htm> e <www.literaria.hpg.ig.com.br/historia.21.htm> Acessado em: 5 set. 2003.

FONTES E REFERÊNCIAS BIBLIOGRÁFICAS

Fontes

Livros

BARROSO, G. *Brasil: colônia de banqueiros*. Porto Alegre: Revisão, 1989a.

_____. *História secreta do Brasil*. Porto Alegre: Revisão, 1989b.

_____. *Os Protocolos dos sábios de Sião*. Porto Alegre: Revisão, 1989c.

CASTAN, S. E. *Holocausto – judeu ou alemão?*: nos bastidores da mentira do século. 7.ed. Porto Alegre: Revisão, 1987.

_____. *Acabou o gás!...* 4.ed. Porto Alegre: Revisão, 1989.

_____. *S.O.S. para Alemanha*. Porto Alegre: Revisão, 1990.

_____. *A implosão da mentira do século*. Porto Alegre: Revisão,1992.

DEGRELLE, L. *Carta ao papa*. Porto Alegre: Revisão, 1989.

EQUIPE de Reportagem da RS. *A história do livro mais perseguido do Brasil*. Porto Alegre: Revisão, 1991.

FAURISSON, R. *Quem escreveu o diário de Anne Frank*. Porto Alegre: Revisão, 1990.

FORD, H. *O judeu internacional*. Porto Alegre: Revisão, 1989.

HARWOOD, R. *Murieron realmente seis millones?* Porto Alegre: Revisão, s. d.

HITLER, A. *Minha luta*. 3.ed. Porto Alegre: Revisão, 1993. t.I.

_____. *Minha luta*. 3.ed. Porto Alegre: Revisão, 1998. t.II.

MARSCHALKO, L. *Os conquistadores do mundo*: os verdadeiros criminosos de guerra. 4.ed. Porto Alegre: Revisão, 1992.

OLIVEIRA, S. *Hitler: culpado ou inocente?* 2.ed. Porto Alegre: Revisão, 1990.

_____. *A face oculta de sacramento*. Porto Alegre: Revisão, 1993a.

_____. *Sionismo x revisionismo, fantasia x realidade*. Porto Alegre: Revisão, 1993b.

Boletim

BOLETIM de Esclarecimento ao País. Porto Alegre, n.6, nov. 1992.

Catálogo

REVISÃO EDITORA E LIVRARIA. Porto Alegre. Revisão, 2000.

Textos da internet

Primeiro momento:

Anne Frank em Nova Versão. Disponível em: <www.revision.com.br> Acessado em: 10 dez. 1999.

Artigos publicados neste local. Disponível em: <www.revision.com.br> Acessado em: 10 dez. 1999.

CASTAN, S. E. *A verdadeira história do levante do gueto de Varsóvia.* Disponível em: <www.revision.com.br> Acessado em: 10 dez. 1999.

_____. *Banqueiros judeus financiaram Hitler?* Disponível em: <www.revision.com. br> Acessado em: 10 dez. 1999.

_____. *Direito de resposta contra* Folha de S.Paulo. maio. 2000. Disponível em: <www.revision.com.br> Acessado em: 12 ago. 2000.

_____. *Quem foram os verdadeiros ladrões de dentes de ouro.* Disponível em: <www. revision.com.br> Acessado em: 10 dez. 1999.

_____. *Quem provocou a II Guerra Mundial.* Disponível em: <www.revision.com. br> Acessado em: 10 dez. 1999.

Como o jornal "Zero Hora" mutilou importante entrevista de S. E. Castan. Disponível em: <www.revision.com.br> Acessado em: 10 dez. 1999.

Editorial. Disponível em: <www.revision.com.br> Acessado em: 10 dez. 1999.

Entrevista de S. E. Castan não publicada pela revista *IstoÉ.* Disponível em: <www. revision.com.br> Acessado em: 10 dez. 1999.

FAURISSON, R. *Auschwitz: fatos e a lenda.* Disponível em: <www.revision. com.br> Acessado em: 10 dez. 1999.

Por que os judeus mentem a respeito do real da sua população mundial? Disponível em: <www.revision.com.br> Acessado em: 10 dez. 1999.

Segundo momento:

BARCELLOS, J. *A estética ideológica do sionismo na morte lenta da humanidade.*
_____. *Do poder global & do terror.* Disponível em: <www.revision.com.br>. Acessado em: 28 fev. 2002.

COIMBRA. M. *O perigo na Amazônia.* Disponível em: <www.revision.com.br> Acessado em: 12 fev. 2002.

_____. *O governo mundial.* Disponível em: <www.revision.com.br> Acessado em: 12 fev. 2002.

NERY, S. *Petrobras-Genealogia.* Maio 1999. Disponível em: <www.revision.com. br> Acessado em: 20 maio 2002.

SERRA, J. A. *O partido de Tiradentes.* Disponível em: <www.revision.com.br> Acessado em: 28 fev. 2002.

Terceiro momento:

ALVIM, A. *Nossa vitória na Segunda Guerra.* Disponível em: <www.revision.com. br> Acessado em: 28 fev. 2002.

Carecas do Brasil. Disponível em: <www.revision.com.br> Acessado em: 12 dez. 2001

CEDI. *Mensagem aos brasileiros.* Disponível em: <www.revision.com.br> Acessado em: 28 fev. 2002.

GERUDE, N. A. *Desenvolvimento econômico e social no período dos governos militares.* Disponível em: <www.revision.com.br> Acessado em: 28 fev. 2002.

GRANJA, G. *Irmandade da abjeção.* Disponível em: <www.revision.com.br> Acessado em: 28 fev. 2002.

_____. *Norte-americanos barram berço da Terra.* Disponível em: <www.revision. com.br> Acessado em: 28 fev. 2002.

ALMEIDA, J. G. *Movimento Nova Inconfedência-manifesto.* Disponível em: <www. revision.com.br> Acessado em: 12 dez. 2001.

REINEHR, A. *Na era dos falsos profetas.* Disponível em: <www.revision.com.br> Acessado em: 12 dez. 2001.

Acórdãos

- Rio Grande do Sul. Tribunal de Justiça. 8ª vara criminal da comarca de Porto Alegre. Acórdão, subclassificação; pena-cr. Prec. Raça nac (7176). Mandado de segurança. Nº 691.114.169. Impetrante; Siegfried ELLWANGER. Relator: Des. Sérgio Jacinto R. Azevedo. Porto Alegre. 19 de setembro de 1996.

164 CARLOS GUSTAVO NÓBREGA DE JESUS

- Rio Grande do Sul. Tribunal de Justiça. Câmaras Reunidas. Acórdão. Embargos infringentes. Subclassificação: licitações e contratos administrativos. Embargante: Siegfried ELLWANGER, embargada: A justiça. Relator: Des. Oswaldo Proença. Porto Alegre. 19 de maio de 1995.
- Rio Grande do Sul. 3ª Câmara Criminal. Racismo. Edição e venda de livros, fazendo apologia de idéias preconceituosas e discriminatórias. Art. 20 da lei n°7.716/89 (redação da lei n° 8.081/90) limites constitucionais da liberdade de expressão. Crime imprescritível. Sentença absolutória reformada. Acórdão. Apelação-crime. n° 695.130.484. apelantes: Mauro Juares Nadvorny e federação Israelita do R.S. apelado; Siegfried ELLWANGER. Relator: Des. Fernando Mottola. Porto Alegre. 31 de novembro de 1996.

Documentação de apoio

I-Arquivo Público do Estado do Rio de Janeiro

Pastas temáticas

Setor Alemão-Dops-RJ:
Pasta 7 – "Banco Germânico da América do Sul".Rio de Janeiro, 1/1/1943-25/5/5/1943.
Pasta 8 – "Socorro Alemão", Rio de Janeiro. doc. 00311-"Associação Alemã de Auxílios", 20/8/1943, doc.00304-"União Beneficente Educativa Alemã, 17/8/1943.
Pasta 9 – "União dos Guerreiros Alemães", Rio de Janeiro. -"Cláusula de Admissão", doc. 00001-00006, 11/5/1942, Dossiês Apensos-"Sociedade Germânica" doc.00007, 20/5/1940, "Quinta Coluna", doc.00008, 12/9/1942.
Pasta 11 – Dossiês Apensos- Rio de Janeiro. "Juventude Hitlerista', doc.00003, 5/7/1940, Jornal "Ação" de Porto Alegre, doc.00004, 27/9/1941.
Setor Espionagem-Dops-RJ:
Pasta 1, cx.680- Rio de Janeiro. "Relatório Alberto Von Appen", 18/8/1945
Pasta 4, cx. 680, Dossiês Apensos, Rio de Janeiro. Dossiê 6: caso "Alfred Engling", 15/9/1942.

II-Divisão de Arquivo do Estado de São Paulo:

"Nazismo", prontuário 5.405 (volumes 1 e 2), Deops-1/9/1931-27/11/1962.
Rede de Espionagem no Estado do Rio Grande do Sul ou nazismo no Rio Gránde do Sul", Prontuário. 36.691 (volumes 1 e 2), 6/1/40-23/12/42.

III- *Centro de Documentação Contemporânea (CPDOC) da Fundação Getúlio Vargas (FGV)/ Rio de Janeiro.*

Relatório de Elpídio Reali, Delegado Adjunto, sobre "A rede de espionagem nazista chefiada por Niels Christian Christensen". Superintendência de Segurança Política e Social de São Paulo, 26/ 12/ 1942. GV. 43.00.00/1, confid, CPDOC/ FGV-RJ

REFERÊNCIAS BIBLIOGRÁFICAS

ABRAHAM, B. *E o mundo silenciou*. 12.ed. São Paulo: Parma, 2000.

ANDRADE, M. C. *As raízes do separatismo no Brasil*. São Paulo: Editora Unesp/ Edusc, 1999.

ANSART, P. História e memória dos ressentimentos. In: BRESCIANE, S.; NEXARA, M. (Org.) *Memória e (re) sentimento*. Campinas: Editora da Unicamp, 2001.

AMADO, J.; FERREIRA, M. M. (Org.) *Usos e abusos da história oral*. 2.ed. Rio de Janeiro: Editora da FGV, 1998.

ARENDT, H. *Eichmann em Jerusalém*: um relato sobre a banalidade do mal. São Paulo: Cia. das Letras, 1999.

_____. *O sistema totalitário*. 63.ed. Lisboa: Dom Quixote, 1978.

BARKER, M. *The New Racisme*. Conservatives and the ideology of the tribe. London: Junction Books, 1981.

BECKER, W. Uma questão meramente jurídica. *Folha de S.Paulo*. São Paulo, 26 jun. 2003, p.A3.

BARROSO, G. *O que o integralista deve saber*. Rio de Janeiro: Civilização Brasileira, 1935.

_____. *Brasil: colônia de banqueiros*. 5.ed. Rio de Janeiro: Civilização Brasileira, 1936.

_____. *Reflexões de um bode*. Rio de Janeiro: Gráfica Educadora, 1937.

BAUMAN, Z. *Modernidade e Holocausto*. Rio de Janeiro: Jorge Zahar, 1998.

BEIRED, J. L. *Sob o signo da nova ordem*. São Paulo: Loyola, 1999.

BESANÇON, A. *A infelicidade do século, sobre o comunismo, o nazismo e a unicidade da Shoah*. São Paulo: Bertrand Brasil, 2002.

BERNSTEIN, S. A cultura política. In: RIOUX, J. P.; SERINELLI, J. F. (Org.) *Por uma história cultural*. Lisboa: Estampa, 1998.

168 CARLOS GUSTAVO NÓBREGA DE JESUS

BLIKSTEIN, I. Le permanence de L'intextualité nazie: le cas de la Revisão Editora. *Revista Anpoll*, FFLCH/USP, São Paulo, n.6/7, p.37-45, jan./dez, 1999.

BOBBIO, N. *Direita e esquerda*: razões e significados de uma distinção política. São Paulo: Editora Unesp, 1995.

BOURDIEU, P. *O poder simbólico*. 4.ed. Rio de Janeiro: Bertand Brasil, 2001.

BREPOHL, M. Campo de concentração: experiência limite. *História: Questões e Debate*, Curitiba, ano 18, n.35, p.61-77, jul./ dez. 2001.

BUFFORD, B. *Entre os vândalos*: a multidão e a sedução das massas. São Paulo: Cia. das Letras, 1992.

BURKE, P. *A Escola nos Annales*: a revolução francesa da historiografia. São Paulo: Editora UNESP, 1997.

CANCELLI, E. *O mundo da violência*. Brasília: Editora da Universidade de Brasília, 1993.

CARDOSO, C. F.; VAINFAS, R (Org.) *Domínios da História*. Rio de Janeiro: Campus, 1997.

CARDOSO, F. H. FHC defende novo "pacto constitucional" em 2007. *Folha de S.Paulo*, São Paulo, 5 out. 2003, Brasil, p.A4.

CARNEIRO, M. L. T. *O anti-semitismo na Era Vargas (1930-1945)*. 2.ed. Rio de Janeiro: Brasiliense, 1995.

_____. *Brasil, um refúgio nos trópicos*. São Paulo: Estação Liberdade/Instituto Goethe, 1996a.

_____. *O discurso da intolerância*: fontes para o estudo do racismo, São Paulo, 1994. Fontes históricas – Abordagens e métodos – Programa de Pós-Graduação em História – Faculdade de Ciências e Letras – Unesp – Campus de Assis, 1996b.

_____. *Livros proibidos, idéias malditas*. São Paulo: Ateliê Editorial/Fapesp, 2002.

CARONE, E. *A Segunda República (1930-1937)*. São Paulo: Difel, 1973.

_____. *O Estado Novo (1937-1945)*. São Paulo: Difel, 1977.

CARVALHO, S. E.; KHAN, T. Dossiê Neonazismo. Boletim de Informação do Núcleo de Estudos da Violência da Universidade de São Paulo e da Comissão Teotônio Vilela. *Revista de História*, São Paulo, n.129-31, p.244-66, ago./dez. 1993 a ago./dez.1994.

CASTELLS, M. *A sociedade em rede*. 5.ed. São Paulo: Paz e Terra, 2001a.

_____. Paraísos comunais: identidade e significado na sociedade em rede. In: *O poder da identidade*. 5.ed. São Paulo: Paz e Terra, 2001b.

_____. A unificação da Europa: globalização, identidade e Estado em rede. In: *Fim do milênio*: tempo de mudança. 5.ed. São Paulo: Paz e Terra, 2001c.

CERTEAU, M. de. *A invenção do cotidiano*. 2.ed. Petrópolis: Vozes, 1996.

_____. *A escrita da História*. 2.ed. Rio de Janeiro: Forense, 2000.

CHARTIER, R. *A história cultural*: entre práticas e representações. Lisboa: Difel, 1990.

_____. A história hoje: dúvidas e desafios, propostas. *Estudos Históricos*, Rio de Janeiro, n.7, p.97-113, 1994.

_____. *A aventura do livro*: do leitor ao navegador. São Paulo: Editora Unesp, 1998.

CHASIN, J. *O integralismo de Plínio Salgado*: formas de representatividade do capitalismo hiper tardio. São Paulo: Ciências Humanas, 1978.

CHIAVINATO. J. J. *O inimigo eleito*: os judeus, poder e anti-semitismo. Porto Alegre: Mercado Aberto, 1985.

COSTA, M. R. C. *Carecas do subúrbio*: caminhos de um nomadismo moderno. São Paulo: Musa, 2000.

CRUZ. N. R. *Negando a História*: a editora Revisão e o neonazismo. Niterói, 1997. 240p. Dissertação (Mestrado em História) – Universidade Federal Fluminense.

CYTRYNOWICZ, R. *Integralismo e anti-semitismo nos textos de Gustavo Barroso na década de 30*. São Paulo, 1992. 277p. Dissertação (Mestrado em História) – Faculdade de Filosofia, Letras e Ciências Humanas, Universidade de São Paulo.

_____. As formas de lembrar e o estudo do Holocausto. In: MILLMAN, L.; VIZENTINI, P. F. (Org.) *Neonazismo, negacionismo e extremismo político*. Porto Alegre: Editora da UFRGS, 2000.

_____. Além do Estado e da ideologia: imigração judaica, Estado Novo e Segunda Guerra Mundial. *Revista Brasileira de História*, São Paulo, v.22, n.44, p.392-423, 2002.

DA MATTA, R. *Relativizando*: uma introdução à Antropologia social. Petrópolis: Vozes, 1984.

DE DECCA, E. O que é romance histórico? Ou, devolvo a bola pra você. Hayden White. In: AGUIAR, F.; MEIHY, J. E. S. B.; VASCONCELOS, S. G. T. (Org.) *Gêneros de fronteira*. Cruzamento entre o histórico e o literário. São Paulo: Xamã, 1997.

_____. O Holocausto: os tênues laços da história e da memória. *Temas e Matizes*. Cascavel: Comunicação Social da Unioeste, v.I, n.1, p.28-35, jul. 2001.

DIETRICH, A. M. *A caça às suásticas*: o partido nazista em São Paulo – Sob a mira da polícia política. São Paulo, 2001. 306p. Dissertação (Mestrado em História) – Faculdade de Filosofia, Letras e Ciências Humanas, Universidade de São Paulo.

DIETRICH, A. M. et al. *Inventário Deops*. Módulo I: Alemanha. São Paulo: Arquivo do Estado/Imprensa Oficial, 1997.

DOSSE, F. *A história em migalhas*: dos Annales à Nova História. 3.ed. Campinas: Editora da Unicamp, 1994.

FAUSTO, B. *A Revolução de 1930*: historiografia e história.16.ed. São Paulo: Cia. das Letras, 1997.

_____. *História do Brasil*. 6.ed. São Paulo: Edusp, 1998.

170 CARLOS GUSTAVO NÓBREGA DE JESUS

FERREIRA, A. C. História e literatura: fronteiras móveis e desafios disciplinares. *Revista Pós-História*. Programa de Pós-Graduação em História. Unesp, Assis, v.4, p.23-44, 1996.

FINKELSTEIN, N. G. *A indústria do Holocausto*. 3.ed. Rio de Janeiro: Record, 2000.

FLORENTIN, M. *Guia da Europa Negra*: sessenta anos de extrema-direita. Lisboa: Publicações Europa-América, 1994.

FOUCAULT, M. *Arqueologia do saber*. Petrópolis: Vozes, 1972.

_____. *Em defesa da sociedade*. São Paulo: Martins Fontes, 2000.

GERTZ, R. *O fascismo no Sul do Brasil*. Porto Alegre: Mercado Aberto, 1987.

_____. *O perigo alemão*. Porto Alegre: Editora da UFRGS, 1998.

GINZBURG, C. *Mitos, emblemas e sinais*. São Paulo: Cia. das Letras, 1989.

_____. Solo un testigo. *Revista do Instituto Nacional de Antropologia e História*, México, n.32, p.3-20, abr.-set., 1994.

_____. Prefácio à edição italiana. In: _____. *O queijo e os vermes*. São Paulo: Cia. das Letras, 1998.

GOLDHAGEN, D. J. *Os carrascos voluntários de Hitler*. 2.ed. São Paulo: Cia. das Letras, 1999.

GOMES, A. C. *Essa gente do Rio*. Rio de Janeiro: Editora da FGV, 1999.

_____. O ministro e sua correspondência: projeto político e sociabilidade. In: _____. (Org.) *Capanema: o ministro e seus ministérios*. Rio de de Janeiro: Editora da FGV, 2000.

GUIRBENEAU, M. *Nacionalismos: o estado nacional e o nacionalismo no século XX*. Rio de Janeiro: Jorge Zahar, 1997.

HALBWACHS, M. *A memória coletiva*. São Paulo: Vértice, 1990.

HOBSBAWM, E. *A era dos extremos*. 2.ed. São Paulo: Cia. das Letras, 1999.

_____. *Sobre História*. São Paulo: Cia. das Letras, 2000.

HOCKENOS, P. *Livres para odiar*. Neonazistas: ameaça e poder. São Paulo: Scritta, 1995.

HUNT, L. *A nova história cultural*. São Paulo: Martins Fontes, 1992.

IANNI, O. *A era do globalismo*. Rio de Janeiro: Civilização Brasileira, 1997.

INÁCIO, I. C. *Quando fala o presente...* História e reminiscência. São Paulo, 1990. 432p. Dissertação (Mestrado em História Social) – Faculdade de Filosofia, Letras e Ciências Humanas, Universidade de São Paulo.

JESUS, C. G. N. Neonazismo: uma nova roupagem para um velho problema. *Revista Akrópolis*, Umuarama, Pr, v.11, n.2, p.67-74, abr./jun., 2003.

JULLIARD, J. *O fascismo está voltando*. Petrópolis: Vozes, 1997.

KHAN, T. *Ensaios sobre racismo*. São Paulo: Conjuntura, 2000.

KOLTAR, C. O estrangeiro no processo de globalização ou a insustentável estrangeridade do outro. In. DOWBOR, L. et al. *Desafios da globalização*. Petrópolis: Vozes, 1997.

KRISCHKE, J. O movimento de Justiça e direitos Humanos e a luta contra a Revisão Editora no Brasil: relato de minha militância. In: MILLMAN, L.; VIZENTINI, P. F. *Neonazismo, negacionismo e extremismo político*. Porto Alegre: Editora da UFRGS, 2000.

LAFER, C. Racismo. O STF e o caso Ellwanger. *O Estado de S. Paulo*, São Paulo, 20 jul. 2003. Disponível em: <www.estado.estadão com.br./jornal/ 03/ 07/ 20/ news070. html> Acessado em: 21 jul. 2003a.

_____. Um voto a favor do rascismo. *O Estado de S. Paulo*, São Paulo, 7 set. 2003. Disponível em: <www.estado.estadão com.br./jornal/ 03/ 10/ 07/ news070. html> Acessado em: 8 set. 2003b.

LE GOFF, J. *História e memória*. 2.ed. Campinas: Editora da Unicamp, 1992.

LENHARO, A. *Sacralização da política*. Campinas: Papirus, 1986.

_____. *Nazismo:* o triunfo da vontade. 3.ed. São Paulo: Ática, 1991.

LESSER, J. *O Brasil e a questão judaica*. Imigração, diplomacia e preconceito. São Paulo: Imago, 1995.

_____. *A negociação da identidade nacional*. São Paulo: Editora Unesp, 2001.

LEVI, P. *É isto um homem?* Rio de Janeiro: Rocco, 1988.

_____. *Os afogados e os sobreviventes*. Rio de Janeiro: Paz e Terra, 1990.

LÉVY, P. *O que é virtual?* São Paulo: Editora 34, 1996.

_____. *As tecnologias da inteligência*: o futuro do pensamento na era informática. 4.ed. São Paulo: Editora 34, 1997.

_____. *Inteligência coletiva*: por uma antropologia do ciberespaço. São Paulo: Loyola, 1998.

_____. *Cibercultura*. São Paulo: Editora 34, 1999.

LOCKE, J. *Carta a respeito da tolerância*. Trad. Jacy Monteiro. São Paulo: Ibrasa, 1964.

LUCA, T. R. *A Revista do Brasil*: um diagnóstico para a (N)ação. São Paulo: Editora UNESP, 1999.

LUIZETTO, F. V. *Os constituintes em face da imigração*. São Paulo, 1975. 180p. Dissertação (Mestrado em História) – Faculdade de Filosofia, Letras e Ciências Humanas, Universidade de São Paulo.

MACIEL, M. Feita com olho no retrovisor. *Folha de S.Paulo*, São Paulo, 5 out. 2003, Brasil, p.A8.

MAGALHÃES, M. B. A Alemanha no Brasil durante a Segunda Guerra. In: COGGIOLA, O. *Segunda Guerra Mundial, um balanço histórico*. São Paulo: Xamã / FFLCH-USP, 1995.

_____. *Pangermanismo e nazismo*: a trajetória alemã rumo ao Brasil. São Paulo; Campinas: Fapesp/Unicamp,1998.

_____. Campo de concentração: experiência limite. *História: Questões e Debate*. Curitiba, ano 18, n.35, p.61-77, jul./dez. 2001.

MAIO, M. C. *Nem Rotschild nem Trostsky*. O pensamento anti-semita de Gustavo Barroso. Rio de Janeiro: Imago, 1992.

MICELI, S. *Intelectuais à brasileira*. São Paulo: Cia. das Letras, 2001.

MILL, J. S. *Da liberdade*. Trad. Jacy Monteiro. São Paulo: Ibrasa, 1963.

MILLMAN, L. Negacionismo: gênese e desenvolvimento do extermínio conceitual. In: MILLMAN, L.; VIZENTINI, P. F. (Org.) *Neonazismo, negacionismo e extremismo político*. Porto Alegre: Editora da UFRGS, 2000.

MOTTA, R. P. S. *Em guarda contra o "perigo vermelho"*: o anticomunismo no Brasil (1917-1964). São Paulo: Perspectiva/Fapesp, 2002.

MORAES, V. *Pequena história do anti-semitismo*. São Paulo: Difusão Européia do Livro, 1971.

NASCIMENTO, E. P. Globalização e exclusão social: fenômenos de uma nova crise da modernidade? In: DOWBOR, L. et al. *Desafios da globalização*. Petrópolis: Vozes, 1997.

NAZÁRIO, L. Filmes fazem difusão do nazismo. *O Estado de S. Paulo*, São Paulo, 9 maio 1995, Caderno 2, p.D7.

NEGROPONTE, N. *Vida digital*. São Paulo: Cia. das Letras, 1995.

NOLTE, E. Um passado que não quer passar. *Novos Estudos CEBRAP*, São Paulo, n.25, p.11-5, out. 1989.

NORA, P. Entre mémoire e histoire: la problématique de lieux. In: ___. *Les lieux de memóire I*: La République. Paris: Gallimard, 1984.

OLIVEIRA, L. L. *Estado Novo: ideologia e poder*. Rio de Janeiro: Zahar, 1982.

_____. *A questão nacional na Primeira República*. São Paulo: Brasiliense, 1990.

_____. Cultura e identidade nacional no Brasil do século XX. In: GOMES, A. de C.; PANDOLFI, D. C.; ALBERTI, V. (Coord.) *A República no Brasil*. Rio de Janeiro: Nova Fronteira, 2002.

ORTIZ, P. H. F. *Z@patistas on line*. São Paulo, 1997. 366p. Dissertação (Mestrado em Comunicação) – Escola de Comunicação e Artes – Universidade de São Paulo.

PALIAKOV, L. *Mito ariano*. São Paulo: Perspectiva, 1974.

PAULA, R. P. *Contestações à nação*: um estudo do movimento separatista o Sul é o meu país. Assis, 2001. 139p. Dissertação (Mestrado em História) – Faculdade de Ciências e Letras, Universidade Estadual Paulista.

PERAZZO, P. F. *O perigo alemão e a repressão policial no Estado Novo*. São Paulo: Imprensa Oficial/Arquivo do Estado, 1999.

PINHEIRO, P. S. STF e o racismo. *Folha de S.Paulo*, São Paulo, 8 jun. 2003, p.A3.

PORTELLI, A. O massacre de Civitella Val di Chiana (Toscana, 29 de julho de 1944): mito e política, luto e senso comum. In: AMADO, J.; FERREIRA, M. M. (Org.) *Usos e abusos da história oral*. 2.ed. Rio de Janeiro: Editora da FGV, 1998.

RAGO, F. A. *A crítica romântica à miséria brasileira*: O integralismo de Gustavo Barroso. São Paulo, 1989. 436p. Dissertação (Mestrado em História) – Pontifícia Universidade Católica.

RÉMOND, R. Uma história presente. In: RÉMOND, R. (Org.) *Por uma história política*. Rio de Janeiro: Editora UFRJ/FGV, 1996.

RICOEUR, P. *História e verdade*. 2.ed. Rio de Janeiro: Forense, 1963.

_____. Etapa atual do pensamento sobre a intolerância. In: DUCROCQ, F. B. et al. *A intolerância*: foro internacional sobre a intolerância. Rio de Janeiro: Bertrand Brasil, 2000.

RIOUX, J. P. A memória coletiva. In: RIOUX, J. P.; SIRINELLI, J.-F. (Org.) *Por uma história cultural*. Lisboa: Estampa, 1998.

ROSENFELD, A. *Mistificações literárias*: "Os Protocolos dos sábios de Sião". 2.ed. São Paulo: Perspectiva, 1982.

ROSENTHAL, G. A estrutura e a gestalt das autobiografias e suas conseqüências metodológicas. In: AMADO, J.; FERREIRA, M. M. (Org.) *Usos e abusos da história oral*. 2.ed. Rio de Janeiro: Editora da FGV, 1998.

ROUSSO, H. A memória não é mais o que era. In: AMADO, J.; FERREIRA, M. M. (Org.) *Usos e abusos da história oral*. 2.ed. Rio de Janeiro: Editora da FGV, 1998. p.95.

SA, L. F. Os filhos do führer. *IstoÉ/Senhor*, São Paulo, n.1051, p.63, nov. 1989.

SALEM, H. *Tribos do mal*: neonazismo no Brasil e no mundo. São Paulo: Atual, 1997.

SANT'ANNA, S. B. B. *A história palinódica*. São Paulo, 1991. 830p. Tese (Doutorado em História Social) – Faculdade de Filosofia, Letras e Ciências Humanas, Universidade de São Paulo.

SANTOS, V. T. *Inventário Deops*. Módulo V: italianos. São Paulo: Arquivo do Estado/Imprensa Oficial, 2001.

SEIXAS, J. C. Os percursos da memória em terras de história: problemáticas atuais. In: BRESCIANE, S.; NEXARA, M. (Org.) *Memória e (re) sentimento*. Campinas: Editora da Unicamp, 2001.

SILVA, D. P. E. *Dicionário Jurídico*. Rio de Janeiro: Forense, 1991. v.II.

SILVEIRA, S. A. *Poder no ciberespaço*: o Estado-Nação, regulamentação e o controle da internet. São Paulo, 2000. 168p. Dissertação (Mestrado em Ciência Política) – Faculdade de Filosofia, Letras e Ciências Humans, Universidade de São Paulo.

SIRINELLI, J. F. Os intelectuais. In: RÉMOND, R. (Org.) *Por uma história política*. Rio de Janeiro: Editora UFRJ/FGV, 1996.

SORLIN, P. *O anti-semitismo alemão*. São Paulo: Perspectiva, 1974.

SPERBER, M. C. História das teorias da intolerância. In: DUCROCQ, F. B. et al. *A intolerância*: foro internacional sobre a intolerância. Rio de Janeiro: Bertrand Brasil, 2000.

174 CARLOS GUSTAVO NÓBREGA DE JESUS

STRAUSS, D. Eterno exílio. In: CARNEIRO, M. L. T. (Org.) *Brasil, um refúgio nos trópicos.* São Paulo: Estação Liberdade/ Instituto Goethe, 1996.

TORRESSINI, E. R. *Editora Globo: uma aventura editorial dos anos 30 e 40.* São Paulo: Edusp/Editora da UFRGS, 1999.

TRAINOR, I. Alemanha acha e publica diário de Hitler. *O Estado de S. Paulo,* São Paulo, 12 set. 1999. Caderno 2, p.D11.

TRINDADE, H. *Integralismo:* o fascismo brasileiro na década de 1930. São Paulo: Difel, 1979.

VIANNA, O. *Evolução do povo brasileiro.* 3.ed. São Paulo: Cia. Editora Nacional, 1938a.

_____. *Raça e assimilação.* 2.ed. São Paulo: Cia. Editora Nacional, 1938b.

VIDAL-NAQUET, P. *Os assassinos da memória.* Campinas. Editora da Unicamp, 1987.

VILADARGA, V. Livraria de Barcelona propaga o nazismo. *O Estado de S. Paulo,* São Paulo, 15 nov. 1995, Caderno 2, p.D12.

VILMAR, D. K. A negação dos assassinatos em massa do nacional-socialismo: desafios para a ciência e para educação política. In: MILLMAN, L.; VIZENTINI, P. F. (Org.) *Neonazismo, negacionismo e extremismo político.* Porto Alegre: Editora da UFRGS, 2000.

VIZENTINI, P. F. O ressurgimento da extrema-direita e do neonazismo: a dimensão histórica e internacional. In: MILLMAN, L.; VIZENTINI, P. F. (Org.) *Neonazismo, negacionismo e extremismo político.* Porto Alegre: Editora da UFGRS, 2000.

VOLTAIRE. Tolerância. In: *Dicionário Filosófico.* São Paulo: Atena, 1959.

_____. *Tratado sobre a Tolerância.* Trad. Paulo Neves. São Paulo: Martins Fontes, 1993.

WHITE, H. *Trópicos do discurso:* ensaios a crítica da cultura. São Paulo: Edusp.1994.

_____. *Meta-história:* a imaginação histórica do século XIX. 2.ed. São Paulo: Edusp, 1995.

WIAZOVSKI, T. *Bolchevismo e judaísmo.* A comunidade judaica sob o olhar do Deops. São Paulo: Arquivo do Estado/Imprensa Oficial, 2001.

WINOCK, M. *O século dos intelectuais.* Rio de Janeiro: Bertrand Brasil, 2000.

I
ANEXO - ESPAÇO VIRTUAL

Editorial

Editorial

O Revisionismo Histórico vem lutando ao longo dos últimos 50 anos no sentido do resgate da Verdade Histórica.
Iniciando em fins dos anos 40 com breves e despercebidas - apesar de contundentes e irretorquíveis - contestações às inverdades e calúnias arquitetadas pelo sionismo judaico internacional - que iniciava àquela época o assalto final dentro do seu milenar plano de domínio mundial - a idéia revisionista vem obtendo reconhecimento e impulso sempre crescentes.
O revisionismo não é uma ideologia (a menos que se considere a procura da Verdade como algo intrinsecamente ideológico); o Revisionismo não é uma política partidária; o Revisionismo não tem poder econômico nem poder de imprensa ou de divulgação; não tem lideres ou chefe; não possui grupos centralizados ou organizados; o Revisionismo não tem normas específicas dogmas ou diretrizes rígidas ou imutáveis; está aberto à discussão lógica e racional com todos os segmentos do pensamento humano.
O revisionismo pode ser classificado como uma comunidade de pessoas espalhadas por todo o planeta, preocupadas com a busca da Verdade Histórica.
O Revisionismo não é sectário, racista, exclusivista, xenófobo. O Revisionismo não é de direita nem de esquerda, assim como a verdadeira História não pode ser de direita ou esquerda, xenófoba ou racista, definitiva e/ou imutável.
E ao longo desses últimos 50 anos o Revisionismo vem se empenhado unicamente em lançar novas luzes sobre o passado histórico da humanidade, pesquisando e demonstrando uma realidade muitas vezes completamente distinta daquilo que nos tem sido apresentado como verdade definitiva. Usando basicamente a lógica e a razão, os resultados não tem agradado ao status quo, ao establishment implantado - a ferro fogo e mídia - sobre a quase totalidade dos homens.
Esta é a função Revisonista. E esse é o motivo porque o Revisionismo é considerado o "Inimigo número 1 da humanidade"...

(Publicado no Boletim EP Esclarecimento ao pais - nº 16 - Nov/1996)

E-Mail | Lista de Preços-1| Lista de Preços-2 | VOLTA Página PRINCIPAL
Reconhecimento | Entrevista | II Guerra | Crimes de Guerra | Links

© 1999/2000 Desing By POWER Informatics (Webmaster)

http://www.revision.com.br/esc_editorial.html

05/12/00

REVISÃO Editora e Livraria Ltda.

Artigos publicados neste portal

-
-
-
-

O Portal da REVISÃO é a única Tribuna realmente Livre e Democrática no Brasil pois oferece, nos LINKS, enorme espaço contendo opiniões totalmente contrárias às pesquisas históricas que publica sob sua inteira responsabilidade, dando, dessa forma, uma oportunidade ímpar para os interessados poderem conhecer, refletir e opinar.

Criada em:
01 / Jun / 1999

Atualizada em:
03.01.2002

Os artigos publicados são produtos de pesquisas, perícias, acontecimentos, ou simples livre opinião. Destinam-se à ampliação do conhecimento e aperfeiçoamento do cidadão brasileiro sobre História e Política, e necessariamente não representam a opinião da REVISÃO.

BRASIL SEMPRE

Não temos poço de petróleo,
Não temos banco,
Não temos ouro roubado escondido...

**NECESSITAMOS SUA AJUDA
COMPRE - LEIA - PRESENTEIE LIVROS**

Para enfrentar os boicotes junto às livrarias,
e os processos que atrevidos e intolerantes
membros do judaísmo/sionismo nos movem
há mais de 12 anos, somos OBRIGADOS a pedir

REVISÃO Editora e Livraria Ltda.

sua , adquirindo nossas obras,
ou enviando doações em dinheiro, através de
depósitos nas contas abaixo descritas, ou por
cheques nominais cruzados, ou simples vales postais:

SUA CONTRIBUIÇÃO É FUNDAMENTAL
PARA MANTER A REVISÃO!

© 1998-2001 By - - RS - Brasil

http://www.revision.com.br/artigos_index.asp 20/01/02

ANEXO - PRIMEIRA FASE

180 CARLOS GUSTAVO NÓBREGA DE JESUS

Banqueiros Judeus Financiaram Hitler ?

Banqueiros Judeus Financiaram Hitler ?

Seguidamente essa questão é posta em pauta pelos historiadores de plantão.
Verdade ou mentira?
Em caso afirmativo, foi o que se chama popularmente de tiro pela culatra...

No outono de 1930 aconteceu algo intrigante para os observadores internacionais que controlavam os rumos da política na Alemanha: na eleição de setembro daquele ano, para o Parlamento, os nacionalsocialistas receberam 10 vezes mais votos do que na eleição anterior. E esse resultado passava a influir fundamentalmente no poder da República de Weimar.
Na época, a maioria dos experts políticos não encontrou justificativa para aquele acontecimento.
Somente em 1948, três anos após o término da guerra, apareceram os primeiros vestígios esclarecedores para o enigma referente ao descomunal crescimento dos nacionalsocialistas naquelas eleições, através de dois livros, um de autoria do escritor suíço Werner Zimmermann intitulado "Liebet eure Feinde", que significa "Amai vossos Inimigos" (Ed. Frankhauser, Neuf-Chatel) e outro livro, de Severin Reinhard, intitulado "Spanischer Sommer" ou seja, "Verão Espanhol" (Ed. Aehren) que viria a se transformar num clássico. Ambos convergem sobre a solução do misterioso enigma, sendo "Spanischer Sommer", a obra de Reinhard, mais ampla e esclarecedora.
Em 1933, em Amsterdã, a respeitável editora Van Holkeman & Warensdorfs, N.V., lançou um livro de 99 páginas com o sugestivo nome "Hitlers geheime Geldquellen", ou "As fontes de Dinheiro Secretas de Hitler", de autoria de Sidney Warburg, que reproduzia três conversações que o autor havia tido com Hitler.
Tendo em vista que os nacionalsocialistas já se encontravam no poder e tratando-se de assunto altamente secreto e "delicado", que não lhes interessava vir a público, a alta finança internacional providenciou a interceptação e a destruição da edição, antes que fosse para as livrarias.
Alguns livros, porém, escaparam da incineração, sendo que dois acabaram nas mãos do representante da Áustria em Haia, na Holanda, através da biblioteca da embaixada, que havia recebido dois volumes para catalogação. Assim os livros chegaram a Viena onde foram lidos pelo chanceler da época -e confidentes do mesmo -o qual, em virtude da situação política da Alemanha, não considerou oportuna a ocasião para qualquer comentário a respeito com von Papen, embaixador alemão em Viena. Preferiram enviar um homem de confiança à Suíça para procurar o Dr. Otto Strasser, um dissidente do nacionalsocialismo que havia publicado anteriormente o livro "Die Deutsche Bartolomäus-nacht" (A noite de Bartolomeu alemã), para entregar-lhe um dos livros.
Na continuação, o Dr. Strasser publicou, em 1936, uma pequena obra sobre o assunto intitulada "Finanzielle Weltgeschichte" (História financeira Mundial), que não teve nenhuma repercussão em virtude do alvoroço político e efervescência social que então reinavam na Europa.
Felix Warburg, da famosa família de financistas internacionais, judeu nascido na Alemanha, foi o organizador da linha de navegação alemã Hamburg-America Linie. Seu irmão Paul M. Warburg, por seu lado, fazia parte do governo do presidente Hoover dos EUA, na função de Secretário de Estado e sócio do Banco Kuhn, Loeb & Co., de Nova Iorque. Sidney

http://www.revision.com.br/esc_banqueiros.html

05/12/00

Banqueiros Judeus Financiaram Hitler ?

Warburg, autor do incinerado livro na Holanda, que usava às vezes outros prenomes, era filho de Paul.

Em julho de 1929, 14 meses antes das eleições do Parlamento alemão, o Guarantee-Trust Bank, de Wall Street, também pertencente ao grupo de Warburg, transmitiu ao jovem Sidney instruções para assumir a defesa dos interesses do ramo americano da família, pois, com a instabilidade política crescente na Alemanha, estavam em jogo os fornecimentos de mercadorias no valor em torno de 8 bilhões de dólares na Europa Central. O presidente do Guarantee-Trust Bank havia convidado para aquela sessão extraordinária os diretores do Banco de Reserva Federal americano, FED, o jovem Rockfeller da Standard Oil Co., além de MacGlean da Royal-Dutch Co. (Shell) e representantes de outros 5 bancos privados.

Quais os objetivos da reunião?

Sidney Warburg deveria procurar e apoiar, na Alemanha, um homem que liderasse uma revolução nacional. O Tratado de Versalhes beneficiara fantásticas vantagens à França, através das chamadas reparações de guerra, fato que permitia ao Banco da França desenvolver uma política considerada ameaçadora contra a moeda inglesa e contra o dólar.

Essa condição teria de ser bloqueada e o Tratado deveria ser modificado. A França deveria ser "enquadrada" e ficar sob observação...

Também deveriam ser afastados os russos, por praticarem preços baixos com os combustíveis, e os judeus do Leste deveriam ser mantidos à distância (sic!).

Resumindo: es especuladores de Wall Street desejavam uma Alemanha explorada por eles, não pela França. Quem poderia ajuda-los?

Sisney Warburg viajou para Munique onde encontrou Hitler e seu relações públicas, von Heydt. Hitler teria concordado com a ajuda e recebido imediatamente o primeiro pagamento para o seu partido, no valor de 10 milhões de dólares, correspondente a 40 milhões de marcos, uma quantia astronômica à época, através da casa bancária Mendelsohn & Co., de Amsterdã, com a finalidade de trocar seu movimento para frente. Isso em 1929, antes de ter aumentado em 10 vezes sua representação no Parlamento.

Em 1931 ficou periclitante a posição da libra inglesa e do dólar. A França recebia tão grandes fornecimentos da Alemanha que essa já não podia cobrir as demais dívidas de reparações e seus juros. Hitler teria solicitado mais dinheiro: 500 milhões de marcos para fazer uma "revolução verdadeira", ou 200 milhões para uma "tomada legal do poder". Warburg então intermediou mais 15 milhões de dólares através de Mendelsohn & Co., Rotterdamischer Bank, de Roterdã e do Banca Commerciale Italiana, de Roma, com 5 milhões cada.

Warburg teria viajado então para Roma, junto com Strasser, Heydt e Goering (!), onde -sempre segundo os dois autores citados -teria ficado hospedado na residência de Italo Balbo, viajando posteriormente de Gênova para Nova Iorque pelo navio Savoya.

No dia 30 de janeiro de 1933 Hitler assumiu a Chancelaria do Reich. Em fevereiro Warburg mantém seu último contato em Berlim, na Fasanenstrasse nº 28. O livro apreendido e incinerado de Sidney Warburg assinala ainda que, antes da eleição de 1933, teriam sido entregues a Hitler mais dois milhões de dólares através do Banco Rhenania de Düsseldorf e mais de 5 milhões através do Banca Commerciale.

Esses teriam sido os principais financiadores judeus para a tomada de poder de Hitler.

http://www.revision.com.br/esc_banqueiros.html   05/12/00

Banqueiros Judeus Financiaram Hitler ?

Se realmente esperavam que Hitler se transformasse em mais um difusor de seus interesses -fato "normal" em eleições, até os dias de hoje -cometeram então o maior engano de avaliação de suas vidas, pois estavam diante de alguém cujo objetivo político/ideológico visava, acima de tudo, o bem estar do seu povo, expresso através do símbolo da suástica (Vida Feliz), através do programa partidário e exposto, de antemão e com todas as letras, na sua obra "Minha Luta". Não acreditaram que se encontravam frente a um homem que tinha, na grandeza da sua pátria e nos compromissos com o seu povo, comprometimentos acima de quaisquer exigências estranhas, e que jamais se submeteria aos interesses de financiadores, quaisquer que fossem.
Na realidade esses financiamentos não passavam de uma desesperada tentativa para modificar as metas e pensamento de Hitler, sobre o capitalismo e o bolchevismo judaicos, perigos que ele nunca deixou de citar e combater.
Frustrados no empreendimento, somente lhes restou unirem-se ás vozes de intelectuais e líderes sionistas que já vinham trabalhando e propagando em várias partes do mundo uma campanha para levar a guerra à Alemanha, fato que culminou com a declaração judaica de guerra econômica e propagandística já no dia 23 de março de 1933, recém 50 dias após a posse de Hitler, conforme matéria de capa do Daily Express londrino daquela data.
Os capitalistas judaicos falharam na missão de subverter Hitler, amargando um revés inicial, logo correram atrás do prejuízo e em poucos anos incendiaram o mundo através da II Guerra Mundial, realizando multibilionários negócios de armamentos e equipamentos e, posteriormente, lucros mais fantásticos ainda com os programas de "reconstrução" e tomada de posse dos bens e das almas dos vencidos. Para deter Hitler e seu regime, que durante sua curta e exitosa existência não lhes concedeu o mínimo espaço, revelando ao mundo a face criminosa do sionismo judaico, não hesitaram -como não continuam hesitando até hoje -em causar a morte e sofrimentos inomináveis a milhões de seres humanos.

S. E. Castan

(Boletim-EP / Esclarecimento ao País Nº 20)

E-Mail | Lista de Preços-1| Lista de Preços-2 | VOLTA Página PRINCIPAL
Reconhecimento | Entrevista | II Guerra | Crimes de Guerra | Links

© 1999/2000 Desing By POWER Informática (Webmaster)

http://www.revision.com.br/esc_banqueiros.html

Anne Frank em Nova Versão...

Anne Frank em Nova Versão...

Quem poderá ainda acreditar no Diário de Anne Frank -símbolo do martírio do povo judeu na II Guerra Mundial? Simon Wiesenthal, no seu livro "Los Asesinos entre Nosotros", nos informa à página 176, que Anne Frank teria morrido no campo de concentração de Bergen Belsen, em março de 1945, vítima de tifo. Aliás, um dos poucos fatos passíveis de serem considerados como verdadeiros em toda sua quilométrica bibliografia. Na mesma obra ele informa que o pai de Anne Frank teria voltado em 1946 para a casa onde residira, em Amsterdã, tendo encontrado o diário no mesmo local, no chão, onde o soldado "SS" o havia arremessado, por ocasião da prisão da família...

Contrariando a versão de Wiesenthal, a revista semanal Manchete, de 21 de março de 1992, em matéria especial sobre o novo "diário" de Anne Frank, informa que os manuscritos, intactos, ficaram em poder da senhora Miep Gies desde o início e só foram entregues ao Sr. Otto, pai de Anne, no momento em que ficou claro que a menina não fazia mais parte deste mundo... Aliás, neste ponto, seria interessante verificar por quê a Srª Miep queria garantir que os manuscritos só fossem revelados após a certeza da morte da autora. Tem-se a impressão que desconfiava que o pai publicaria os diários à revelia, mesmo contra a vontade da filha...

Wiesenthal, em seu livro, informa que "diário" foi traduzido para 32 idiomas, convertido em peça teatral e também num filme, que comoveu os corações de milhões de pessoas -especialmente adolescentes -pelo mundo afora. Afirma que até hoje um grande número de jovens alemães se deslocam anualmente para o campo de Bergen Belsen, para rezar pela pobre Anne. O Institute for Historical Review, da Califórnia, Estados Unidos, oferece um prêmio em dinheiro para quem provar a autenticidade dos "diários". A falsificação foi comprovada, mais contundentemente ainda, após exames científicos da tinta usada nos seus escritos: verificou-se que parte dos textos foram escritos com caneta esferográfica, uma invenção dos anos 50.

Somente devido às descobertas e denúncias do revisionismo histórico é que vem caindo -um a um -os grandes mitos do "holocausto", dos quais o "diário" de Anne Frank era um dos sustentáculos mais importantes, principalmente por se dirigir aos corações e mentes dos jovens.

Falsificação Admitida

A revista Manchete, anteriormente citada, depois de admitir que o pai de Anne teria sido o responsável por "descaracterizações", cortes, censuras, modificações, etc., conclui que isso teria deixado o diário muito "vulnerável", diminuindo, evidentemente, a credibilidade do mesmo...

O lançamento do novo "diário" -fato que por si só já evidencia uma impostura dentro da impostura -vem demonstrar claramente que os eternos falsificadores da história tentam mais uma cartada para salvar esta inacreditável farsa, ao menos por mais algum tempo. Conforme a reportagem da revista, ficamos sabendo que a primeira versão vendeu mais de 16 milhões de exemplares. Provavelmente esperam repetir a dose com o novo "diário", agora "modernizado" e mais ao gosto do público atual, com passagens picantes sobre a sexualidade da menina... Fica-se a imaginar como será a terceira versão...

O toque final na manipulação, para encerrar com "chave de ouro" e demonstrar o descaso, a má fé e a própria arrogância destes veículos de

http://www.revision.com.br/esc_ane_trank.html   05/12/00

DIREITO de resposta contra FOLHA DE SÃO PAULO

No dia 05/06/00 encaminhamos a justiça, por ofensas-mentiras-calúnia e difamação, um Processo de indenização em dinheiro, contra a FOLHA DE SÃO PAULO e para publicação como Direito de Resposta a seguinte carta:

Porto Alegre, 29 de maio de 2000

À Folha de São Paulo
Agência de Porto Alegre

Em face das inaceitáveis ofensas e deformações publicadas por esse jornal nos dias 6, 11 e 13 de abril de 2000, a respeito de minha pessoa, Siegfried Ellwanger, como historiador e editor da REVISÃO Editora, solicito a publicação da seguinte Nota como DIREITO DE RESPOSTA:

Nas três reportagens e notas foram publicadas, entre outras, as seguintes inverdades, deformações, calúnias e difamações:

Que o editor havia sido condenado no Superior tribunal Federal, como Nazista, Neonazista, racista, anti-semitismo, deturpação de fatos históricos e autor de graves ofensas contra o judaísmo.

Esclareço que é inverdade que o STF me teria condenado, pois até a presente data não houve nenhum julgamento de mérito ou sentença sobre o equivocado processo da 3ª Câmara Criminal de POA-RS.

Apontar-me como **EDITOR NAZISTA, NEONAZISTA, RACISTA E ANTI-SEMITA** é sem dúvida uma das maiores ofensas que se pode atribuir a uma pessoa, quando após mais de 50 anos, diariamente até hoje, o nazismo é apresentado e acusado pela mídia, cinema e TV, como autor dos maiores crimes cometidos contra a humanidade. Quem não me conhece tem todas as possibilidades de acreditar nesse que é o jornal de maior tiragem e circulação do país.

Como brasileiro, sem dupla cidadania, ex-industrial, pesquisando, durante mais de 20 anos, a fundo os acontecimentos históricos e basicamente sobre a II Guerra Mundial, em centenas e milhares de livros, revistas, jornais, em vários idiomas e de todas as tendências, filmes, entrevistas pessoais e viagens ao exterior e a campos de concentração - sempre voltado a chegar o mais próximo possível da Verdade - escrevi em 1987 o livro com o título em forma de pergunta: "Holocausto Judeu ou Alemão ?".

Até esse ano ao contrário dos franceses, norte-americanos, canadenses, ingleses, espanhóis, argentinos, suecos, mexicanos, dinamarqueses etc. - somente tínhamos, durante mais de 40 anos, acesso as versões dos vencedores, fato que representou uma autêntica Lavagem Cerebral do nosso

DIREITO de resposta contra FOLHA DE SÃO PAULO

No dia 05/06/00 encaminhamos a justiça, por ofensas-mentiras-calúnia e difamação, um Processo de indenização em dinheiro, contra a FOLHA DE SÃO PAULO e para publicação como Direito de Resposta a seguinte carta:

Porto Alegre, 29 de maio de 2000

À Folha de São Paulo
Agência de Porto Alegre

Em face das inaceitáveis ofensas e deformações publicadas por esse jornal nos dias 6, 11 e 13 de abril de 2000, a respeito de minha pessoa, Siegfried Ellwanger, como historiador e editor da REVISÃO Editora, solicito a publicação da seguinte Nota como DIREITO DE RESPOSTA:

Nas três reportagens e notas foram publicadas, entre outras, as seguintes inverdades, deformações, calúnias e difamações:

Que o editor havia sido condenado no Superior tribunal Federal, como Nazista, Neonazista, racista, anti-semitismo, deturpação de fatos históricos e autor de graves ofensas contra o judaísmo.

Esclareço que é inverdade que o STF me teria condenado, pois até a presente data não houve nenhum julgamento de mérito ou sentença sobre o equivocado processo da 3ª Câmara Criminal de POA-RS.

Apontar-me como **EDITOR NAZISTA, NEONAZISTA, RACISTA E ANTI-SEMITA** é sem dúvida uma das maiores ofensas que se pode atribuir a uma pessoa, quando após mais de 50 anos, diariamente até hoje, o nazismo é apresentado e acusado pela mídia, cinema e TV, como autor dos maiores crimes cometidos contra a humanidade. Quem não me conhece tem todas as possibilidades de acreditar nesse que é o jornal de maior tiragem e circulação do país.

Como brasileiro, sem dupla cidadania, ex-industrial, pesquisando, durante mais de 20 anos, a fundo os acontecimentos históricos e basicamente sobre a II Guerra Mundial, em centenas e milhares de livros, revistas, jornais, em vários idiomas e de todas as tendências, filmes, entrevistas pessoais e viagens ao exterior e a campos de concentração - sempre voltado a chegar o mais próximo possível da Verdade - escrevi em 1987 o livro com o título em forma de pergunta: "Holocausto Judeu ou Alemão ?".

Até esse ano ao contrário dos franceses, norte-americanos, canadenses, ingleses, espanhóis, argentinos, suecos, mexicanos, dinamarqueses etc. - somente tínhamos, durante mais de 40 anos, acesso as versões dos vencedores, fato que representou uma autêntica Lavagem Cerebral do nosso povo, de difícil reversão. Estes estudos me levaram à tranqüila segurança de afirmar que o chamado holocausto judeu é a mentira do século, e levou-me a dar o sub-título ao livro: "Nos bastidores da Mentira do Século".

Esta certeza é confirmada diariamente quando se tem a oportunidade de observar como se manipula e distorce os acontecimentos reais, como no presente caso dos artigos da Folha, que cita "No seu livro "Holocausto judeu ou Alemão ? Nos Bastidores da Mentira do Século", ELLWANGER RECHAÇA a existência de campos de concentração e a morte de 6 milhões de judeus na II GM. O livro defende que as vítimas foram os alemães". Trata-se de lamentável e proposital difamação, que visa desacreditar-me perante os leitores que ainda não leram meu livro, pois no mesmo trato diversas vezes de campos de concentração, constando do mesmo até fotografias tiradas por mim.

Ao contrário da "informação" da Folha, esclareço que meu herói na juventude não foi o líder Nazista Adolf Hitler, mas sim o grande Estadista Brasileiro Getúlio Vargas, época em que aprendíamos a "batalhar de verdade" até nas escolas, seguindo a letra da canção Estudante do brasil, que era cantada no início das aulas.

Tem razão a Folha quando no final da Segunda Guerra Mundial TODOS os meios de comunicação da época, exibiam os horrores das guerras. Os filmes encomendados pelos vencedores a especialistas de cenas de horror, como o notório cineasta Alfred Hitjcok, que é o roteirista de um dos que mais assusta os espectadores, com as famosas cenas de Bergen Belsen, onde empregam tratorista e trator para profanar cadáveres como se fossem animais, são cenas que assustam até hoje.

Na época como jovem eu não tinha o menor motivo para sequer imaginar que não se tratava de cenas resultantes de "atrocidades". Hoje, até mesmo através do Prêmio Nobel Elie Wiesel, ex-prisioneiro de campos de concentração, sabemos que as mortes eram provocadas por diversos tipos de doenças, principalmente o tifo exantemático, que continuou a fazer milhares e milhares de vítimas, mesmo após os campos terem sido ocupados e controlados pelas forças aliadas.

Na continuação, a Folha afirma que em "Holocausto Judeu ou Alemão ?" ELLWANGER DIZ que os judeus "lutam contra nós mais eficazmente que os exércitos inimigos. (...) É de lamentar que todo o Estado, há tempo, não os tenha perseguido como a peste da sociedade e como os maiores inimigos da felicidade da América" (pg.59).

Informo que por causa de falsas, tendenciosas e inverídicas informações como as anteriores, encontradas em todas nossas pesquisas, os revisionistas estão sendo os grandes vencedores na luta pela verdade histórica, pois as palavras, criminosamente atribuídas a mim, pela Folha, são na realidade de GEORGE

WASHINGHTON, general e político, o 1º presidente dos EUA, reeleito para um 2º período e que recusou a 3º, cuja foto aparece nas notas de US$ 1,00, e que juntamente com Lincoln e Martin Luther king é a figura que recebeu as maiores honrarias do povo norte-americano. A citação completa é a seguinte: "Eles - os judeus - lutam contra nós mais eficazmente que os exércitos inimigos. São cem vezes mais perigosos para nossa liberdade e são o grande problema que temos. É de lamentar que todo o Estado, há tempos, não os tenha perseguido como a peste da sociedade e como os maiores inimigos da felicidade da América."

A citação consta a p.59/60, juntamente com pesadas acusações de BENJAMIM FRANKLIN, que aparece nas notas de US$ 100,00, e teve a finalidade de dar conhecimento das opiniões desses ilustres norte americanos, por serem raramente divulgadas.

No final do capítulo do meu livro, que aborda o assunto, declaro minha DISCORDÂNCIA sobre as expressões destes estadistas, fato que desmascara, mais uma vez, os deformadores da História, que atribuíram as palavras de Washington a mim.

Atenciosamente

Siegfried Ellwanger
(S. E. Castan)

Siegfried Ellwanger
Rua Dr. Voltaire Pires, 300/2
Porto Alegre - RS

E-Mail | Lista de Preços-1 | Lista de Preços-2 | VOLTA Pagina PRINCIPAL Reconhecimento | II Guerra | Crimes de Guerra | Links

© 99-2000 Desing By POWER Informatica (Web-Master)

Quem provocou a II Guerra Mundial

» Em 1840, há 159 anos, Sir Haim Montefiore, o Barão de Montefiore, filantropo judeu britânico escreveu: "Perdeis o tempo a tagarelar. Enquanto não se achar em nossas mãos a imprensa do mundo inteiro, tudo que fizermos será infrutífero. É preciso que dominemos a imprensa universal ou, ao menos influamos nela, se quisermos iludir e escravizar os povos".

» DAILY EXPRESS, de **24/03/33** (um mês após a posse de Hitler): "Declaração de guerra judaica à Alemanha. Decisões de todo o mundo comercial judaico, apontam para o corte total de comercialização com a Alemanha. No mercado monetário internacional, onde a influência judaica é importante, a Alemanha está altamente endividada. Um boicote conjugado dos compradores judeus executará um pesado golpe no comércio exterior alemão" (seis anos antes da guerra militar).

» No mesmo dia **24/03/33**, o Dr. Loewenstein, presidente da Liga Judaica Alemã, entregou ao embaixador dos EUA, em Berlim, uma nota para publicação na imprensa norte-americana, tendo em vista a guerra econômica decretada através do Daily Express. "É irresponsável a ação de difamação anti-alemã, que denominados intelectuais judaicos no exterior estão fazendo. Esses homens que na sua maioria nunca se apresentaram como alemães, que abandonaram a Alemanha e a sua própria comunidade religiosa na qual se apresentam como lutadores, preferindo fugir num momento crítico, perderam o direito de opinar sobre assuntos judaicos/alemães. As lanças que eles atiram dos seus seguros abrigos escondidos certamente prejudicam a Alemanha e os judeus alemães, não servindo de honra também para os que os abrigam. Seus comunicados tropeçam de tantos exageros".

» No dia 30/03/33, ainda em função da guerra comercial declarada contra a Alemanha, os Central-Verein Zeitung da comunidade judaica alemã escreveu: "Uma interminável propaganda de crueldade contra a Alemanha esta agitando o mundo. Através de cada palavra que é escrita ou falada contra nossa pátria (Alemanha), por cada boicote que é feito contra a Alemanha, nós os alemães-judeus somos atingidos da mesma forma que cada alemão. Não por obrigação, nem por medo nos levantamos contra determinados círculos estrangeiros que ofendem a honra do nome alemão, a terra de nosso país e de nossos filhos. **Do interior e do exterior conhecemos os mentirosos comunicados a respeito da Alemanha e do seu novo governo".** (Hitler estava empossado há um mês).

» Em resposta à posição dos judeus alemães. Chaim Weizmann, na qualidade então de presidente do Congresso Mundial Judaico, com sede em Londres, não teve dúvidas em fazer a seguinte declaração: "A mim pouco importa se a Alemanha fosse vítima da cólera ou do bolchevismo. Por mim podem vir ambas as pragas. **Prefiro ver o desaparcecimento dos judeus alemães, que o desaparecimento do Estado de Israel para os judeus. (!!!) Nós judeus formamos a mais poderosa Nação do Mundo, por possuirmos o poder e sabermos como aplica-lo. (!!!)"**

» Esta informação da maior autoridade judaica sionista Mundial, confirma claramente que os judeus formam um Estado dentro dos Estados que os abriga, pois na data dessa declaração, 1933, 6 anos antes da II Guerra Mundial, não

ANTI-SEMITISMO E NACIONALISMO, NEGACIONISMO E MEMÓRIA   189

existia o Estado de Israel, somente criado em 1948. Portanto os judeus da Inglaterra, EUA, França, Brasil etc. não são Ingleses, Americanos, Franceses ou Brasileiros, mas judeus formando a mais poderosa Nação do Mundo, com poder de levar as Nações a guerra em defesa de seus interesses !!!

» No dia 07/08/33, SAMUEL UNTERMEYER, na Federação Econômica Mundial Judaica, em Nova York: "Agradeço vossa entusiástica recepção, apesar de entender que ela não corresponde à minha pessoa, mas à Guerra Santa pela humanidade, que estamos levando a cabo. Trata-se de uma guerra onde se deverá lutar sem descanso nem quartel. Nossa campanha consiste, em um dos seus aspectos, no boicote contra todo seu comércio, navios e demais alemães."

» Vamos ver como a imprensa sionista tratava a Alemanha. **Em janeiro de 1934, cinco** anos **antes** do início da guerra militar, o líder sionista Wladimir Jabotinski declarou: "Nossos interesses judaicos exigem o DEFINITIVO EXTERMÍNIO DA ALEMANHA, todo POVO alemão também; caso contrário é um perigo para nós, e por isso é IMPOSSÍVEL permitir que a Alemanha sob um governo contrário (aos interesses judaicos) se torne forte" (!!!). O homem queria o extermínio de todos os alemães.

» No dia **24/05/34** o editor do American Hebrew, jornal judaico de Nova Iorque, informou ao escritor norte-americano R. E. Edmondson, de Oregon: "Nós estamos agindo para levar uma guerra à Alemanha."

» No dia **16/04/36**, o jornal judaico The Youngstown Jewish Times, de Ohio, EUA: "Após a próxima guerra não existirá mais a Alemanha. A um sinal a ser dado de Paris, a França e a Bélgica, assim como os povos da Tchecoslováquia se movimentarão para envolver o colosso alemão num ataque mortal. Eles separarão a Prússia e a Baviária e destruirão a vida nesses Estados."

» No dia **30/04/37** o Americano Hebrew: Os povos devem chegar a necessária conclusão de que a **Alemanha merece SER ELIMINADA do seio da família dos povos** (pregando o genocídio).

» No dia **18/12/38**, BERNARD LECACHE, no seu jornal Le Droit de Vivre: "É nossa missão conseguir alcançar uma guerra sem contemplação" (!).

» No dia **03/09/39**, CHAIM WEIZMANN, Presidente do Congresso Mundial Judaico, durante o Congresso: "Nós não desmintimos e não temos nenhum receio de reconhecer a verdade, que esta guerra (havia sido declarada naquele dia pela Inglaterra e França contra a Alemanha), **é NOSSA GUERRA, e que a mesma está sendo conduzida para obter a LIBERTAÇÃO DO JUDAÍSMO em geral**".

Será que nossos pracinhas e os milhões de mortos da II GM sabiam que lutavam pelo judaísmo ???

» No dia 13/09/39, o Centraalblad Voor Israeliten in Nederland (Holanda): "Milhões de judeus das Américas, Inglaterra, França, Africa e Palestina estão determinados a levar a **GUERRA DE EXTERMÍNIO (!) contra a Alemanha, até sua total destruição.**"

E-Mail | Lista de Preços-1| Lista de Preços-2 | VOLTA Página PRINCIPAL
Agradecimento | Entrevista | Reconhecimento | Crimes de Guerra

© 1999/2000 Desing By POWER Informática (Webmaster)

Quem Foram os Verdadeiros Ladrões de Dentes de Ouro

Após o término da II Grande Guerra, o mundo foi inundado por milhares de obras sobre o chamado "holocausto judeu", onde os alemães são representados com autênticas bestas em forma humana, que cometem todos os tipos de crimes e atrocidades que um cérebro maligno possa imaginar, contra o sempre inocente e imaculado povo que se autodenomina, até hoje, como eleito de Deus, num acintoso menosprezo aos demais povos, considerados, assim, como de segunda classe.

Os Aliados concordaram com a divulgação dessa farsa, pois a mesma servia como uma luva para justificar a mortandade indiscriminada e a destruição bestial que haviam causado à Alemanha. Afinal tinham sido efetuadas contra bandidos...

A coalizão Aliada era formada basicamente por países a serviço do sionismo/imperialismo capitalista, que conseguiu uma estranha aliança com a URSS, país sob o comando de Stalin, que era inimigo, tanto do sionismo quanto do capitalismo.

Esta coalizão confirmou-se efetivamente com a invasão do território soviético por parte da Alemanha, que rompeu um tratado de amizade e não-agressão de mútuo interesse, por serem países socialistas, voltados aos interesses de seus povos. Aquele tratado, finalmente rompido, apavorava os "conquistadores do mundo", que viam nessa aliança o fim de sua milenar ambição. Muitos fatos ainda restam a ser esclarecidos pelos historiadores, pois sabe-se, hoje, que caso a Alemanha não tomasse a iniciativa, a URSS o faria, já que havia mobilizado nada menos do que 160 divisões. O ataque à URSS tem algo a ver com o histórico vôo de Rudolf Hess à Inglaterra, em missão de paz, apenas 42 dias antes da invasão alemã. Não é por nada que o governo inglês considerou as conversações com o lugar-tenente de Hitler tão secretas que somente poderão ser reveladas 75 anos após, isto é, em 2016. Como Hess não tinha jeito de morrer e nem de perder a memória, os ingleses o assassinaram aos 93 anos de idade, na prisão de Spandau, justamente no momento em que se esboçava um movimento generalizado para a sua libertação.

A política de conseguir que países considerados anti-sionistas se confrontem e se desgastem já havia sido conseguida anteriormente com Alemanha X Polônia, e mais recentemente com Irã X Iraque. Os vencidos sempre são os maus.

Em Busca do Ouro

Quem não se lembra das tão repetidas "histórias" dos alemães que -entre milhares de outras acusações -arrancavam os dentes e obturações de ouro das bocas dos infelizes judeus, logo após serem mortos por gaseamento, casos que, somente em Auschwitz, chegavam a 20 mil pessoas por dia, de acordo com os grandes deformadores?

Conforme as fotos e através do próprio relatório polonês, constantes do meu livro "A Implosão da Mentira do Século" ficou provada a não-existência das câmaras de gás, ao ponto do próprio governo polonês ter mandado arrancar -logo após os exames de laboratório feitos em 1990 -os dizeres em letras metálicas que constavam do gigantesco monumento de Auschwitz, em 19 idiomas diferentes, e que mentirosamente, durante meio século, acusavam os alemães pelo assassinato de quatro milhões de crianças, mulheres e homens.

http://www.revision.com.br/esc_quem_foram.html

Quem Foram os Verdadeiros Ladrões de Dentes de Ouro

Como não havia câmaras de gás, também não podia haver a tão divulgada operação de arrancar dentes, obturações ou coroas de ouro, difamação que também fica implodida, como natural conseqüência.
Porém, durante a guerra relmente houve pessoas dedicadas a esta nefasta tarefa.
Muitos dos leitores devem se lembrar de um faccioso programa apresentado por Nei Gonçalves Dias, na TV Bandeirantes, entrevistando um dos maiores divulgadores do "holocausto" judeu, no Brasil, o Sr. Henry Nekryczx, vulgo Bem Abraham. Naquele programa foi apresentado com chocante filme mostrando aspectos do gueto de Varsóvia e o enterro de judeus numa vala comum. Na presença de um rabino, esqueléticos mortos eram colocados de qualquer maneira numa espécie de tobogã, por onde despencavam para dentro de enorme cova, causando, evidentemente enorme impacto em milhões de pessoas que assistiam o programa, alcançando, dessa forma, o objetivo da projeção, pois as pessoas eram induzidas a acreditar que se tratava de atrocidades alemãs.
Seguindo o lema de conferir e divulgar a história, consultei novamente o vasto material disponível no Centro Nacional de Pesquisas Históricas - CNPH, do qual sou presidente, para verificar o que as cenas mostradas pela Bandeirantes realmente representavam, pois foram passadas sem comentários e sobre elas ouvia-se unicamente um fundo musical, com a seguinte letra "Hitler -Hitler -Hitler, era um sujeito batuta, Hitler, Hitler..."
Naturalmente não se tratava de cenas de atrocidades "nazistas", mas sim, de um filme rodado pelos próprios alemães em 1941, como parte de um relatório ao Alto Comando, visando providências quanto à terrível epidemia de tifo que grassava em agosto/setembro daquele ano, no gueto de Varsóvia, que era administrado por um Conselho Judaico, que possuía, inclusive, sua própria policia uniformizada. Por motivo dessa terrível doença, aparecem nas cenas esqueléticos mortos nas calçadas, outros sendo carregados em pequenas carretas até o local do enterro na vala comum.
Tanto o recolhimento dos cadáveres, como o enterro era feito exclusivamente por judeus, sob orientação do próprio Conselho Judaico e assistido por rabinos.

"Coisas Terríveis"
Transcrevo agora o que um judeu, o historiador Dr. Emanuel Ringelbaum (que tem seus "originais" conservados no "museu" do "holocausto" recentemente inaugurado em Washington) citou em suas "Memórias das ruas de Varsóvia" a respeito dessa epidemia de tifo, referindo-se a setembro de 1941:
"Acontecia coisas terríveis no cemitério. A forma comum de enterrar os pobres (sic) era atira-los como cães nas valas coletivas, mas isso não é tudo. À noite se escavam os túmulos, se tiram os dentes de ouro e se roubam as mortalhas. Ultimamente houve um inquérito disciplinar contra policiais judeus que se dedicavam a tais práticas. Em uma palavra: o mais baixo nível de degradação."
Em dezembro, ainda do ano 1941, o mesmo historiador fez a seguinte anotação:
"No início de dezembro ouvi falar a respeito de um bando de marginais judeus, que se dedicavam a arrancar dentes de ouro dos mortos. O bando costumava desenterrar, de noite, os cadáveres e tirar as coroas de dentes que encontravam. A coisa chegou ao conhecimento das autoridades (judaicas), que abriram um inquérito e prenderam os culpados".

http://www.revision.com.br/esc_quem_toram.ntml   05/12/00

Quem Foram os Verdadeiros Ladrões de Dentes de Ouro

Estas foram, até hoje, as únicas provas que consegui sobre dentes arrancados de judeus mortos e, para azar dos deformadores da história, os autores não foram alemães, porém membros da própria comunidade judaica.

Outro Caso
Mas esse desrespeito, degradação e sede por ouro teria parado por aí? Temos certeza que não, pois conseguimos detectar novo caso, desta vez envolvendo um fuzileiro naval judeu, sendo que as vítimas, desta vez, foram soldados japoneses mortos durante a batalha de Guadalcanal, quando a guerra na Europa já havia terminado. Vamos ao relato das recordações do correspondente de guerra norte-americano, no livro intitulado "Guadalcanal": "Na popa do "Elliott", um fuzileiro chamado Phil Chafee estava no meio de um grupo sorridente de marines. Falava com o sotaque característico do Maine, sacudindo com uma mão o saco vazio de tabaco Bull Durham e, ocasionalmente, erguendo a outra para torcer as pontas de um vasto bigode recurvado.
Rapazes -dizia ele -vou fazer uma fortuna nesta guerra. Ouvi dizer que todos os japoneses têm dentes de ouro. Por isso -grunhiu, retirando um objeto do seu bolso -arranjei uma lanterna. Os homens estouravam em risos e Chafee retrucou: Riam, seus condenados! Mas eu vou cavar ouro. Talvez as Minas do Rei Salomão, como dizem, mas eu vou conseguir o meu saco cheio de ouro, custe o que custar. Sorriu e sacudiu o saco -Ouro puro! Naquela tarde os útimos japoneses foram aniquilados. Os colecionadores de lembranças começaram a mover-se entre os mortos. Phil Chafee estava entre eles. Começara a sua busca do ouro. Movendo-se cautelosamente, abria com pontapés as bocas dos mortos, iluminando-as com lanterna, até descobrir o que queria. Então enfiava seu alicate e puxava. Assim, um dos vencedores ia recolhendo seus hediondos troféus. No livro "O Círculo Vicioso", de Maragno de Lacerda, há a seguinte citação: "Judeus americanos que lutavam como marines (em Guadalcanal), carregavam um saquinho pendurado no pescoço, cheios de dentes de ouro".

Um Alerta
Baseado nesse tipo de descoberta de denúncias é que chamo a atenção das autoridades brasileiras para o intento sionista -conforme resolução adotada em Bruxelas, em julho de 1992 durante reunião do Congresso Mundial Judaico (EP's 6 e 8) -de promover programas de educação sobre a história judaica e "holocausto", das escolas primárias até as universidades do Brasil e de todo o mundo, sob o disfarçado título de "combate ao racismo".
É a intenção de manter, por mais cinqüenta anos, a terrível Mentira do Século. Quem denunciar e revelar suas maquinações e falsidades, será taxado de "racista", "anti-semita", "nazista"!!!...
O deputado Fábio Feldman, sionista, é um dos principais articuladores dessa missão na Câmara Federal, inclusive junto à Conferência Nacional dos Bispos do Brasil - CNBB, para a adoção dessa cartilha do ódio também nas escolas católicas do nosso país.
Chega de mistificação, deformações e mentiras! Não podemos permitir que interesses estranhos à nacionalidade brasileira idiotizem nossos filhos e nosso povo. A passividade tem limites! Com a palavra, nossos governantes, legisladores, autoridades civis, militares e eclesiásticas, que não devem se deixar envolver em mais essa trama dos, sempre insinuantes, geralmente eficientes, mas totalmente fanáticos sionistas, com sua tradicional habilidade

http://www.revision.com.br/esc_quem_foram.html   05/12/00

Quem Foram os Verdadeiros Ladrões de Dentes de Ouro

em apresentar-se com vítimas, para poderem alcançar seus objetivos de hegemonia mundial.

S. E. Castan

(Boletim-EP / Esclarecimento ao País Nº 10)

E-Mail | Lista de Preços-1 | Lista de Preços-2 | VOLTA Página PRINCIPAL
Reconhecimento | Entrevista | II Guerra | Crimes de Guerra | Links

© 1998/2000 Desing By POWER Informática (Webmaster)

http://www.revision.com.br/esc_quem_foram.html

05/12/00

ENTREVISTA DE S.E.CASTAN NÃO PUBLICADA PELA REVISTA ISTOÉ:

No dia 15 de fevereiro de 2000, o Sr. Aziz, subeditor da revista ISTOÉ telefonou para o Sr. S.E. Castan pedindo para fazer uma importante entrevista sobre as eleições da Áustria e outros assuntos revisionistas em geral, prontificando-se inclusive a viajar do Rio de Janeiro para Porto Alegre. O Sr. S.E.Castan acertou então com o Sr. Azziz uma forma menos onerosa para a revista: A ENTREVISTA SERIA FEITA PELA INTERNET. O SR. AZZIZ ENVIARIA AS PERGUNTAS E S.E.CASTAN AS RESPONDERIA.

Efetivamente as perguntas vieram no dia 16/2 e foram respondidas no mesmo dia, atrazando uma viagem do Sr. Castan. Na ocasião ficou entendido que a entrevista somente seria publicada na revista a sair no dia 27/2.

Em virtude da revista não ter publicado a entrevista no prazo acertado, transcrevemos a mesma a seguir, para que os internautas e leitores tomem conhecimento INTEGRAL da mesma:

REVISTA ISTOÉ: Conforme nosso contato, estou enviando as perguntas para a reportagem sobre os movimentos brasileiros que apóiam, ao contrário do dito "sense comum", movimentos como o do Partido da Liberdade, de Haider, na Áustria. Em primeiro lugar, gostaria de saber se seu nome se escreve assim: Siegfried Ellwanger.

S.E.CASTAN: Aquilo que o Sr. intitula "senso comum" não passa de resultado da xenófoba imprensa sionista, os impunes deformadores da história, que não gostaram da formação na Áustria de um governo democraticamente eleito pelo povo. Provavelmente, por acharem que êsse novo governo não vai dançar totalmente dentro do ritmo que estão habituados a impor na maior parte do mundo ocidental, numa atitude ditatorial e de desrespeito total à autodeterminação dos povos, acionaram seu já conhecido e poderoso arsenal de difamação - a mídia, para influenciar negativamente a opinião pública mundial, procurando dessa forma intimidar e até desestabelizar a Áustria. O partido de Haider, que sugestivamente se chama da Liberdade, possue um deputado no Parlamento Europeu que é judeu!!!

REVISTA ISTOÉ: O objetivo principal da Editora Revisão é publicar livros que questionam a versão judaica da história? Que números podemos ter para medir a abrangência de sua editora? Tiragem?

S.E.CASTAN: O objetivo principal é conferir e divulgar a história em geral e não apenas as versões sionistas, que foram desmascaradas, com referência à II G.M., nas partes mais importantes, que são o suposto "holocausto", onde teriam sido assassinados 6 milhões de judeus, em inexistentes câmaras de gás, que até hoje são uma exclusividade dos EUA; o diário de Anne Frank, escrito com caneta esferográfica que só foi inventada após a morte da menina; as revelações de quem provocou e levou o mundo à guerra; a insana e criminosa destruição de mais de 90% das cidades alemãs; o massacre de milhares de soldados e intelectuais poloneses em Katyn, crime que falsamente haviam atribuído aos alemães e até terem executado oficiais por esse motivo; etc. etc.

Não tenho os números, mas o livro de maior tiragem foi "Holocausto Judeu ou Alemão? Nos Bastidores da Mentira do Século", de minha autoria, com 29 edições em português, mas editado também em inglês, espanhol e alemão.

REVISTA ISTOÉ: Por que o senhor considera o revisionismo importante?

S.E. CASTAN: Em história não podemos ficar apenas com versões dos vencedores, sob pena de cometer injustiças.

REVISTA ISTOÉ: O senhor apóia o Movimento pela Independência do Pampa? Por que?

S.E. CASTAN: Não. Eu quero um Brasil grande e unido, para fazer a felicidade do nosso sofrido povo.

REVISTA ISTOÉ: O senhor tem algum livro proibido de circular pela Justiça. Quais?

S.E. CASTAN: Não existe nenhum livro nosso proibido. Seria um absurdo proibir a circulação de livros de autores laureados por nossas Academias de Letras, de um Henry Ford - o industrial do século, ou meu livro que não tem uma única incitação ao racismo.

REVISTA ISTOÉ: O senhor já foi preso? Quando? Por que?

S.E. CASTAN: Não.

REVISTA ISTOÉ: O senhor já foi condenado em alguma ação judicial? Quando? Por que?

S.E. CASTAN: Fui condenado por racismo, num equivocado processo em 2ª Instância, que levou menos de DOIS MÊSES, após ter sido ABSOLVIDO por unanimidade no 1º Julgamento, que durou quase CINCO ANOS. Apelamos para Instância Superior.

Teve um outro processo no qual fui condenado a pagar ao "sobrevivente-historiador" BEN ABRAHAM a

ANTI-SEMITISMO E NACIONALISMO, NEGACIONISMO E MEMÓRIA 195

importância de R$ 20.000 por tê-lo taxado de mentiroso, enquanto o Sr. BEN foi condenado a indenizar-me com o mesmo valôr de R$ 20.000, por ter mentido a meu respeito!!!...

REVISTA ISTOÉ: O senhor me disse que está processando alguém também. Podemos saber quem são os réus nas ações que o senhor deu entrada na Justiça?

S.E. CASTAN: Temos dois processos pendentes, um que encaminhamos contra a revista Manchete e outro contra o jornal Noícias Populares, por calúnia e difamação, pois fui taxado de nazista, neo-nazista, racista, anti-semita, e acusado de ser contra negros e nordestinos.
Informo que processarei toda pessoa ou entidade que me caluniar ou difamar.

REVISTA ISTOÉ: Qual sua idade? O senhor é gaúcho? Descende de alemães?

S:E: CASTAN: Tenho 71 anos, sou brasileiro. Meus bisavós foram colonos que vieram da Alemanha como imigrantes e adotaram o Brasil como sua pátria. Não tinha dupla cidadania.

REVISTA ISTOÉ: Qual o livro editado pela Revisão que mais vendeu? Podemos ter uma lista dos três mais vendidos e a tiragem de cada um?

S.E. CASTAN: O mais vendido foi "Holocausto Judeu ou Alemão? " . Não tenho em mãos a estatística dos mais vendidos, bem como a tiragem de cada.

REVISTA ISTOÉ: Desde quando existe a Editora? Quandos livros já publicou?

S.E. CASTAN: Desde 1989. Não tenho esses dados.

REVISTA ISTOÉ: O crescimento de movimentos nacionalistas como o de Haider na Áustria pode ser considerado uma ameaça à democracia mundial?

S:E: CASTAN: A qual democracia mundial o Sr. se refere? Essa intolerante e xenófoba ditadura que se coloca contra a sagrada autodeterminação dos povos? Eu sou nacionalista e estou preocupado e triste com a entrega das nossas estatais, bancos e firmas a grupos estrangeiros. Por eu não conhecer bem o assunto, os especialista em Economia bem que poderiam uma vez examinar como Hitler conseguiu tornar a Alemanha forte e sem desemprego, em curto prazo, sem fazer empréstimos no exterior e sem vender as firmas alemãs.

REVISTA ISTOÉ: Num país miscigenado como o Brasil, o senhor acha possível o crescimento de alguma doutrina semelhante à do nazismo no que diz respeito à purificação da raça?

S.E. CASTAN: Se purificação de raça significa nazismo, recomendo ao Sr. fazer uma reportagem sobre miscigenação nas organizações sionistas no Brasil.

REVISTA ISTOÉ: O senhor acha que Adolf Hitler foi injustiçado pela história oficial? E Mussolini? Por que?

S.E. CASTAN: Ninguém é perfeito mas a demonização diária de Hitler apenas é o resultado de uma lavagem cerebral de mais de 70 anos. Mussolini e Heroíto, que foram seus grandes aliados, recebem poucos ataques.

REVISTA ISTOÉ: Na sua opinião, como a sociedade deve encarar suas minorias, como os negros, os judeus e os homosexuais?

S.E. CASTAN: Os negros não são minoria pois representam 50% do nosso povo. São minoria em cargos públicos e de vital importância; porém essa situação está mudando, seu espaço é cada vez maior e melhor. Os homosexuais tem a tolerância da nossa sociedade, basta ver o sucesso dos mesmos na televisão, teatro e artes em geral. Eu tenho amigos e amigas desse setor.
Colocar os judeus entre "minorias" no nosso país é no mínimo hilariante, pois eles ocupam governos, ministérios,secretarias de estado, municipios, orgãos de classe, cargos de importância em todos os setores da nossa sociedade, dominam o setor financeiro, comércio, indústria, importação, a imprensa, etc.etc.

REVISTA ISTOÉ: O Brasil tem algum político que o senhor admira?

S.E. CASTAN: Getúlio Vargas.

REVISTA ISTOÉ: Qual sua avaliação do comunismo e dos socialistas?

S.E. CASTAN: Cada povo tem o sagrado direito de escolher sua forma de governo. Considero isso democracia. Sobre este assunto recomendo aos leitores que possuam computador, ligado à Internet, que acessem nossa página - www.revision.com.br - que consideramos realmente democrática, pois além das notícias revisionistas, tem informações dos inimigos dos revisionistas, de organizações políticas de todas as tendências no mundo, inclusive os estatutos do Partido Comunista Chinês, dando assim ao internauta um conhecimento e livre expressão nunca antes tornado possível.

NO MOMENTO EM QUE A REVISTA ISTOÉ NÃO PUBLICA UMA ENTREVISTA DESSA IMPORTÂNCIA, TEMOS A NÍTIDA IMPRESSÃO DE ESTARMOS TRATANDO COM UMA DESSAS ORGANIZAÇÕES PERTENCENTES À "MINORIA"

ANTES INDICADA, OU QUE DE ALGUMA FORMA ESTÁ SUBMISSA À MESMA . DEIXAMOS COM OS INTERNAUTAS E OS LEITORES A OPINIÃO SOBRE A "DEMOCRÁTICA" FORMA DE AGIR DESSA IMPORTANTE REVISTA.

S. E. CASTAN

E-Mail | Lista de Preços-1| Lista de Preços-2 | VOLTA Página PRINCIPAL
Reconhecimento | II Guerra | Crimes de Guerra | Links
© 99-2000 Desing By POWER Informática (Web-Master)

COMO O JORNAL "ZERO HORA" MUTILOU IMPORTANTE ENTREVISTA DE S.E.CASTAN

No dia 9/8/2000 a repórter LETÍCIA SANDER, do jornal ZERO HORA, de Porto Alegre, telefonou para o Sr. Siegfried Ellwanger, para uma entrevista pessoal, em função de estar sendo realizada naquela semana, em P. Alegre, um "Simpósio Internacional sobre Neonazismo, Revisionismo e Extremismo Político - Desafios para os Direitos Humanos". Ficou acertado que a entrevista seria feita pela Internet - a repórter faria todas as perguntas que achava necessário e Castan as responderia pelo mesmo sistema. Era a fórmula escolhida de comum acordo para evitar mal entendidos.

Às 10:37 h chegou a seguinte mensagem, cujo assunto era PERGUNTAS DA ZERO HORA - URGENTE. Bom Dia Sr. Siegfried . Aqui é Letícia Sander, do jornal Zero Hora. Como lhe disse por telefone, estou fazendo uma matéria para a edição de domingo do jornal, que vai falar sobre o revisionismo, holocausto e ao crescimento da extrema direita; gostaria de fazer algumas perguntas relativas a sua posição em relação a esses acontecimentos. Abaixo seguem as perguntas:

(A seguir vem as perguntas e as respostas de S.E.Castan,
transmitidas no mesmo dia às 16:17 h)

ZERO HORA: Quais são as posições que o Sr. defende em relação ao holocausto???
CASTAN: Se a pergunta se refere ao chamado "holocausto judeu", onde 6 milhões de inocentes homens, mulheres e crianças teriam sido assassinados pelos alemães, informo que considero isso a "Mentira do Século", conforme subtítulo que dei a meu livro Holocausto Judeu ou Alemão? Nos Bastidores da Mentira do Século, pelos seguintes motivos:

a) Câmaras de gás para execução de pessoas são uma exclusividade dos EUA;
b) Não acredito nas informações dos chamados sobreviventes e testemunhas oculares que nos informam, há mais de 55 anos, que os alemães chegavam a gasear 20 mil pessoas por dia, que logo a seguir eram transportados para os fornos de cremação, onde eram transformados em cinzas;
c)Qualquer pessoa que examinar as dificuldades nos presídios americanos para executar apenas uma única pessoa em câmara de gás, verá que esse tipo de informação não passa de uma alucinação;
d) Qualquer pessoa que visitar um moderno forno crematório, como existente em São Leopoldo e Porto Alegre, verá o absurdo total dessas afirmações;
e) Não acredito em depoimentos de alemães torturados e/ou pressionados, que assinaram qualquer papel para salvar sua própria vida ou de sua família;
f) Não acredito nos subservientes dirigentes da Alemanha, acostumados a ajoelhar-se e pedir desculpas, e que continuam autorizando pagar os mais absurdos pedidos de indenizações, sob ameaça de boicotes comerciais e industriais. A Alemanha continua sendo um país ocupado. O Tratado de Pas ainda não foi assinado. Na Alemanha não existe liberdade de expressão e nem política; no momento estão trabalhando para fechar o NPD Partido Nacional Alemão, certamente preocupados que o povo proceda como os austríacos, usando a autodeterminação dos povos, nas próximas eleições.
Finalmente: Sem mostrar as armas do crime (câmaras de gás e seu funcionamento) não tem holocausto.

ZERO HORA: Estas posições são seguidas pela maioria dos revisionistas?
CASTAN: Por não existir um estreito contato com outros revisionistas no mundo, não posso afirmar, mas acredito que possivelmente pensam igual a mim em muitas coisas.

ZERO HORA: Em que vocês se baseiam para interpretar a história através deste viés?
CASTAN: Para chegar às minhas conclusões, foram necessários anos e anos de livros das mais diversas tendências, muita pesquisa, muito contato com pessoas, filmes, revistas, jornais etc., e naturalmente não acreditar em papai noel, cegonha e lobishomem.

ZERO HORA: Existe algum tipo de rede internacional de difusão destas idéias? O Sr. tem contato com outros revisionistas fora do país?? Poderia me dar alguns nomes de revisionistas?
CASTAN: Não conheço nenhuma rede internacional de difusão de idéias. Temos uma página na Internet, que consideramos realmente democrática, pois damos ao internauta a oportunidade de conhecer partidos e movimentos políticos de várias partes do mundo, de esquerda, centro e direita, para que possa realmente conhecer e julgar. Tem

até os estatutos do Partido Comunista Chinês. Para conhecer as versões dos que nos atacam, temos em torno de 10 páginas judaico/sionistas, em nossos links, numa demonstração de que não tememos suas versões , ao contrário deles, que pretendem ser os donos da verdade histórica, numa atitude suspeita e totalmente ditatorial.

ZERO HORA: Quais são os instrumentos usados pelo Sr. para divulgar suas idéias?
CASTAN: Normalmente os livros.

ZERO HORA: O Sr. foi a alguma palestra do Seminário sobre o neonazismo e revisionismo, que acontece esta semana em P.Alegre? Por quê?
CASTAN: Não partiicipei do "seminário" pois como brasileiro e patriota nada tenho a vez com suposto neonazismo, nome calunioso usado por aqueles que não tem condições de contestar nossos livros. Espero como resultado desse encontro, que eles tenham encontrado a arma do crime: as incríveis câmaras de gás e os incríveis fornos crematórios. Em matéria de revisionismo nada tenho a aprender com os mesmos.

ZERO HORA: O Sr. estaria disposto a discutir suas idéias?
CASTAN: É lógico, mas me reservo o direito de escolher os parceiros.

ZERO HORA: O Sr. sabe o que foi discutido no seminário?
CASTAN: Não tenho a menor idéia.

ZERO HORA: Segundo o Movimento de Direitos Humanos, o sr. teve livros de sua editora confiscados e proibidos de irem a venda, segundo a lei de número 8081. A condenção teria saido em 1996. O sr. confirma esta afirmação?
CASTAN: Peça ao encarregado do Movimento Direitos Humanos para lhe mostrar a ordem de proibição de livros de nossa Editora e depois me avise para vermos quem vai incinerar as obras de membros das nossas Academias de Letras e de Henry Ford, o industrial do Século. Estou curioso para ver se isto ainda é o Brasil.

ZERO HORA: O Movimento também afirma que o sr. continua vendendo estes livros, desta vez pela Internet. Eles inclusive entraram com um novo processo contra o sr. na justiça. O sr. tem conhecimento disso? Se os livros foram condenados, por que o sr. os divulga?
CASTAN: Não sei de nenhum novo processo movido pelo Movimento de Direitos Humanos, mas não seria de admirar pois movem uma totalmente feroz, absurda e inexplicável campanha contra mim há vários anos.

ZERO HORA: O sr. tem alguma filiação partidária? Qual? Se não, vota em um mesmo partido há tempos? Em quem o sr. votou para presidente e governador nas últimas eleições? E em quem pretende votar? Por quê?
CASTAN: Minha primeira filiação partidária foi no PSB Partido Socialista Brasileiro, na época de Germano Bonow (pai); a segunda filiação foi no M.T.R. Movimento Trabalhista Renovador, de Fernando Ferrari, e a última foi no P.D.T. de Brizola, que abandonei totalmente por ocasião da fundação do CNPH - Centro Nacional de Pesquisas Históricas, há muitos anos, pois como presidente dessa entidade não ficava bem estar ligado a partidos políticos. Votei PT nos últimos 3 prefeitos de P.Alegre, Olívio, Tarso e Raúl, e para governador votei em duas eleições para Olívio. Votarei novamente em Tarso para prefeito. Votei nessa pessoas por considerá-las de uma honestidade extrema, possuidores de um grandioso espírito público e ideal nacionalista.

ZERO HORA: O que o Sr. pensa do líder do Partido da Liberdade na Áustria, Joerg Haider?
CASTAN: Acredito na autodeterminação de cada povo. Ninguém tem o direito de criticar ou pressionar um país que elegeu ligitimamente seus governantes. Acho também um absurdo as pressões que fazem contra Fidel Castro, Fujimori e já ensaiando algo contra Hugo Chavez, da Venezuela.

ZERO HORA: Quantos livros o sr. já publicou?
CASTAN: Não tenho o número em mãos, mas é só clicar

ZERO HORA: O nazismo pode voltar?
CASTAN: Não tenho a mínima idéia a respeito. É um problema alemão. Minha preocupação é o Brasil.

ZERO HORA: O que o sr. pensa de minorias como negros, homosexuais e judeus?
CASTAN: Os negros não são minoria e graças a diversas organizações que criaram, estão tendo cada vez mais oportunidades e destaques; a luta é grande, mas a descriminação está em completo declínio, esperando-se para muito

breve grande participação em todos os setores da nossa sociedade, até em cargos governamentais.

Os homosexuais tem bastante liberdade no país e se destacam em vários ramos, principalmente na arte e na TV, sem problemas.

Não considero os judeus uma minoria, pois dominam o setor financeiro, o comércio, a indústria, a televisão, as revistas, os jornais, o rádio etc., enfim a nossa opinião em nosso país...

ZERO HORA: O Sr. poderia me dizer sua idade e descendência e quando sua Editora foi criada?

CASTAN: Tenho 72 anos, nasci em Candelária, RS e a Revisão foi fundada em 1987.

ZERO HORA: O sr. já foi preso?

CASTAN: Não.

ZERO HORA: Cite um político que o Sr. admira.

CASTAN: Getúlio Vargas.

*O jornal "ZERO HORA", de domingo, dia 13/8/2000, após dedicar uma página inteira ao neonazismo no mundo, com o título de **Herdeiros de Hitler saem dos porões** com entrevista completa de um **"historiador-cientista político alemão"**, tem meia página dedicada ao que chamam de **A nova arma de divulgação** (notícias na Internet), e fazendo referência o equivocado julgamento de S.E.Castan na 3ª Câmara Criminal de P.Alegre, que o havia condenado, sem citar que haviamos entrado com recurso no Supremo Tribunal Federal, e finalmente, a título de **CONTRAPONTO**, da longa entrevista de Castan, apenas publicaram o seguinte:*

O que diz Siegfried Ellwanger, sócio-dirigente da editora Revisão:

"Temos uma página na Internet que consideramos democrática, pois damos ao internauta a oportunidade de conhecer partidos e movimentos políticos de várias partes do mundo, para que ele possa julgar. Tem até mesmo os estatutos do Partido Comunista da China. Para conhecer as versões dos que nos atacam, por exemplo, temos em torno de 10 páginas judaico-sionistas, entre nossos links, numa demonstração de que não tememos suas versões".

PERGUNTA-SE

Qual é a CREDIBILIDADE que merece um jornal, de larga circulação como a ZERO HORA, que engana seus leitores, que manipula, mente, ajuda a difamar a seu bel prazer ou interesse uma entrevista pela qual tanto se empenharam???

(Colocamos a entrevista completa na Internet, para que os internautas possam ver pessoalmente tudo que foi podado e tentar descobrir por que o fizeram. Informamos que a Internet acabou, ao menos em parte, com o monopólio total da informação que existia antes e, naturalmente assim possam entender o motivo dos pseudo-donos da verdade histórica estarem tão empenhados em eliminar páginas da Internet, que não repetem suas informações, ou discordam, esclareçam e opinem de forma diferente).

> Por Que os Judeus Mentem A Respeito do Real Número da Sua População Mundial ?

Por Que os Judeus Mentem A Respeito do Real Número da Sua População Mundial ?

Sob o título acima, "população judaica diminui na diáspora", o Jornal Folha de São Paulo do dia 19 de outubro publica matéria de página inteira de autoria de Sérgio Malbergier (identificado como membro da Equipe de Redação), com o objetivo de reforçar a lenda do "holocausto".

A meta é óbvia, com a matéria iniciando, já na primeira linha, antes do título principal, com a chamada em maiúsculas: DEPOIS DO HOLOCAUSTO.

Após apresentar dados sobre a população judaica no mundo e em Israel, curiosidades gerais sobre o judaísmo, fotos de criancinhas e entrevistas com figuras conhecidas da comunidade como, Débora Bloch, Gerald Thomas e Fábio Feldman, o "especialista" citado pelo autor, o professor Sergio Della Pergola, presidente da Faculdade de Judaísmo Contemporâneo da Universidade Hebraica de Jerusalém e 'principal demógrafo do judaísmo", parte para os "finalmentes", afirmando que "Outro fator determinante (da alegada diminuição populacional) são as conseqüências do Holocausto. A Alemanha nazista exterminou cerca de seis milhões de judeus durante a Segunda Guerra Mundial (1939-45)". E, com uma desfaçatez inacreditável, o "especialista" afirma que "cálculos bem modestos" (!) indicariam que a perda causada pelo Holocausto na população judaica hoje (!) é de "pelo menos" 12 milhões de pessoas, somando-se aos 6 milhões de mortos pelos nazistas os filhos e netos que eles gerariam...

E para alicerçar todos esses disparates que -como sempre -já enveredam pelos caminhos da patologia, apresenta números. São números completamente conflitantes com os dados expressos por indivíduos e entidades que deveriam ao menos para eles, judeus -ter alguma credibilidade. A matéria procura mostrar através de mapas gráficos que a população mundial judaica teve uma queda durante o período do alegado "holocausto": seriam "mais" de 16 milhões (algo entre 16 e o infinito...) em 1939, antes da 2ª Guerra e, atualmente -após o Genocídio -o número de judeus no mundo seria de 13 milhões...

O American Jewish Commitee, no ano de 1939 dava o número de judeus no mundo: exatos 15 milhões, 688 mil e 259 indivíduos. Assim mesmo: com especificação até a casa das centenas! Após a guerra, em 1948, o jornal New York Times, órgão judaico e maior divulgador das falsidades sobre o "holocausto" em todo o planeta, afirmava que a população judaica no mundo oscilava entre 16 milhões e 250 mil e... 19 milhões e 800 mil indivíduos.

Mas o número correto e definitivo foi fornecido pelo todo-poderoso Presidente do Congresso Mundial Judaico em 1947, Nahum Goldman, o homem que armou toda a trama do Julgamento de Nuremberg, que viabilizou a existência de Israel através das trilhonárias "reparações" de guerra pagas pela Alemanha àquele Estado e aos milhões de "sobreviventes" e, seguramente, o homem mais importante, poderoso, influente e bem informado dentro do judaísmo sionista deste século. Pois Nahum Goldman, referindo-se à iminente criação do Estado de Israel em 1948, declarou, um ano antes: "Dos 17 milhões de judeus no mundo, colocaremos dois milhões de judeus na Palestina".

E, uma projeção por baixo, à uma taxa baixíssima de crescimento anual de 1% -e muito inferior à taxa da maioria dos povos e nações do mundo -o número de judeus no mundo, hoje, partindo dos 17 milhões do pós-guerra,

http://www.revision.com.br/esc_porque.html   05/12/00

Por Que os Judeus Mentem A Respeito do Real Número da Sua População Mundial ?

está acima de 27 milhões e 955 mil indivíduos.

A irreal e mistificadora cifra de 12-13 (eles nunca sabem direito...) milhões, que os famosos "sobreviventes" citam, compungidos, cabisbaixos, lacrimosos e lamurientos, é um número mais recente, ensinado durante os cursos de sobreviventes e que tem por finalidade "fechar" com o cabalístico 6 milhões.

Resumindo, durante o período do "holocausto" houve um aumento populacional mundial judaico da ordem de -aproximadamente -um milhão e 300 mil, ou, se, nos basearmos rigidamente no número do American Jewish Commitee, um aumento de exatos 1 milhão, 311 mil e 741 judeus no mundo.

A matéria da Folha fala também que "a comunidade judaica não só em São Paulo prepara um estudo demográfico", com o objetivo de saber o número correto. É evidente que não só em São Paulo, mas no mundo inteiro, a comunidade está preparando os "novos números": números que "fecharão" com a lenda e que, então, espalhados aos quatro cantos do mundo pela mídia onipotente, darão o aval definitivo e final sobre o repelente assunto. não importando o que a própria história do judaísmo apresenta até hoje; não importando o que a lógica aponta; não importando o que a ética, a moral e a decência obriguem: atropelando a História, a estatística, a matemática, a demografia, a própria inteligência e capacidade de raciocínio do restante dos mortais, o sionismo leva avante sua demência sem paralelo na História rumo ao seu objetivo milenar de domínio mundial.

E, neste plano, o "holocausto" e a "vitimização" judaica são a mola mestra.

(Boletim-EP / Esclarecimento ao País Nº 18/Novembro de 1997)

E-Mail | Lista de Preços-1| Lista de Preços-2 | VOLTA Pagina PRINCIPAL
Recomendamento | Entrevista | II Guerra | Crimes de Guerra | Links

© 1999/2000 Desing By POWER Informática (Webmaster)

http://www.revision.com.br/esc_porque.html   05/12/00

ANEXO - SEGUNDA FASE

REVISÃO Editora e Livraria Ltda.

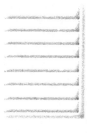

Criada em :
01 / Jun / 1999

Atualizada em:
14.12.2001

O GOVERNO MUNDIAL

Prof. Marcos Coimbra

Professor Titular de Economia na Universidade Candido Mendes, Professor na UERJ e Conselheiro da ESG

O Brasil corre sério risco. Talvez o mais grave de sua história. Existe claramente em ação a estratégia imposta pelos "donos do mundo", os detentores do capital transnacional, líderes do sistema financeiro internacional, para progressivamente implantar um governo mundial, em especial na nossa Pátria. As etapas do processo estão claramente delimitadas, em linhas gerais. De início, a adoção da "globalização", nova denominação do "neocolonialismo", partindo dos países centrais para a periferia, com o domínio da expressão econômica do Poder Nacional, através da imposição dos ditames dos organismos internacionais: FMI, OMC, Banco Mundial, BID e outros. Abertura da economia, com eliminação de barreiras protecionistas, adoção da lei de patentes, inclusive com efeito retroativo, privatização selvagem, para transferir o patrimônio real das nações menos desenvolvidas para os detentores do "papel pintado", controle da inflação, para garantia do retorno das suas aplicações de capital e outras. A seguir, o total controle dos meios de comunicação de massa, seja através da colocação de pessoas de confiança, os "testas-de-ferro", até a participação via indireta no comando das empresas de jornalismo, ou emprestando-lhes moeda para mantê-los dependentes ou simplesmente remunerando regiamente os principais formadores de opinião e jornalistas famosos, montando a chamada "mídia amestrada". Agora, já se discute a participação direta de estrangeiros no controle dos meios de comunicação no Brasil. A dominação indireta já existe, inclusive com ações de poderosas redes de comunicação sendo vendidas no exterior.

Em paralelo, atuam através da criação de inúmeras ONGs, financiadas pelo exterior, sem qualquer controle, com dirigentes percebendo salários invejáveis (média de R$ 15.000,00 mensais), sem prestar contas a ninguém e com recursos vultosos para colocar suas mensagens na imprensa, objetivando fabricar a chamada "opinião publicada". Falam em nome do povo (sociedade civil), sem procuração. Trabalham incansavelmente para destruir as Instituições Nacionais: Família, Igreja, Estado, Escola, Empresa. Procuram demolir o Estado Nacional Soberano, minimizar a importância da Igreja, desmoralizar os princípios e valores fundamentais da Família, da Escola e da Empresa. Defendem o sucateamento das Forças Armadas, procurando subtrair-lhes quaisquer possibilidades de cumprir suas missões constitucionais. Tudo isto é feito em vários países simultaneamente, no mundo

REVISÃO Editora e Livraria Ltda.

inteiro. Para isto criam organizações para cooptar lideranças políticas existentes, para propiciar-lhes meios de assumir o Poder constitucionalmente e administrar segundo as suas determinações.

Nas Américas, foi criado em 1982 o Diálogo Interamericano, cujo site pode ser acessado via Internet por qualquer interessado (http://www.iadialog.org). Os inocentes úteis que persistem em tentar ridicularizar o fato dizendo que "isto é bobagem, fruto da teoria da conspiração", podem acessá-lo e verificar inclusive seus integrantes e principais financiadores. É de estarrecer! O famoso Consenso de Washington, de 1988, é apenas uma derivação do Diálogo. Não é coincidência que a mesma política neoliberal seja adotada por países como a Argentina, Brasil, Chile, Peru e outros. Em todos eles foi imposta a criação do ministério da Defesa, para o "controle civil dos militares", por exemplo, bem como a privatização de setores estratégicos como comunicações, energia, água, vitais para o sucesso no terceiro milênio. E todos estes países estão sendo administrados por seus representantes. O Peru acaba de eleger um ex-funcionário do Banco Mundial.

No Brasil, a estratégia está sendo implementada com êxito e rapidamente, por meio da administração FHC, legítima representante dos interesses alienígenas, não fosse o presidente FHC membro fundador do Diálogo Interamericano. Em 1997, em visita à Inglaterra, "FHC se comprometeu com o príncipe Philip a destinar 10% do território brasileiro para unidades de conservação ambiental, de acordo com o ideário imposto na África pelas ONGs britânicas". Em entrevista à revista alemã "Der Spiegel", em 15 NOV 99, FHC se pronunciou favorável à criação de um "tribunal internacional para o castigo dos crimes universais, como os praticados contra os direitos humanos e o meio ambiente". Neste contexto, fica evidente a razão do envio ao Congresso da "lei do desarmamento da população digna e de bons costumes" pelo próprio presidente, através de seu ex-líder, o ex-senador José Roberto Arruda, agora substituído na triste missão pelo senador Renan Calheiros, atendendo às instruções do Movimento Viva Rio, representante no país da IANSA, bem como a indiferença, o descaso e o deboche com que ele trata as Forças Armadas. É a preparação para a entrega do território nacional, em especial a Amazônia, para os estrangeiros. Representa o fiel cumprimento das ordens recebidas do exterior. E a mídia amestrada continua a exercer um dos mais sórdidos papéis da história do Brasil, pois sabe de tudo isto e nada denuncia. São cúmplices dos partidários de Joaquim Silvério dos Reis. Não adianta proibir a posse de armas de fogo. Quem quiser praticar a violência, vai utilizar outro objeto, como facas, bastões ou até mesmo pedras. Como estão acontecendo incidentes com praticantes mal formados de artes marciais, daqui a pouco vão querer proibir também a sua prática. Fica o alerta para todos os brasileiros. Caso aprovada esta medida tresloucada de proibição de venda, propriedade e posse de armas de fogo, por imposição externa, com a utilização de ONGs e manipulação dos meios de comunicação por políticos que possuem a sua segurança garantida por dezenas de ferozes guarda-costas, outras virão. São capazes de proibir até o canto do Hino Nacional Brasileiro, substituído pelo dos seus financiadores. E aí, quem defenderá a Amazônia? Vão tentar

REVISÃO Editora e Livraria Ltda.

iludir os militares, afirmando que o melhor para o país será uma administração compartilhada da região. Afinal, não adianta resistir. É mais prudente se entregar.

Mas, temos a certeza de que nenhum membro das Forças Armadas irá obedecer a qualquer diretriz para a região amazônica, emanada de forças externas, como o Fundo Mundial da Natureza (WWF) do príncipe Philip, acatando a "agenda verde" da Casa de Windsor.

Correio eletrônico: mcoimbra@antares.com.br

Site: www.brasilsoberano.com.br

Artigo elaborado em 04.06.2001 para o Monitor Mercantil

| Volta artigos 2001 |

© 1998-2001 By - - RS - Brasil

http://www.revision.com.br/artigos2001/governo_mundial.asp 26/01/02

REVISÃO Editora e Livraria Ltda.

A ESTÉTICA IDEOLÓGICA DO SIONISMO NA MORTE LENTA DA HUMANIDADE

Um Texto De

João Barcellos

Criada em :
01 / Jun / 1999

Atualizada em:
14.12.2001

I

"Calmo no falsa morte (...)

O livro ocluso..."

- PESSOA, Fernando

"o povo o é na raiz étnica

abraça outros povos mas não pode dominá-los

na força e ainda ser arauto da ética

a palavra faz o mundo como fez castelos

mas também é falsa e também é poética"

- BARCELLOS, João

O *conceito* de **Vida** que temos, com excepção da opção meramente existencial da maioria dos "*povos que se autodenominavam*

REVISÃO Editora e Livraria Ltda.

Celtas" (**FABRE D'OLIVET, Antoine** – in *História Filosófica Do Gênero Humano*, ensaios, Paris/Fr., 1901, e Rio de Janeiro/Br., 1991), é uma vivência quase mecânica do *é preciso dar para receber*, bandeira bem *árabe*, no geral, e mais *semita*, no seu particular mercantilista, e que já o era mais de um milênio antes de *Jesus* – o *cristo* crucificado pelos *judeus* com beneplácito do *Império romano*, como hoje é contra os *palestinos* sob os auspícios do *Eixo Imperial yankee-britânico*, e o foi no domínio econômico da Europa durante a *Odisséia Marítima luso-castelhana*, nos Séc XV e XVI, particularmente no *Escravagismo afro-brasileiro (BARCELLOS, João – 500 Anos De Brasil*, ensaios, Ed. Edicon, São Paulo/Br., 2000, e *Exuberância e Folia no Mar-de-Longo*, poema épico, Ed. CosvisSom, São Paulo/Br., 1999; *LIEBMAN, Simon* – in *New World Jewry 1493-1825; OLIVEIRA, Tereza de* – in *A História Em Revisão*, art., p/ jornal Letras Fluminenses, Rio de Janeiro/Br., 1992 e jornal Gazeta de Cotia, São Paulo/Br., 2001)... Uma vivência religiosamente globalizada pelo *sistema judeo-cristão de dominação e apuro (branqueação) rácico* que os *povos europeus*, embora submetidos a esse *Poder* financeiro no *endividamento pelos juros* (ontem como hoje), nunca deixaram de o combater, porque *povos oriundos do conceito castrense de liberdade individual e coletiva etnicamente assumida*, essa liberdade que a *Cultura céltica* disseminou e nela gerou a matriz cultural da Europa, e daí – note-se e anote-se..., o *anti-semitismo* encontrado entre os europeus desde que, *entre castros*, Portugal tornou-se a primeira nação de arraiais com fronteiras globalmente definidas!

Se o *conceito mercantilista judeo-cristão* gerou a *globalização de interesses*, gerou, também, uma *tendência oposicionista*, mais precisamente quando a *Burguesia capitalista* assumiu a Europa e o Novo Mundo (as Américas) após a *queda do Império papal do Vaticano* (que já se previa desde as trapaças dos dois tratados assinados em *Tordesilhas*, no Séc XV, para a *divisão do Mundo* em duas partes), e mais radicalmente aquando do nascimento do *Sionismo*, ideologicamente estabelecido nos *Protocolos dos Sábios de Sião*, em 1890, instante em que o jornalista austriaco *Theodor Herzt* achou o melhor para a discussão e estabelecimento de um *Estado de Israel* nas *terras da Palestina* - que, para aquele intelectual, seria o *fim das hostilidades européias contra os judeus*; e, realmente, o *Estado sionista* foi levantado em 1948 com o apoio da *Declaração de Balfour*, de 1917, na qual a Inglaterra colocou-se ao lado dos "sábios de Sion"; logo, a *Ocupação das terras palestinas deu-se (e assim continua em 2001) pela Colonização imperialista através do Movimento Kibbutz, i.e., a tomada socialista (...?!) das terras despejando os palestinos...!*

O *anti-semitismo* iniciou-se com a vontade místico-mercantil de tornar o *Cristianismo* uma igreja ampla, católica (i.e., universal) e imperial, disposição que nunca deixou de ter alianças estratégicas com o *Judaísmo*, apesar da bárbara e nunca julgada *Inquisição católica* dos Séc. XVI e XVII e da repulsa geral européia durante a primeira metade do Séc. XX; por isso, quando em 1933 (30 de Março) a *Central-Verein*

http://www.revision.com.br/artigos2001/a_estetica_ideologica.asp   26/01/02

REVISÃO Editora e Livraria Ltda.

Zeitung dos judeus alemães declarou que *"(..)por cada boicote que é feito contra a Alemanha, nós, os alemães-judeus, somos atingidos da mesma forma que cada alemão"*, estava a responder radicalmente contra o comunicado *"Declaração de guerra judaica à Alemanha..."* publicado pelo *Sionismo* em 24 de Março de 1933 na edição do *Daily Express*, pelo que *o conceito místico-mercantil judaico achou-se prejudicado pela limpeza econômica defendida por Hitler na Alemanha, então dominada pelos fanáticos comerciantes sionistas.*

"Um boicote conjugado dos compradores judeus executará um pesado golpe no comércio exterior alemão", anunciara aquela bárbara declaração de guerra contra a Alemanha, nação que o *Judaísmo* dominava comercialmente a *bel-prazer* gerando *a miserabilidade social que cegou politicamente muitos alemães...e muitos outros europeus.*

Tais documentos e *"a História é feita de documentos e não de Estórias..."* (*BARCELLOS, João* – in *O Drama Do Ser*, pal., Universidade Federal de Santa Catarina, Florianópolis/Br., 1991), comprovam que *a Alemanha e o Nazismo* responderam à declaração de guerra econômica do *Sionismo*: ora, *"(...) guerra é guerra, não se derramam lágrimas de crocodilo depois de incentivá-la e de passar pelos horrores que ela provoca!" (BARCELLOS, João* – in *A Resistência Céltica Aos Romanos*, pal., Rio de Janeiro/Br., 1987). A própria *comunidade judaica alemã*, em comunicado de Berlim, diria no mesmo dia da publicação da "Declaração...", e com assinatura de *Loewenstein*, presidente da liga local, que *"É irresponsável a ação de difamação anti-alemã, que denominados intelectuais judaicos no exterior estão a fazer"*. Deixando o *fuhrer Hitler* economicamente sem saída, *o Sionismo promoveu politicamente a autodestruição*, pois, não se fecham as portas comerciais a uma nação impunemente..., *o holocausto foi uma opção politicamente estratégica do Sionismo com execução militar do Nazismo...!*

Nada justifica uma barbárie, mas uma guerra combate-se com a guerra, e não adianta, *a posteriori*, entre conchavos diplomáticos nem sempre subreptícios, dizer que os *judeus* foram mortos em câmaras de gás sem se comprovar tecnicamente tal ação de extermínio em massa (*WORMSER-MIGOT, Olga* – leia-se a Tese de Doutoramento, 1968, desta historiadora judaica), que foram fusilados ou enforcados, e foram mesmo!, porque antes *o Sionismo havia condenado economicamente o Povo germânico à miséria – essa morte lenta embasada na crueldade dos juros da agiotagem*. Assim o entende também, anos depois, *sir Hartley Shawcross*, o inglês que abrira e fechara a sessões do *Tribunal de Nuremberg*, onde muitos nazis foram condenados à morte ou à prisão perpétua. Esse inglês sensato, em palestra proferida em Stourbridge, no ano 1984, declarou que, e diante da História documental..., *"Hitler e o Povo alemão não queriam a guerra"*. Do outro lado, muitos judeus, uns historiadores outros não, discordam da propaganda sionista sobre o holocausto, e até sobre a instalação do *Estado de Israel*. Sim, o que é

http://www.revision.com.br/artigos2001/a_estetica_ideologica.asp 26/01/02

REVISÃO Editora e Livraria Ltda.

preciso é ler a História nos documentos, e só.

Desde os tempos pré-cristãos que o **Judaísmo teocrata** faz alianças com os *impérios bélico-mercantis*, e fez isso com o *Romano* contra *os cristos anti-semitas*, depois com as repúblicas itálicas e com a *Liga Anseática* (in *Portugal e o Mundo nos Séc XV e XVI*, broch. e patroc. do Banco Totta & Açores, Lisboa/Pt., 1983; pesq. de *VEIGA, Carlos* e *WLADOMIRO, Victor*), finalizando com o *Eixo Imperial yankee-britânico*, sempre tendo em conta *a disseminação global(izante) do conceito teocrático auto-imposto de 'povo eleito de deus' e do sistema de dominação mercantil*, tanto que *o nacionalismo judeu persegue e massacra (em holocausto permanente) a etnia palestina a quem usurpou a terra!*

II

"a palavra veio mas era tarde

ou noite ou nada disso

por que o gesto não é tudo?"

in *Amor*

(do *Grupo Granja*, Ed. Edicon, São Paulo/Br., 1999)

Quando **Theodor Adorno**, diante da propaganda sionista sobre o *holocausto*, exclamou que *"depois de Auschwitz a poesia morreu"*, ele errou no endereço, pois, deveria ter dito "depois do Sionismo a poesia morreu"... o que historicamente seria/é mais politicamente correto!

O *Nazismo* não perdeu a guerra por não ser tão agressivo na propaganda quanto o *Sionismo*, perdeu a guerra porque a Inglaterra e os EUA - ...os mesmos **Aliados** dos Anos 40 (no combate ao *Nazismo* e no apoio ao *Sionismo*) e dos Anos 90 (na defesa integral do *Estado israelita* e contra as *nações árabes*) – tinham/têm interesses comuns com a *comunidade judaica internacional*. Na verdade, *o gesto é tudo* mas numa *Guerra* ele sinaliza o objetivo final. E enquanto, nos Anos 90 do Séc. XX, ingleses e norte-americanos corriam contra os árabes a prestar serviços (ou pagando juros...?!) ao *Estado de Israel*, o *Sionismo* tentava açoitar economicamente países como Suiça, Portugal, Brasil, Alemanha..., em busca de ouros e dinheiros e indenizações sob o *trauma do holocausto*, logo no primeiro ano do Séc. XXI, o espertalhão *Edwin Black* desencadeia mais uma *farsa sionista* na publicação do livro *IBM e o*

REVISÃO Editora e Livraria Ltda.

Holocausto. Na onda do lançamento, os **advogados das eternas vítimas do holocausto** corriam atrás de polpudas indenizações por parte da *IBM*, agora acusada de ser o suporte tecnológico do **holocausto** (...?!). Mas algo está errado... *Vozes etnicamente judaicas e não radicalmente sionistas* levantam-se contra *o caça-dotes Edwin*, vozes de dentro do próprio *Estado israelita*, como *Efraim Zuroff*, diretor do *Simon Wiesenthal center*. Enquanto o livro espanta o Mundo pela *Palavra histórica refém da Estética do Mal*, a aliança EUA-Inglaterra ataca o Iraque na proteção a Israel e ainda faz manobras de 'treino' bélico com as FA's israelitas... É a perpetuação do *colonialismo sionista contra os povos que não têm o 'direito' de serem 'eleitos' do mesmo 'deus'! A estética do Sionismo é uma máscara étnica que visa, política e militarmente, ter o Mundo sob controle financeiro. Os alemães do Nazismo não aceitaram isso e revoltaram-se contra o bloqueio, e é o que os Povos Árabes terão de fazer se quiserem sobreviver à 'pigmentação' em curso...* Não sou contra o *Povo judeu* enquanto etnia como outras tantas, não sou é favorável à *estética sionista* que embasa uma ideologia de barbárie e de segregacionismo na sua *ação colonizadora*. Considero o *Sionismo* uma *bomba étnica* (politicamente falando, porque *Israel já tem a Bomba Étnica desenvolvida, como já foi noticiado, em cima do projeto racista sul-africano de uma Vacina de Pigmentação para branqueação da Raça Negra...!*), mas é uma *bomba*, creio, contra o próprio *Sionismo*, porque ela vai gerar a *união árabe*.

III

A perpetuação da *ação sionista* passa pelos *campus acadêmicos* onde aquela *estética do mal* subvenciona até *doutoramentos em holocaustos* – por ex., **David Lindenbaum**, autor de *Catástrofe e Representação* (Ed. Escuta), é 'mestre' em *holocausto*. A intenção do *Sionismo*, que domina centros de Cinematografia e de Comunicação Social em todo o Mundo, é estabelecer mentalmente no Mundo que *Israel* o é por definição mística e que o *holocausto* sofrido durante o *Nazismo* foi a maior catástrofe humana, daí a importância dos acadêmicos na *Estória representada e narrada*.

IV

a prosa poética *Farsa & Intolerância* (op., Fev., 2001), intelectuais do *Grupo Granja* destacam a importância da documentação na História e demonstram que 'a poesia não morreu', como queria *Adorno*, antes, a Poesia está viva e recomenda-se... Para o *Sionismo* só interessa o *ser-sionista*, nem tampouco a etnia lhe é base e nem lhe interessa o *viver a Vida humanamente*; para o *Sionismo* a Vida só tem sentido entre a

REVISÃO Editora e Livraria Ltda.

oferta e a procura, e é por isso que o *holocausto dos Anos 40* vai continuar a render acadêmica e financeiramente. Ora, para quê Poesia?...

V

O rabino *Abram Y. Heshel* é autor de uma frase lapidar: *"Auschwitz não foi construida por pedras, mas por palavras"*. Sim, uma frase que resume tudo o que atrás escrevi sobre o *holocausto* e o que os *historiadores revisionistas* estão a alertar desde os Anos 50 do Séc. XX. Todos nós temos meios inconscientes que nos protegem a consciência e não a deixam lidar com realidades incômodas para nós mesmos – e aqui, lembro que *Freud* expôs assim a questão sobre os mecanismos de defesa do *Eu*, e que *"...as ansiedades inconscientes não exteriorizadas originam perigosas neuroses que projetam um ciclo vicioso que se pode considerar como uma estética do mal dado o poder de autodestruição"* (*CÉDRON, Marc* – in *A Neurose No Serviço Público: Um Mal Político*, pal., berna/Ch., 1981). Eis a verdade: *o holocausto foi e é construído mais pela retórica sionista do que pelos documentos dos quais não constam milhões de judeus gaseados nem câmaras de gás com capacidade para destruição em massa. Eis que a Palavra industrialmente disseminada pelos centros de propaganda sionista ofusca a História e diz(-nos) de uma Estória tão falsa quanto a das máquinas da IBM que teriam registrado o universo judaico...* Não estou a fazer distorção da frase daquele rabino citado, é que o *Sionismo* é tão exímio na sua propaganda que às vezes tropeça em si mesmo! Os estrategas e sábios do *Sionismo* pregam holocaustos permanentes e é preciso combater veementemente este conceito místico-mercantil que impede outros povos de viverem em paz! Se *deus* existe segundo o que o *Judaísmo* prega e revela a si-mesmo, esse *deus* é cego, surdo e mudo. Ou será que *deus* é o mentor e inventor das guerras patrocinadas pelo *Sionismo*...?! *JB escritor e consultor cultural*

(Autor de "O Outro Portugal", romance;

"500 Anos De Brasil", ensaios; "Exuberância e Folia

No Mar-de-Longo", poesia épica satírica; e outros livros)

| Volta_artigos 2001 |

REVISÃO Editora e Livraria Ltda.

PERIGO NA AMAZÔNIA

Prof. Marcos Coimbra
Professor Titular de Economia na Universidade Candido Mendes, Professor na UERJ e Conselheiro da ESG

O perigo é iminente. O Plano Colômbia está em plena execução. Com o pretexto de combate ao narcotráfico, os americanos já estão na parte colombiana da floresta amazônica. Não é de hoje que a rica região amazônica brasileira é alvo da cobiça internacional. A estratégia atualmente adotada pelos "donos do mundo" para conquistar a Amazônia não é pelo confronto direto e sim por via indireta, como, por exemplo, através da demarcação de terras indígenas.

Na realidade, já existem precedentes bem conhecidos por todos nós, brasileiros. Em 1850, os EUA já pregavam a ocupação internacional da região. Em 1930, o Japão defendeu a tese de abrigar naquela área excedentes populacionais. Em 1949, a UNESCO sugeriu a criação do Instituto Nacional da Hiléia Amazônica, com funções executivas. Em 1960, o Instituto Hudson defendeu a tese da criação de sete lagos na região. Em 1992, a ECO-92 (Conferência Internacional), realizada no RJ, avançou o processo. A seguir, constatamos a realização, em maio de 1993, de manobras das Forças Armadas dos EUA, a menos de 100 km de nosso território, sob a desculpa de combate ao narcotráfico, ao mesmo tempo em que construíram gigantesca base aérea no Paraguai e adestraram uma divisão especial para combate na selva. Em novembro de 1993, a ONU proclamou a Declaração Universal dos Direitos dos Índios, já preparando a criação da "nação yanomami", a ser transformada num "estado soberano".

O senador republicano Paul Coverdell, presidente do subcomitê de relações exteriores do Senado norte-americano para assuntos do hemisfério ocidental, pregou, no dia 25.02.99, em Washington-EUA, a intervenção direta, de maneira unilateral, na América Latina, a pretexto de "proteger" a democracia. O senador afirmou que as ações da OEA (Organização dos Estados Americanos) na região têm sido insuficientes e chegou a afirmar que a América Latina atingiu um estágio em que golpes militares já não são aceitos. De acordo com ele, os EUA "devem ir mais fundo no combate a golpes em câmara lenta, em que um líder eleito livremente esmaga a democracia em seu país". Como exemplo, o senador citou Peru e Venezuela, onde, segundo ele, os presidentes Alberto Fujimori e Hugo Chávez teriam adotado medidas para concentrar o poder em suas mãos, passando por cima de controles constitucionais. As idéias de Coverdell serão difundidas no Centro de Estudos Estratégicos e Internacionais. Na prática, Fujimori já foi derrubado, assumindo o poder o atual presidente Toledo, egresso de Harvard.

A história mostra que, ao longo do tempo, os EUA já realizaram diversas intervenções diretas militares, como no Panamá e Granada,

Criada em :
01 / Jun / 1999

Atualizada em:
14.12.2001

REVISÃO Editora e Livraria Ltda.

mas a maior parte é feita através de ações indiretas, como, recentemente, no Paraguai e no Equador, quando ameaçaram impor sanções econômicas, chegando até a perspectiva de um bloqueio de comércio, a exemplo do ocorrido em Cuba, além de empregar na coação administrações caudatárias, como a do Brasil. No Paraguai, o objetivo explícito era esmagar o general nacionalista Lino Oviedo, próximo de empalmar o poder, pois elegeu, com seu apoio, o candidato vencedor, obrigado a renunciar, depois do assassinato do vice-presidente que a mídia internacional amestrada atribuiu, sem provas, a autoria intelectual ao general. No Equador, chegaram a derrubar, em questão de horas, a junta constituída após a renúncia formal do presidente deposto, depois de "dolarizar" a economia.

A potência hegemônica do mundo usa todas as expressões do poder nacional, a econômica, a psicossocial, a política, a científico-tecnológica até chegar, em última instância, à expressão militar. Mas, normalmente isto não é necessário, pois contam com a cumplicidade, a subserviência, a vassalagem de grande parte das elites dos países periféricos. Por intermédio dos "neoentreguistas", bem como dos velhos entreguistas, dominam a economia, controlam os centros de irradiação de prestígio cultural (meios de comunicação de massa, universidades, teatro, cinema), financiam os seus servos em campanhas a cargos eletivos, de vereador a presidente, elegendo os mais dóceis ao seu comando.

E, não satisfeitos, chegam ao acinte de empregar seu aparato de inteligência, braço do complexo militar-industrial norte-americano, para, em cooperação com países cúmplices (anglo-saxões), praticar espionagem industrial de seus próprios "aliados", inclusive na Europa, por meio da NSA (Agência Nacional de Segurança), capaz de interceptar as comunicações de qualquer natureza, seja qual for o meio utilizado. É a rede Echelon. Até o Projeto SIVAM foi alvo destas ações, beneficiando a Raytheon e afastando a concorrente francesa Thomson.

O governo norte-americano, através do Departamento de Estado, recentemente, preencheu 52 páginas com dados sobre o Brasil, com várias denúncias graves de violações dos direitos humanos, como a insuficiência do salário mínimo, a distribuição de renda altamente concentrada, a justiça lenta e sujeita à influência política e econômica, o trabalho forçado para adultos e crianças, o tráfico de mulheres e crianças para o exterior etc. Tudo isto é fato. Porém quem são os verdadeiros responsáveis por este estado de coisas, além, é lógico, das atuais administrações e elites? São justamente os criadores do "globoritarismo" (totalitarismo da globalização) que impõe um brutal processo de transferência de renda das nações periféricas para a matriz. Qual é a verdadeira razão da sua atual prosperidade ? A resposta está na elevada taxa de juros imposta por eles, na brutal deterioração dos termos de troca comerciais sofrida pelas nações menos desenvolvidas, nas privatizações selvagens onde empresas que valem bilhões são vendidas por milhões, na exploração brutal do nosso povo, que trabalha recebendo ninharia, convivendo com o desemprego, sem os direitos mínimos de cidadania (educação, saúde, previdência, segurança) para garantir a vida opulenta dos "senhores do globoritarismo". Cada terremoto ou tornado ocorrido na matriz ocasiona prejuízos materiais que são repassados, indiretamente, para serem pagos com o nosso sacrifício. É a "neoescravidão".

REVISÃO Editora e Livraria Ltda.

Querem roubar-nos a Amazônia para usar suas incomensuráveis riquezas (solo, subsolo, água, biogenética) como reserva técnica do primeiro mundo. Nós, brasileiros, não permitiremos que tal crime seja perpetrado, A Amazônia brasileira é nossa e continuará sendo, a qualquer preço!

Correio eletrônico : mcoimbra@antares.com.br
Site : www.brasilsoberano.com.br

| Voltar para: Índice artigos | Artigos 2001 1ºSem | Artigos 2001 2º Sem |

© 1998-2001 By　　　　　　　-　　　　　- RS - Brasil

Petrobrás - Genealogia...

David era amigo de José, que era amigo de Fernando, pai de Beatriz. Beatriz estudava em Madrid. David ia passar por lá. Fernando pediu a José que pedisse a David para levar uma carta para a filha Beatriz. David entregou a carta e ficou com a mão de Beatriz.

David era David Zylberztajn. José era José Gregori. Fernando era Fernando Henrique. Hoje Davi é o presidente da ANP (Agência Nacional do Petróleo), genro venturoso do presidente.

Henri era amigo de João, que era ministro de José. Quando João virou ministro, chamou Henri para trabalhar com ele em Brasília. Henri conheceu a filha de um senador e com ela se casou.

Henri era Henri Philippe Reichstul, hoje presidente da Petrobrás. João era João Sayad, ministro do planejamento. José era o presidente José Sarney. O senador era Severo Gomes, do PMDB de São Paulo, sogro do Reichstul, que mal saiu do governo Sarney, fundou um banco com Sayad.

David e Henri são judeus (daí essas terríveis sopas de letras de seus nomes), eram casados com mulheres judias e as deixaram para se casarem com duas filhas de senadores e caírem de pára-quedas nas duas mais poderosas entidades petrolíferas do País.

Não se diga que deram o golpe de baú. No máximo, do poço.

(Dois novos membros do Conselho de Administração da Petrobrás são Jaime Rotstein e Gerald Reiss. A Petrobrás acaba virando um emirado judaico).

Sebastião Nery - Tribuna da Imprensa, 29/mar/99
Publicado no Boletim-EP / Esclarecimento ao País Nº 20 - ABR 99
RGS - Brasil

REVISÃO Editora e Livraria Ltda.

Do Poder Global & Do Terror

11 de Setembro de 2001 – A Hora Da Mudança

O Eixo Judaico-Americano De Poder Mundial E A Podridão Política Da ONU

Grupo Granja

manifesto

*

Nenhum *império colonial* dura para sempre.

Diante da *declaração norte-americana de guerra contra a Terra*, os europeus, através do *comitê ambiental do Parlamento Europeu*, protestaram dizendo que

"o boicote direto é a única língua que eles entenderão"

in "Americanos Barram Berço Chamado Terra",

manifesto do Grupo Granja, 2001

Criada em :
01 / Jun / 1999

Atualizada em:
14.12.2001

*

"Não existe uma Verdade quando a Diversidade humana busca em si mesma

respostas para o próprio Ato de viver.

Ninguém poderá usufruir da Riqueza quando alguém sobrevive na Pobreza...

Ninguém poderá nomear-se Senhor(a) de Mando para estar Poder à custa da Escravidão...

http://www.revision.com.br/artigos2001_2s/poder_global.asp   27/01/02

218 CARLOS GUSTAVO NÓBREGA DE JESUS

REVISÃO Editora e Livraria Ltda.

Ninguém poderá nomear-se a mando de um(a) Deus(a) para tornar-se Poder e

flagelar dogmaticamente o Povo e as Nações..."

in "Contra A Hipocrisia E A Fome",

manifesto do Grupo Granja, 2001

*

1

Ninguém mais pode(rá) afirmar "eu não sei", diante das evidências de um *Mundo globalizado* segundo interesses de *7 países ricos*, com *discurso político-militar único* quando se trata de defender cada um deles contra a *maioria de países pobres* e o *domínio das riquezas que os países pobres detêm em seus territórios*. Este é o *Mundo global* que uns poucos gerenciam contra a maioria dos *povos*...

2

Os eventos ocorridos nos EUA, contra instalações civis-econômicas (New York) e militares (Washington), em *11 de Setembro de 2001*, mostraram o que o observador e escritor *João Barcellos* escreveu na Imprensa: '*a turma do estilingue e do guerreiro da pedra contra a turma da bomba atómica e do guerreiro cibernético*'.

É preciso dizer que este *guerreiro da pedra* é um produto direto das políticas externas de *expansão colonialista* expressas na ação militar daquele *guerreiro cibernético*. O povo diz que, na maioria das vezes, o *feitiço volta-se contra o feiticeiro*. Esta verdade aplica-se genuinamente à *ação de terror* levada a cabo em *11 de Setembro de 2001* contra os *símbolos do Poder absolutista* dos EUA, que são os símbolos dos *7 países mais ricos*, mas não são os símbolos dos *povos globalmente explorados e espoliados pelo Terrorismo institucionalizado na Organização das Nações Unidas sob gerência do G-7*. Vivenciando a *Fome* e a *Miséria*, a maioria dos povos do chamado *terceiro mundo* e os dos *países em vias de desenvolvimento* alimenta *um ódio íntimo cada cada explorador*, e como os EUA são a cabeça econômico-militar do *Mundo global* é este país que recebe a *justa raiva humana de quem passa fome na escravidão econ* *econômica para uns se dizerem em liberdade*. É isto que está por trás dos eventos de *11 de Setembro de 2001*. Não apenas o *fanatismo místico* de uns alguns religiosos. O que está em jogo é o *Poder*...

3

REVISÃO Editora e Livraria Ltda.

Enquanto Israel invade e coloniza a Terra palestina, e impede o Estado da Palestina, a ONU não se manifesta, ou enquanto os EUA invadem o Iraque e a Líbia, chacinam milhares de pobres árabes, para defenderem políticas do *mercado petrolífero* determinadas pelo G-7, ou anuncia a possibilidade de se criar um exército amazônico internacional (sob o seu comando), a ONU não se manifesta... mas determina sanções econôminas e militares contra os países que se opõem ao *eixo judaico-americano que domina o Mundo glogal*.

Neste contexto, e no âmbito da retaliação militarista dos EUA contra os árabes, na figura mistico-terrorista de *Osama Bin Laden* (que dirige o grupo guerrilheiro global *Al Qaeda*) e na figura territorial do *Afeganistão* (dominado politicamente pelo fanatismo do grupo místico *Taleban*, que dá guarida ao *Al Qaeda*), os *fanáticos colonialistas* de Israel já queriam aproveitar para uma ofensiva militar global, e definitiva, contra a Palestina – o que comprova, de uma vez, a política hegemonista do 'poder mundial', que é uma velha bandeira do Sionismo sgregacionista religioso e político, em prática no *eixo judaico-americano*.

Na sua luta contra o Comunismo (...?!), os EUA treinaram e armaram grupos políticos e diversas facções religiosas árabes, da mesma maneira que a ex-URSS havia feito no apoio à sua política na região. *CIA, KGB e MOSSAD* foram e são os serviços de *inteligência que tornaram as terras árabes um barril de pólvora e um assentamento de povos culturalmente desterrados e vilmente espoliados na sua cidadania*. Um dia essa *ação terrorista institucional* teria a sua contra-partida, isto é, um dia os desterrados e os espoliados puxariam os seus *estilingues* e, numa *ação suicida de terror*, surgiriam no dia a dia das potências que dirigem o *Mundo global*. Foi o que aconteceu em *11 de Setembro de 2001*... E agora, a ex-URSS e os EUA unem-se para destruir as suas crias... com a benção do Vaticano.

Antes dos norte-americanos, os franceses e os ingleses desenvolveram cenários de Terror nos territórios árabes, antes da 1ª Guerra Mundial. Quando os EUA iniciaram o seu envolvimento na região, depois da 2ª Guerra Mundial, fizeram-no já sob o espírito da política do *mercado petrolífero* e já como potência econômica e militar, a par da URSS, com a qual travou uma *guerra fria* em que os territórios árabes tiveram importância vital, e Israel em particular. É por isso que Israel, esquecendo a sua origem histórica e lutando pelo 'poder mundial', quer se livrar de tudo o que é árabe perto das fronteiras do seu Estado... Eis que dar continuidade a uma *política belicista nos territórios árabes* é manter a defesa do Estado israelita, por um lado, e impedir que o *Universo islâmico* continue a se alastrar no Mundo que o G-7 quer só para si. Onde entra a *hipocrisia religiosa e política* da Cristandade, que apoia a retaliação dos EUA em relação aos atentados que sofreu só para ganhar no terreno diplomático de combate àquele *Universo islâmico*.

REVISÃO Editora e Livraria Ltda.

4

Todos, mas todos, temos de dizer não ao *Terrorismo*, mas com a convicção de que o *Terrorismo – o de Estado ou o de Grupo –* é fruto de um Poder em exercício (de nações abastadas) e de um contra-Poder (em nações destruidas). Por isso, "...é preciso conhecer os *campos em confronto* para se determinar uma linha de atuação cívica, não se pode apoiar uma *retaliação terrorista de Estado* nem uma *ação terrorista que utiliza deus como base política*, pois, esta é cria daquele!", como refere o escritor já aqui referenciado.

5

Em suma: o *Grupo Granja* conclama a Humanidade a refletir enquanto tal. Que o *evento terrorista de 11 de Setembro de 2001 de contra-Poder terrorista* sirva como base de busca de Conhecimento do gênero humano e não como base de destruição global.

Carlos Firmino **1963, professor e jornalista (SP-Brasil); Joane d'Almeida y Piñon** *1947, física e ensaísta* **(Houston/USA e Buenos Aires/Arg.); Mário Castro** *1958, fotojornalista e serígrafo* **(RJ-Brasil); João Barcellos** *1954, escritor e editor* **(Portugal e Brasil) e Rosemary O' Connor** *1960, professora e crítica de arte* **(Irlanda).**

Obs: Este *Manifesto GG* teve também a participação do artista plástico *Figuera Novaes* (do Chile), já convidado a apresentar tese para se integrar.

Setembro de 2001   [Cx. Postal 16 Cep 06700-970 Cotia/SP Brasil]

|**Voltar para:** Índice artigos| Artigos 2001 | Artigos 2001 2º Semestre |

© 1998-2001 By   -   - RS - Brasil

http://www.revision.com.br/artigos2001_2s/poder_global.asp   27/01/02

REVISÃO Editora e Livraria Ltda.

O partido de Tiradentes

Joaquim de Almeida Serra

Criada em :
01 / Jun / 1999

Atualizada em:
14.12.2001

O governo do Brasil (Executivo, Judiciário, Legislativo) riscou do calendário das festas nacionais o 7 de setembro
O entreguismo, que nos últimos meses acelerara a marcha da condenação do Brasil à escravidão, decretou no dia 29 de julho o fim da independência nacional Bem cedo seguir-se-á, desgraçadamente, a ocupação do território pátrio pelo estrangeiro esse recoloniza-rá o país tendo tudo para ser uma das potências de primeira grandeza do mundo, o Brasil, devido à traição de seus 3 poderes, passará em breve a colônia dos Estados Unidos da América, da Grã-Betanha, dos outros membros do grupo dos Sete, das multinacionais e dos banqueiros e aproveitadores de todo tipo.
O povo brasileiro, levado à pior humilhação, será escravo dos imperialistas e ficará condenado `mais negra miséria. O Brasil será subjugado, explorado maltratado, humilhado devido à ação criminosa dos entreguistas.
O "pais do futuro" de Stefan Zweig, em vez de Ter, como poderia Ter tido, industrias pesadas, comércio importante cultura elevada, educação total, será país de deseducados, sua indústria será a de mariolas, picolés chicabons, pipas papagaios, balagandãs. Nada mais! Tudo nos será empurrado pela goela pelo impiedosos imperialistas.
Nossos imensos recursos naturais estratégicos, raros e preciosos, serão propriedade dos que terão tomado o poder no Brasil devido à infame traição dos entreguistas. A honra de nação livre desaparecerá. Tudo causado pela perfídia do entreguismo. Sem independência, para que Forças Aramadas? O Exército, a Marinha, a Aeronáutica não mais serão necessários. Talvez para manter as aparências, os donos do Brasil permitam que ainda haja generais, almirantes, brigadeiros, coronéis, comandantes etc. etc. Todos de mentirinha. Pois, na verdade, sargentos, ou na melhor das hipóteses, capitães do Pentágono darão as ordens aos oficiais-generais.
Mais tarde nossos descendentes perguntarão a seus ancestrais, principalmente aos militares, como permitiram, sem qualquer reação, que acabassem com nossa soberania; como deixaram que ocupassem nosso território, pisassem em nossa bandeira, humilhassem nosso povo!
Para ao menos se salve a honra nacional, a partir de hoje, não mais é necessária a existência dos atuais partidos políticos, desde o PMN, meu preferido, até PDT, PT, PSDB, PPB, etc. A partir de hoje, conforme já dissera o grande Barbosa Lima Sobrinho no Brasil só haverá dois partidos, o de Tiradentes e o de Silvério dos Reis. Que os de Tiradentes, nem que seja com sangue, suor e lágrimas derrotem para sempre os de Silvério dos Reis.

Joaquim de Almeida Serra è embaixador aposentado

ANEXO - TERCEIRA FASE

REVISÃO Editora e Livraria Ltda.

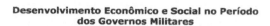

Desenvolvimento Econômico e Social no Período dos Governos Militares

General de Brigada (Ref.) Niaze Almeida Gerude

O Pais, desde o primeiro Governo do Gen. Castelo Branco, iniciou imediatamente a faina normalizadora, tornada urgentíssima a vista das deploráveis circunstancias em que afundara. Mister se tornara reorganizar a economia e as finanças e impulsionar o desenvolvimento econômico e social. Após um curto período de recessão, com a ordem restabelecida ou, pelo menos, controlada, foi possível realizar muito, tanto no plano econômico, quanto no social, mudando a face do Brasil.

Criada em :
01 / Jun / 1999

Atualizada em:
14.12.2001

Entre 1964 e 1978 elevou-se o produto interno bruto, PIB, de US$ 23 bilhões para US$ 164 bilhões; ampliou-se o comércio exterior de de US$ 2,6 bilhões para US$ 25,9 bilhões; estendeu-se a rede rodoviária federal, de 27.939 Km, para 83.943 Km; aumentou-se o potencial hidrelétrico, de 6.840.000 Kw, para 23.604.000 kw; firmou-se o Acordo Nuclear com a Alemanha Ocidental; desenvolveram-se, extraordinariamente, as telecomunicações e serviços de correios e telégrafos; dilatou-se grandemente a frota da Marinha Mercante, tendo já em 1976 passado de 1.299.000 toneladas brutas para 4.938.000; cresceram de 143 mil, para 1 milhão e 500 mil, as matriculas no ensino superior; aumentou enormemente o numero dos assistidos pelo INPS, hospitais e diversos programas sociais; construíram-se milhões de casas populares; reduziu-se a inflação, de 100% para 23%, ja em 1973; foram instalados diversos programas e projetos, do Vale do São Francisco; o PRODOESTE, para o desenvolvimento do Planalto Central; o PIN Programa de Integração Nacional, destacando-se a construção da Transamazonica e da Rodovia Cuibá-Santarem; o POLOAMAZONIA, Programa de Pólos Agropecuários e Agrominerais da Amazônia; o Programa de Produção de Minerais Energéticos Nucleares; a criação do Ministério da Previdência Social; o desenvolvimento dos setores industriais de base, com a implantação de pólos petroquímicos, de complexos metal-mecanicos; o impulso continuado as exportações; a produção de álcool, para adição a gasolina: o aumento da capacidade de refino de petróleo; o Sistema Internacional via satélite, cujos canais saíram de zero, para 588, já em 1976 e outros.

Os Governos Militares, responsáveis e conscientes, através de planejada execução de programas, empreenderam o progresso brasileiro, de acordo com a visão global da Antropologia filosófica de São Tomas de Aquino, em que o homem se situa como a mola mestra da comunidade que, por inteiro, ha de voltar para a consecução de sua finalidade que, em ultima analise, se dirige ao

REVISÃO Editora e Livraria Ltda.

Supremo Bem.

Tudo fizeram para que neste País se instaurasse uma sociedade política justa, porque é nela que o homem desdobra o carretel de suas virtualidade. Todavia, muitos, tanto de dentro como de fora, ontem como hoje, através da corrupção; de movimentos revolucionários, como MST; de concepções colonialistas dos países do G/8; ataques especulativos planejados, com aumentos das dívidas, impedem o Brasil de acabar com seus bolsões de pobreza, estabelecer a justiça social cristã e, contrariando interesses internacionais, alcançar lugar de destaque entre as nações.

| Volta artigos 2001 |

© 1998-2001 By   -   - RS - Brasil

http://www.revision.com.br/artigos2001/desenvolvimento_economico.asp   28/01/02

REVISÃO Editora e Livraria Ltda.   Página 1 de 6

Irmandade da Abjeção

João Barcellos

"*Eles não sabem que o sonho*

(...) é fermento"

GEDEÃO, Antonio- in 'Pedra Filosofal' (poema)

Criada em :
01 / Jun / 1999

Atualizada em:
14.12.2001

"*...os cientistas israelenses estão a tentar explorar os avanços médicos que codificam genes característicos de alguns árabes para criarem bactérias ou vírus geneticamente alterados*"

Sunday Times, jornal, GB, 15.11.1998

R

A percepção que uma determinada **Comunidade** pode ter de **Independência** chega-lhe, na maioria das vezes, não pela **paixão comunitária** e a **Tradição** que esse viver carreia culturalmente, mas pelo desejo de uma **facção** que, **mítica, mas misticamente consolidada**, segmenta a **Comunidade** até a radicalizar na **fuga ao meio que naturalmente é o seu**. Foi e é o **Caso Israelita**, uma comunidade árabe que se diz **linha ancestral na 'raça' de Abraão** e por isso desejou ser de Israel o **Estado** nas terras antigas dos fenícios (hoje, a **Palestina**), embora nem **Israel** (ou **Jacó**) nem **Abraão** tivessem ligação com a terra fenícia, e sim com **Padã-Harã** (Gênesis, 28:2) e com a **Caldeia** (Gênesis, 12:5) – ora, como se vê, e lembro o texto (exemplar em revisionismo) "A Partilha Da Palestina", de

Mohamed Fares (in www.revision.com.br), até a "*Bíblia não legitima aos judeus reivindicar a Palestina como antiga terra de Israel*".

E aqui surge a questão: "*...como explicar que a Palestina era uma 'terra sem povo', se todos sabiam que os semitas (árabes e judeus, com estrutura genética muito parecida) viviam e vivem ali há milênios?*" (*ARBEX JR, José* – revista *Caros Amigos*, São Paulo/Br., Dez. 1998). A desagregação de um *grupo étnico* da sua *base cultural*, quando radicalizada no *instinto místico que se opõe à mítica verdade telúrica da raça que somos*, ocasiona o *Ódio* e o *Êxodo* de uns – que não querem *nem Ser nem Estar na base cultural que lhes é, queiram ou não, tronco étnico* – e, historicamente o sabemos, torna-se um fator de *Guerra santa* também para as gerações vindouras. A obtenção de *Direitos em Poder* para uma autodenominada *facção étnica* que nem na História Oral – i.e., na *Tradição*, encontra bases sólidas, provoca, por outro lado, uma *abjeção social culturalmente assimilada na Comunidade Internacional...*

Nos alvores do Séc. XII, do segundo milênio d.C., eram já os árabes uma potência econômico-militar e científica, Portugal tornou-se uma *Nação* ao assumir no seu território em expansão as várias etnias que, hoje, são a base da sua *Cultura*. Um exemplo extraordinário de *Civilização decalcada na concepção castreja de viver* (*BARCELLOS, João* – in "Olhar Celta", op., 2001, ed. do Autor e *Cotianet* ( ). Contra este *Estado de Direito* opõem-se os *casos de divisão rácica pelos autodenominados grupos ditos divinamente eleitos ou escolhidos*, grupos que só conseguirão ser *Estado* pela força (bélica ou econômica) e servindo, sempre!, de *muleta política* para os interesses transnacionais.

No final do Séc. XIX, d.C., um *grupo judeu* não tão fundamentalista quanto os *míticos rabinos*, mas misticamente doutrinado para ser o suporte político e financeiro de um *Estado de Israel nas terras da Palestina* (o velho e sempre cobiçado *espaço fenício*), criou o *Sionismo* e divulgou mundialmente os *Protocolos dos Sábios de Sion*. Ficou clara a intenção de uma *Raça Superior* no conceito que deu, e dá, base ao *Sionismo*, tanto que "*(...) a clara maioria dos israelenses defende seus direitos como privilégio, negando-o aos outros*" (*SADER, Emir* in "Hitler chegou ao Poder em Israel", art., revista *Caros Amigos*, São Paulo/Br., Fev. 2001)... E novamente a *mítica coisa* – i.e., *a Palavra feita Lei de geração em geração na função geradora da Farsa que vira 'Verdade'*... Apoiados na força política e bélica de europeus e norte-americanos, os *sionistas* venderam a idéia de um *Estado de Israel* e a *Comunidade*

REVISÃO Editora e Livraria Ltda.   Página 3 de 6

Internacional comprou-a, apesar de considerar o *Judaísmo* um (a) *irmandade da abjeção*. Os *impérios da segunda metade do Séc. XX* precisavam de um *acordo político-econômico com os mercadores judeus*, daí nasceu o *mito israelita de um Estado teocrata na Palestina*, uma abjeção étnico-política subvencionada pelos contribuintes norte-americanos contra a *Unidade Árabe* e pela *segregação dos velhos fenícios (hoje, palestinos)*, o que continua nos alvores do Séc. XXI. Ora, "(...) *Um povo que tem essa atitude não está à altura de gozar de liberdade, de democracia, de paz e de reconhecimento universal (...) Cabe aos judeus de todo o mundo se pronunciar: o apoio ou mesmo o silêncio significam a cumplicidade com esse monstruoso processo (...) que promete sofrimento, sangue e guerra..."* (idem, ibidem). É a dominação colonizadora de *um grupo (os sionistas) contra a Cultura ancestral de uma Etnia (os palestinos)*; é a *estratégia sionista de uma raça pura contra milhões de palestinos (cujos direitos de Cidadania foram cassados politicamente pela ONU no estabelecimento do Estado israelita) e contra o mundo não-semita*.

Os *povos árabes* têm os *judeus* como inimigos mortais desde os tempos da *Civilização Fenícia* (v. *FABRE D'OLIVET, Antoine* – in "História Filosófica Do Gênero Humano", Paris/Fr., 1901), mas a vera *Guerra santa* foi declarada pelos *irascíveis e racistas autodenominados descendentes de Abraão*, até que o último *hebraico* se destrua no próprio holocausto.

O árabe é um povo que canta *"eles não sabem que o sonho (...) é fermento"* (lembrando aqui o poema português de fragrância alquimicamente árabe) e acalenta a eternidade justíssima de *uma Cultura arábica contra o ancestral segregacionismo judaico e o moderno sionista*.

Ao renegar o *sangue árabe*, o *hebreu* (em tradução: o *árabe em fuga*) tornou-se *judeu* e, nisso, uma *irmandade abjeta* que só sobrevive em função da troca de favores com *poderes imperiais* – como sabemos dos *impérios romano, soviético e norte-americano* -, porque *"...não sendo uma etnia verdadeira o judeu é uma farsa oral com pilares ideologicamente místicos"* (*CÉDRON, Marc* – in "As Falsas Raças Puras", palestra, op., Áustria/1978). Por esta razão, *"...o judeu não representa uma Civilização, é uma seita com alguns indivíduos excepcionais que, por sua vez, também não atende aos apelos fanáticos do Sionismo, da mesma maneira que os brancos do Apartheid sul-africano se representam a si mesmos e nunca a África!..."* (idem, op. cit.). Neste particular deve-se citar o judeu-austríaco *Martin Buber* (1878-1965), que defendia a "(...) substituição da estrutura estatal forte por uma estrutura descentralizada (...)", o que concorria e concorre contra a política

http://www.revision.com.br/artigos2001/irmandade_da_abjecao.asp   26/01/02 prepotente e pseudo-imperial do *Estado israelita*, embora ele – o iluminado filósofo, não fosse anti-sionista. Óbvio, *o Estado israelita é um ato colonial(ista) fundado na essência patriarcal judaica*, sim, aquela *que Jesus combatera energicamente* porque era a essência da *prostituição mercantil*... Não podendo ter essa práxis entre os *árabes autênticos*, o *hebreu* instituiu o seu próprio sistema místico-econômico.

Funcionando como um *movimento contra-Cultura entre a Comunidade Internacional* mas retirando dela o seu sustento em lucros de *prostituição mercantil*, o *Sionismo* expandiu-se até dominar financeiramente os principais centros de decisão do Mundo (paralelamente, o *Cristianismo*, contra os princípios de *Jesus*, tomou o mesmo rumo corruptor enquanto Igreja universal...) e, hoje, *Israel* (assim como o *Vaticano*) é um *império teocrático*. Restou aos povos do Mundo a fuga ao *jugo místico*. Era e é muito tarde. E apesar dos esforços do *Sionismo*, a *falsa etnia hebraica* continua a ser a *irmandade da abjeção*, essa que segrega *palestinos* e que, antes de ser *Estado*, declarou *guerra econômica contra o Povo alemão* em manifesto veiculado, em 1933, pela Imprensa internacional (*BARCELLOS, João* – "A Estética Ideológica Do Sionismo Na Morte Lenta Da Humanidade", ensaio/pal., 2001)...!

A *pirataria étnica sionista* derrama ódio diariamente sobre a *Palestina* – i.e., sobre os *palestinos obrigados à diáspora às vezes na própria terra onde nasceram*... No alvor do Séc. XXI existem mais de *quatro milhões de palestinos refugiados sob a ameaça de chacina pelos sionistas*. "Os arianos israelenses, numa demonstração de arrogância sem paralelo, afirmam que aceitam a criação de um Estado palestino, mas não aceitam que os semitas expulsos retornem a seus lares. Será que temem ter de indenizá-los?" (*BOURDOUKAN, Georges* – in "Israelianos Promovem Limpeza Étnica", art., revista *Caros Amigos*, Fev., 2001). Óbvio, os *palestinos* não têm a vida como mera troca mercantil e não vão correr atrás de dinheiros sujos, o que é afinidade dos *sionistas*, o que os *palestinos* querem indenizações, eles querem *o direito à Pátria* velha sempre renovada no sonho do coração guerreiro. O jogo de palavras (*Israel+ariano=israeliano*) utilizado por *Bourdoukan* (autor de "A Incrível e Fascinante História do Capitão Mouro", ed. Casa Amarela, São Paulo/Br.) mostra-nos o quão é importante a revisão histórica, sempre, a cada instante. O *sionista não sonha, ele quer e consegue ter, é diferente do palestino e do não-semita, que têm na realidade o sonho de uma vida humanamente possível: o Sionismo é tudo o que na Humanidade não deve existir, já o palestino e o não-semita, em geral, são a Civilização que um dia eclodirá de novo!*

REVISÃO Editora e Livraria Ltda.   Página 5 de 6

No que considero a *política histórica da revisão dos atos inventados, aqueles atos/estórias que acobertam oficialmente os massacres bélicos e culturais contra a Humanidade*, registro a necessidade de se dizer, demonstrando (**BARCELLOS, João** – " 500 Anos De Brasil", ensaios/palestras, ed. Edicon, São Paulo/Br., 2000), que *o velho e nefasto exemplo judeo-português da era quinhentista* (quando, no *Novo Mundo*, os *Povos da Floresta* foram chacinados *em nome comércio e da economia global*, do onde também já resultara o *fidalgo escravocrata religiosamente abençoado*) está de volta na *colonização da Palestina pelos judeus* – i.e., *os sionistas simplesmente vêm 'apagando' os palestinos na própria Palestina*, exercício bélico-político que se utiliza de todas as armas... Muito preocupado com a *Ecologia Humana*, o psiquiatra **Marc Cédron** (Ag.1949-Fev.2001) diz(ia)-nos que "...*o desenvolvimento da Engenharia Genética vai certamente produzir sub-espécies humanas para gáudio dos estúpidos e ignorantes teocratas que se auto-intitulam 'eleitos de deus', como é o caso do Grupo Judeu; a Engenharia Genética não pode ser controlada pela Economia de Mercado nem pelo Estado, urge estudar formas de controle ético-bio-tecnológico que, no Séc.XXI, não será mais ficção!*" (in " Sub-Raça & Poder Teocrático", pal., 1996); e, dois anos depois, o mesmo pesquisador escreveria: " *Parece-me que a História acaba de justificar o Nazismo... Parece-me um absurdo, mas os fatos são concretos: em 1933 os sionistas declararam guerra comercial internacional contra os alemães e o Nazismo respondeu com a guerra aberta contra o Sionismo; agora, leio no Sunday Times, que Israel, com base nos estudos de pigmentação realizados pelo segregacionistas sul-africanos, em pleno Apartheid, criou uma Bomba Étnica com capacidade para alterar geneticamente o árabe não-semita. Ah, então o Hitler tinha razão: o Sionismo é um mal que tem de ser combatido antes que acabe com a Humanidade!*" (in " Carta ao Grupo Granja – Anexo À Palestra Sub-Raça & Poder Teocrático", Paris/Fr., 1998).

Não sou contra o *povo judaico* enquanto *Nação*, sou contra a *ocupação da Palestina* e contra a *falsidade étnica anti-árabe* e o *racismo fanático* que a sua *Cultura sionista* desenvolve contra o *Mundo*.

(*João Barcellos* – escritor e consultor cultural, 2001)

| Volta_artigos_2001 |

http://www.revision.com.br/artigos2001/irmandade_da_abjecao.asp   26/01/02

REVISÃO Editora e Livraria Ltda.

Criada em :
01 / Jun / 1999

Atualizada em:
14.12.2001

MENSAGEM AOS BRASILEIROS
do
Centro de Estudos e Debates Integralistas

Há cerca de 69 anos, precisamente no dia 7 de outubro de 1932, Plínio Salgado(1895/1975) lançou um Manifesto à Nação, que ficou conhecido como "Manifesto de Outubro de 1932", oferecendo ao Povo Brasileiro uma mensagem de Renovação Nacional. Dirigindo-se ao operariado do País e aos sindicatos de classes, aos homens de cultura e pensamento, à mocidade das escolas e das trincheiras, às Classes Armadas, iniciava uma intensa pregação Nacionalista e Patriótica, Cristã e Democrática, contra o Colonialismo e as forças dissolventes e desagregadoras da Nacionalidade, combatendo firmemente os trustes internacionais e o imperialismo, e defendendo, de maneira clara e objetiva, o monopólio estatal do petróleo e as nossas riquezas naturais, fundando, assim, a AÇÃO INTEGRALISTA BRASILEIRA, movimento de caráter genuinamente brasileiro, antitotalitário e espiritualista, porque pregava a Democracia Orgânica ou Democracia Integral, como forma de corresponder aos grandes anseios da sociedade: criação da Câmara Orgânica, com representação popular através das Forças Vivas da Nacionalidade, isto é, das categorias profissionais de trabalhadores e classes empresariais, com poder de voto e decisão junto à Câmara Política.

Afirma o Manifesto de 1932: "Os homens e as classes, pois, podem e devem viver em harmonia. É possível ao mais modesto operário galgar uma elevada posição financeira ou intelectual. Para isso, o Governo precisa de Autoridade capaz de evitar que os ricos, os poderosos, os estrangeiros exerçam influência nas decisões do governo, prejudicando os interesses fundamentais da Nação. O Integralismo quer o operário com garantia de remuneração adequada às suas necessidades e de sua família e participando no lucro das empresas; de fronte erguida, tomando parte em assuntos que lhe dizem respeito; de olhar iluminado, como um homem livre; tomando parte nas decisões do Governo, como um ente superior, através de representantes de trabalhadores, democraticamente eleitos em seus sindicatos e entidades de classe, como membros da Câmara Orgânica, autônoma, funcionando também como Poder Legislativo, ao lado da Câmara Política e do Senado da República. Exercida uma rigorosa fiscalização pelo Estado Integralista, sobre todas as atividades produtoras, estarão abertas as portas à todas as aptidões. Muitos vivem a engrandecer tudo o que é de fora, desprezando todas as iniciativas nacionais. Tendo nos dado um sistema político-econômico inadequado, que é o chamado Liberalismo, doutrina do século XVIII, diante das desgraças e dos desastres da Pátria, preferem acusar o brasileiro de incapaz, em vez de confessar e reconhecer que o atual Sistema é que é incapaz e

REVISÃO Editora e Livraria Ltda.

inadequado para o Brasil."

Reafirmando os postulados contidos no "Manifesto de Outubro de 1932", dirigimos esta Mensagem aos Brasileiros para declarar que estamos voltando ao cenário da vida nacional, com o firme propósito de, sem qualquer vinculação político-partidária, fazer sentir à Nação Brasileira, "que o Integralismo atingiu aquela altura preconizada e tão ardentemente desejada pelos seus iniciadores: a de um sistema de idéias, vitalizando um sentimento puro e forte de consciência nacional. O Integralismo continuará a existir como ordenação de idéias políticas e sociais, inspiradas nos ensinamentos de Cristo. Continuará a existir como disciplina moral e sustentação de princípios filosóficos".

Voltamos para combater o bom combate, por Deus, pela Pátria e pela Família, desfraldando novamente a Bandeira Azul e Branca, agora com o nome de CENTRO DE ESTUDOS E DEBATES INTEGRALISTAS - CEDI - , com seus Estatutos Sociais já aprovados e legalizados perante às Leis Brasileiras, e cuja a Doutrina está consubstanciada no já famoso "Manifesto de Outubro de 1932", não obstante os quase 70 anos dele decorridos, que serão condignamente comemorados a 7 de outubro de 2001 próximo, no Rio de Janeiro, é de uma atualidade impressionante, constituindo o farol luminoso e a fonte inesgotável de idéias novas e altamente progressistas e renovadoras. Lutaremos pelo aperfeiçoamento da Democracia em nossa Pátria!

Na verdade, enquanto prevalecer no Brasil a farsa do superado e obsoleto Liberalismo, presa fácil de doutrinas exóticas e totalitárias que pretendem empolgar a Nação, a rigor não existirá Democracia em nosso País, pois Democracia compreende "liberdade" e não licenciosidade e libertinagem, e também compreende "igualdade" no sentido amplo do vocábulo, mas aqui existe "liberdade", por vezes excessiva, mas não existe "igualdade", isto porque um brasileiro pobre, em face de um rico, leva desvantagem nos pleitos eleitorais, considerando que o rico dispõe de meios oriundos do poder econômico para sua propaganda eleitoral, ao passo que o candidato pobre não dispõe desses meios. Na hipótese, a propaganda transforma-se em processo psicológico de coação, o que equivale dizer que o sistema eleitoral do Liberalismo engendra a forma antidemocrática e dinheirocrática, porque o Povo Brasileiro ou a massa popular, julgando-se livre (o que na realidade não o é), eis que, sem o perceber, é compelido a votar nos que mercadejam o voto através de uma publicidade bem engendrada pelos meios de comunicação de massa, votando nesses candidatos ricos que martelam os seus sentidos e a sua sensibilidade emotiva, anulando-lhe a capacidade de discernimento e de raciocínio.

A verdadeira Democracia é a que se expressa nos Grupos Naturais de que procede a Pessoa Humana intangível, sendo o primeiro deles a Família, vindo em seguida a Profissão, a Propriedade justa, isto é, aquela que não ultrapasse os limites do bem alheio ou comum e o Município, porque esses Grupos Naturais facultam à Pessoa Humana os meios indispensáveis à expressão de sua autonomia.

REVISÃO Editora e Livraria Ltda.

Partindo do princípio de que "DEUS DIRIGE O DESTINO DOS POVOS", ontem como hoje, ao desfraldar novamente a gloriosa Bandeira Azul e Branca da saudosa AÇÃO INTEGRALISTA BRASILEIRA, nós, do CENTRO DE ESTUDOS E DEBATES INTEGRALISTAS - CEDI - ,queremos afirmar que "pretendemos levantar as populações brasileiras, numa união sem precedentes, numa força jamais atingida, numa esperança jamais imaginada!. Pretendemos lançar as bases de um sistema educacional para garantia da subsistência da Nação no futuro. Pretendemos insuflar energia aos moços, arrancá-los da descrença, da apatia, do ceticismo, da tristeza em que vivem; ensinar-lhes a lição da coragem, incutindo-lhes a certeza do valor que cada um tem dentro de si, como filho do Brasil e da América. Movimentar as massas populares, numa grande afirmação de rejuvenescimento. Sacudir as fibras da Pátria! Erguê-la da sua depressão, do seu desalento, da sua amargura, para que ela caminhe, dando começo à Nova Civilização, que, pela nossa força, pela nossa audácia, pela nossa Fé, faremos partir do Brasil, incendiar o nosso Continente, e influir mesmo no Mundo. Para isso, combateremos os irônicos, os 'blasés', os desiludidos, os descrentes, porque juramos não descansar um instante, enquanto não morrermos ou vencermos, porque conosco morrerá ou vencerá uma Pátria".

Não existe, no Brasil de hoje, nenhuma possibilidade de outro grupo de brasileiros, portador de uma Doutrina, de uma Filosofia e de um Programa de Governo eficiente, se firmar como nós Integralistas. Porque o Integralismo é, na realidade, uma Doutrina viva e palpitante deste início de Milênio e o será, com muito mais razão, dos séculos porvindouros, pelo simples fato de conter uma Filosofia que, abandonando as unilateralidades do Liberalismo, do Marxismo (Socialismo ou Comunismo), do Fascismo, do Nazismo, velhas concepções de um mundo superado, apresenta-se como o Pensamento dos Tempos Novos e a realidade imperativa do Futuro.

Assim, pois, hoje como ontem, nas gerações que vieram sucessivamente, de 1932 até nossos dias, e prosseguirão nas gerações futuras, é com a mais ardente convicção que repetimos: "O Integralista é o soldado de Deus e da Pátria, Homem-Novo do Brasil, que vai construir uma Grande Nação".

E pela força poderosa da Divina Providência e do Pensamento Integralista, dentro em breve, o Brasil transformar-se-á numa esplendorosa Nação Cristã e Democrática, cujo Deus será o Senhor, revelando-se, assim, como a Pátria do Evangelho, coração e celeiro do Mundo e sobre as bênçãos de Nossa Senhora Aparecida, Padroeira do Brasil!
Anauê! Pelo Bem do Brasil! !

Rio de Janeiro (RJ), 16 de Junho de 2001.

CENTRO DE ESTUDOS E DEBATES INTEGRALISTAS - CEDI -

aa) MARCELO SANTOS MENDEZ - Presidente

REVISÃO Editora e Livraria Ltda.

ARCY LOPES ESTRELLA - Consultor Jurídico
MARCELO CORADASSI EIRAS - Diretor de Informática
MURILO CESAR LUIS ALVES - Diretor de Finanças e Ação Social
FLÁVIO DE ANDRADE SILVA - Diretor de Estratégia e Informações

Caixa Postal n* 29.015
Rio de Janeiro - RJ
Cep. 20.542-970
Internet:
Correio Eletrônico: cedi@integralismo.org

DIA 7 DE OUTUBRO DE 2001
"DIA DO INTEGRALISTA"

O Integralismo Está de Volta!!

| Volta artigos 2001 |

© 1998-2001 By   -   - RS - Brasil

REVISÃO Editora e Livraria Ltda.

Na Era dos Falsos Profetas...

(Prof. Altair Reinehr - Lingüística e Membro do CPNH - Centro Nacional de Pesquisas Históricas.)

É sabido que a sociedade humana evolui constantemente. Mudanças nos hábitos e costumes - em consonância com as diferentes realidades sócio-político-econômico-geográfico-culturais - sempre foram, e continuaram sendo - uma constante ao longo da História.
Infelizmente, nem todas estas mudanças - "evoluções..." - foram para melhor. Nem sempre o bom senso e a lógica puderam marcar presença... Sempre houve Lideranças Humanizadoras, para o bem. E também sempre houve os que agiram em sentido contrário, constituindo-se em arautos da permissividade, do faz-de-contas, do vale-tudo, da impunidade e de "outros vícios...!". Autodenominam-se de progressistas e modernos. Afirmam que "tudo é relativo" e que "a era vitoriana" já era...! E quem não concorda com as suas "panacéias desvairadas", é rotulado de "conservador e retrógrado...!" (Que belezúria...!)
O que estes falsos profetas - "lobos em peles de ovelhas", como diz a Bíblia - precisam reaprender e compreender, é que existem princípios e valores éticos e morais, e, distinguí-los de "preconceitos" e de "tabus", de que tanto falam... Também devem entender que "ser conservador" não significa ser retrógrado, ou contra o progresso. E que "evolução" e "progresso" nunca foram - e jamais serão - sinônimos de "avacalhação dos costumes...!" É!
E assim, estão aí - à vista de todos - os cada vez mais atrevidos "grupos GLS...!!" (gays, lésbicas e simpatizantes). Da forma mais esdrúxula e desavergonhada, proclamam publicamente o seu homossexualismo, promovem passeatas e arruaças, "exigem direitos", querem a legalização do casamento entre eles, pois afirmam ser esta a sua "opção de vida" e não sei mais o quê...! E tudo com a maior "cara-de-pau" Aí, concluiu-se de que: só pode "passar vergonha" quem tem! E quem mais uma vez perdeu a vergonha, nada mais tem a perder...! É! (Se Virgílio ressuscitasse, com certeza tornaria a exclamar: "Oh Tempora, oh Morris...!").
O homossexualismo - em nome do bom senso - jamais pode ser considerado algo normal, ou plausível. Na mais branda das hipóteses, é um abominável desvio de comportamento. O fato de ele sempre ter existido não é motivo para aceitá-lo como "opção de vida", e muito menos, "legalizar o casamento entre pessoas do mesmo sexo!" Também sempre existiram: a corrupção, o roubo, a prostituição, o crime e similares. E a sua existência não justifica a sua legalização. Isto seria pôr em prática a "máxima" dos covardes e dos imbecis...
Oras, o sapato foi feito para o pé; a luva, para a mão e o chapéu para a cabeça...! Isto é correto e lógico. Assim também, mulher e homem foram feitos um para o outro...! E por que, então, querer inverter os

Criada em :
01 / Jun / 1999

Atualizada em:
14.12.2001

REVISÃO Editora e Livraria Ltda.

Na Era dos Falsos Profetas...

(Prof. Altair Reinehr - Lingüística e Membro do CPNH - Centro Nacional de Pesquisas Históricas.)

É sabido que a sociedade humana evolui constantemente. Mudanças nos hábitos e costumes - em consonância com as diferentes realidades sócio-político-econômico-geográfico-culturais - sempre foram, e continuaram sendo - uma constante ao longo da História.
Infelizmente, nem todas estas mudanças - "evoluções..." - foram para melhor. Nem sempre o bom senso e a lógica puderam marcar presença... Sempre houve Lideranças Humanizadoras, para o bem. E também sempre houve os que agiram em sentido contrário, constituindo-se em arautos da permissividade, do faz-de-contas, do vale-tudo, da impunidade e de "outros vícios...!". Autodenominam-se de progressistas e modernos. Afirmam que "tudo é relativo" e que "a era vitoriana" já era...! E quem não concorda com as suas "panacéias desvairadas", é rotulado de "conservador e retrógrado...!" (Que belezúria...!)

Criada em :
01 / Jun / 1999

Atualizada em:
14.12.2001

O que estes falsos profetas - "lobos em peles de ovelhas", como diz a Bíblia - precisam reaprender e compreender, é que existem princípios e valores éticos e morais, e, distinguí-los de "preconceitos" e de "tabus", de que tanto falam... Também devem entender que "ser conservador" não significa ser retrógrado, ou contra o progresso. E que "evolução" e "progresso" nunca foram - e jamais serão - sinônimos de "avacalhação dos costumes...!" É!
E assim, estão aí - à vista de todos - os cada vez mais atrevidos "grupos GLS...!!" (gays, lésbicas e simpatizantes). Da forma mais esdrúxula e desavergonhada, proclamam publicamente o seu homossexualismo, promovem passeatas e arruaças, "exigem direitos", querem a legalização do casamento entre eles, pois afirmam ser esta a sua "opção de vida" e não sei mais o quê...! E tudo com a maior "cara-de-pau" Aí, concluiu-se de que: só pode "passar vergonha" quem tem! E quem mais uma vez perdeu a vergonha, nada mais tem a perder...! É! (Se Virgílio ressuscitasse, com certeza tornaria a exclamar: "Oh Tempora, oh Morris...!").
O homossexualismo - em nome do bom senso - jamais pode ser considerado algo normal, ou plausível. Na mais branda das hipóteses, é um abominável desvio de comportamento. O fato de ele sempre ter existido não é motivo para aceitá-lo como "opção de vida", e muito menos, "legalizar o casamento entre pessoas do mesmo sexo!" Também sempre existiram: a corrupção, o roubo, a prostituição, o crime e similares. E a sua existência não justifica a sua legalização. Isto seria pôr em prática a "máxima" dos covardes e dos imbecis...
Oras, o sapato foi feito para o pé; a luva, para a mão e o chapéu para a cabeça...! Isto é correto e lógico. Assim também, mulher e homem foram feitos um para o outro...! E por que, então, querer inverter os

REVISÃO Editora e Livraria Ltda.

papéis na ordem sexual - "rebaixando seres humanos" - e contrariando as mais elementares leis da natureza...?!

Há ingênuos e simpatizantes - "que ainda não se decidiram..." - afirmando: "Ah, mas os 'veados' não afetam a mim, nem a minha família!" Ledo engano! Recuperar homossexuais é um louvável gesto de solidariedade humana. E as ciências, hoje, muito podem ajudar neste sentido. No entanto, apoiar o homossexualismo, é o cúmulo da safadice! É um desrespeito às pessoas normais e de boa índole e a própria natureza. E se os maus estão tomando conta - é porque os "bons..." estão entregando as rédeas! É!

O homossexualismo é antinatural e incompatível com os humanos. Nem os irracionais o praticam. Também o antievangélico, pois contraria as leis de Deus. (Gn, 2, 24: "Portanto, deixará o varão o seu pai e a sua mãe e unir-se-a à sua mulher e serão ambos uma carne.") Na primeira carta de Paulo aos Coríntios, 5, 10, lê-se: "Não erreis: nem os devassos, nem os idólatras, nem os adúlteros, nem os efeminados, nem os sodomitas, nem os ladrões, nem os avarentos, nem os bêbados, nem os maldizentes, nem os roubadores herdarão o Reino de Deus!" É preciso dizer mais...?!

Causa espécie quando "deputados e duputadas...", que na campanha eleitoral se enrolaram em "bandeiras de distintas pastorais" - hoje, como "legisladores..." - apóiam aquela macro-degeneradice, que é o casamento entre homossexuais. Para enganar a opinião pública, falam em "união civil entre pessoas do mesmo sexo" e citam a Holanda, Suécia, Alemanha e outros como exemplo.

Naqueles países, estes "bípedes..." casam com pomposos cerimoniais, alianças, adoção de sobrenome e outras tolas heresias. A Holanda, há tempos, já é o país do "vale-tudo" A Suécia dispensa comentários... E a Alemanha...?! Pobre Alemanha...!!!"

Os defensores desta "nova lei...", alegam que a "união civil" facilitaria a partilha de bens, heranças, quando do fortalecimento de uma das partes. Que piada de mau gosto!! Em todos os "países civilizados", existe a possibilidade do "testamento", cuja Lei poderia ser adaptada, para "neutralizar outros herdeiros...!" Isto seria muito simples, haja vista que nunca se brincou tanto com leis como hoje! "O Brasil é governado por 'medidas provisórias'...!!!" Defender este "pseudo-casamento" é um "hiper-escárnio", ainda mais, quando estes mesmos "arautos da irracionalidade" defendem o "não-casamento" entre homem e mulher, mas o insano e irresponsável "amor-livre...!" É!

Não apoio e nem voto em candidatos ligados aos "grupos GLS..." e similares! Muitos destes "legisladores" vociferam, em altos brados, contra a corrupção e em favor da "moral..." Oras, paulear os corruptos matérias e respaldar os corruptos morais, é mais do que um contra-senso; é o cúmulo da safadeza!" E mais: "quem não tem moral privada, jamais terá moral pública...!"

Grato pela publicação

Rua Santa Catarina, 120 - cp: 32 - tel (o**49) 664-0156 - 89874-000 - Maravilha/SC.

REVISÃO Editora e Livraria Ltda.

*Nossa Vitória na Segunda Guerra

Completamos 50 anos em que o povo brasileiro contribuiu com sangue e muitos sacrifícios para a vitória dos Aliados na Segunda Guerra Mundial. É uma vitória que está atravessada na garganta. Não pelo nosso fracasso nas armas, pois para orgulho do nosso povo, isto não aconteceu.

A Imprensa brasileira, reporta em 6 de maio de 1995, que o Presidente Fernando Henrique Cardoso, em sua visita a Inglaterra, discursou em recepção, feita pelo primeiro ministro inglês John Major, reivindicando um lugar para o Brasil no Conselho de Segurança da ONU, explicando que o Brasil foi um dos países mais sacrificados economicamente no Conflito e que não temos recebido nem retribuição econômica nem política por este sacrifício. Para relembrar nossos leitores este sacrifício, tiramos alguns flashes da conferência do coronel Germano Vidal, ex combatente da FEB, feita no auditório do Comando Militar Leste em 3 de maio de 1995, completados com nossos comentários.

Criada em :
01 / Jun / 1999

Atualizada em:
06.12.2001

Para dar consistência atual às cifras financeiras da época, multiplicamos o valor do dólar por 25. Esta correção foi concluída tendo em vista o valor aquisitivo do dólar na época e o valor aquisitivo atual. Um carro novo em 1946 custava 400 dólares e hoje, este mesmo tipo de carro custa mais de 10 mil dólares, ou seja 25 vezes mais.

Nossa Marinha Mercante perdeu mais de 1/3 de sua tonelagem bruta, ou seja 36 navios e 73% do Loide Brasileiro. Apesar destas perdas, o Brasil consentiu em alugar doze dos nossos navios aos americanos, pela quantia simbólica de 1 dólar cada e ainda se comprometeu a destinar os 21 restantes ao tráfego exclusivo entre portos brasileiros e americanos. Nossas perdas diretas, ao inimigo, com a Marinha Mercante foram de 3.7 bilhões de dólares, uma perda tão grande que até hoje não conseguimos nos recuperar.

Com a Guerra, nossos saldos, tanto nos EUA, como no Reino Unido, eram enormes, pois pouco ou nada nos deixavam importar. Toda a riqueza ficava com eles para o esforço de guerra.

A Inglaterra, além de segurar suas dívidas para com o Brasil, sem pagar nada de juros, ou do principal, ainda congelou em bancos ingleses 4,7 bilhões de dólares, sendo que metade correspondentes a saldos que tínhamos com nossas exportações, para Dinamarca, Espanha, Grécia, Holanda, Suécia e outros. Esta operação elevou o valor do títulos ingleses em 300% no após a Guerra, muitos destes títulos valorizados com nosso dinheiro foram depois repassados ao Brasil para pagar as dívidas inglesas. Para ter estes saldos, o Brasil teve que adiantar numerário aos exportadores brasileiros, sendo forçado a emitir, um financiamento que cresciam, na medida que apertava a guerra submarina. Isto ocasionou a inflação e enorme sacrifício para o povo brasileiro.

Durante a Guerra nossos sacrifícios foram enormes; no após Guerra eles cresceram. Depois da vitória, os Três Grandes, acordaram em Potsdam que a Alemanha deveria recompor todos os danos sofridos e causados às Nações Unidas.

REVISÃO Editora e Livraria Ltda.

A primeira consideração que merece destaque é que o Brasil foi o único país que, tendo participado efetivamente da luta armada, não foi convocado para a Conferência de Reparações de Paris.

A segunda consideração é que a maneira indicada, nesta conferência, para o Brasil ressarcir-se dos prejuízos da Guerra, não atendia aos nossos interesses, isto é de apoderar-se de bens de imigrantes italianos e alemães que viviam no Brasil, uma vez que os bens de cidadãos de qualquer nacionalidade que moram efetivamente no Brasil, já são patrimônio do Brasil e seu arresto contraria o direito brasileiro e internacional.

A terceira consideração é que, como aliado o Brasil assinou o acordo de criação do Banco Mundial, com a cota de 25 bilhões de dólares, pois o Brasil tinha grandes saldos congelados na América. Este foi o valor corrigido atual, pois o valor da época pelos Estados Unidos, que rompeu a paridade do dólar com o ouro, provocou a galopante desvalorização de nossa cota em 25 vezes do seu valor real. Paralelo a isto os EUA recompunham continuamente sua cota com subscrição de dólar papel, que emitiam por sua única vontade. Assim nos morderam em 24 bilhões de dólares, sem considerar os juros, pois se o considerássemos, mesmo a 4% a.a, esta mordida atingiria a 120 bilhões de dólares. Entretanto, se considerássemos a taxa de 20% a.a (como eles nos emprestaram) o total da mordida seria de 227 trilhões de dólares. Este número que parece uma fantasia, segue exatamente o cálculo da fórmula de juros compostos, a mesma que usam para calcular a nossa Dívida Externa. O leitor mesmo poderá recalcular isto. O valor em bilhões de dólares é:

25 x 1.20 x expo 50 = 227 510 bilhões ou 227 trilhões

Os países da Europa foram mais infelizes que nós, pois nada sub escreveram ao Banco Mundial, pois não tinham saldos. Pelo contrário eram devedores. A França 6,2 bilhões de dólares, a Holanda 5,5 bilhões e outros importâncias menores.

A quarta consideração é que o Brasil foi prejudicado com a criação do FMI, que se arvorou em tutor de finanças mundiais, onde os EUA bloquearam a idéia original de fazer uma câmara de compensação do comércio mundial, tendo por referência financeira o padrão ouro. Em lugar do padrão ouro colocaram o dólar e no lugar da câmara de compensação colocaram o FMI. Assim todos os países para comerciar têm de ter saldos em dólar. Isto beneficiou tremendamente os EUA e os banqueiros americanos e explodiu as taxas de juros, que chegaram ao patamar de até 25% a.a. Isto provocou total endividamento do Brasil e uma quantidade enorme de dólares flutuando pelo mundo, fazendo agiotagem e interferindo na economia dos países. Este total especulativo, já atinge a fabulosa cifra de 150 trilhões de dólares. É um dinheiro sem lastro, puro papel pintado, pois todo o ouro do mundo não é nem 1/10 deste valor.

A quinta consideração é que o esfacelamento da Alemanha prejudicou o comércio do Brasil com a Alemanha e outros países cuja importação entrava por portos da Alemanha. Outro agravante é que a União Soviética tutorou e restringiu o comércio dos países da Europa Oriental com o Brasil e o que nos compraram deram problemas de pagamento.

Quando acabou a Guerra, o Governo Vargas, em sua portaria número 7 de 1945, procurou controlar nossos gigantescos saldos,

REVISÃO Editora e Livraria Ltda.

para que fossem usados também na recomposição do nosso parque industrial e nossa marinha mercante, que estavam sucateados pela Guerra. Isto foi postergado, com a deposição de Vargas, sob a alegação que intervinha na liberdade de comércio.

Terminada a Guerra, nos julgávamos vencedores, pela força de nossas armas, na realidade, em breve estaríamos pior que os vencidos.

Caso a ONU não se modifique, ou não faça as reformas necessárias e atenda nossas reivindicações, só resta ao Brasil retirar-se da ONU, pois será uma posição mais digna do que bancar a vaca de presépio.

Nossa atuação na Onu deve privilegiar nossos interesses e a paz mundial e não fazer a guerra para interesses outros, como mandar batalhões para Angola, ao custo de 100 mil dólares por ano por soldado, enquanto 40 milhões de brasileiros vivem na mais absoluta miséria.

*Aldo Alvim
Tenente Coronel da Aeronáutica
Lic. em Física
Publicou descobertas em revistas científicas do Brasil, EUA, Europa e Ásia.

| Volta artigos 2001 |

© 1998-2001 By - - RS - Brasil

REVISÃO Editora e Livraria Ltda.

Criada em :
01 / Jun / 1999

Atualizada em:
14.12.2001

MOVIMENTO NOVA INCONFEDÊNCIA - Manifesto

Companheiros,

Tive a oportunidade de assistir no auditório do CREA ontem a brilhantes palestras do brigadeiro Ivan Frota e do cientista social Bautista Vida. Através dessas palestras compreendi que os partidos políticos brasileiros não levarão o país a lugar algum, e que somente uma mobilização nacional, nacionalista, patriótica, será capaz de reconduzir este País ao seu verdadeiro destino de potência mundial.

A morte de Tiradentes não foi o fim de uma luta de libertação; ao contrário: foi o início, e cabe a nós, brasileiros honrados, retomar sua bandeira e seguir em frente até a vitória final, mesmo que isto nos custe o sacrifício da própria vida.

Ontem tive a oportunidade de conversar pessoalmente com o brigadeiro Ivan Frota, e solicitei minha inscrição no Movimento Nova Inconfidência.

Segue, para o conhecimento de vocês, o manifesto do movimento e endereço na internet.

Abraços,

José Gil de Almeida

MOVIMENTO NOVA INCONFIDÊNCIA
A Nação Brasileira não suporta mais as agressões que vem sofrendo continuamente, tais como: a dependência econômica externa, a aniquilação do patrimônio público, a corrupção e desmoralização de graduados membros do Executivo, Judiciário e Legislativo. Mais recentemente, convivemos com a gravíssima e patética figura do "apagão", que se torna o símbolo do desleixo, da incompetência e, sobretudo, da irresponsabilidade administrativa do governo Fernando Henrique Cardoso.

Por outro lado, as evidências de suborno, chantagem, de abuso de autoridade e manipulação casuística dos cargos públicos por seus dirigentes (inclusive pelo Presidente da República), não permitem que prosperem imediatas providências de investigação e saneamento

REVISÃO Editora e Livraria Ltda.

de tais crimes, pelo que ainda resta de dignidade no universo político brasileiro.

O saudoso Barbosa Lima Sobrinho classificou de Partido de Tiradentes aqueles que estão dispostos a dar a própria vida em defesa da Pátria. E de Partido de Joaquim Silvério dos Reis aqueles que entregam a própria Pátria em defesa de sua boa vida (partidos simbólicos e não formais).

Neste perigoso cenário, de iminência de perda do controle institucional pelos Poderes da República, ouve-se o grito desesperado da Pátria que pede socorro...

Compete, pois, ao povo, em cada lar, despindo-se de eventuais divergências pessoais e, independente de origem, condição, credo ou ideologia, tomado do mais puro sentimento de Pátria, mobilizar-se nacionalmente, em nome deste Partido de Tiradentes, e construir o movimento da NOVA INCONFIDÊNCIA.

Tal campanha pretende alcançar uma competente força política capaz de estancar o atual processo de desagregação do Estado Brasileiro e formular um Projeto Político Nacional, tendo como síntese os parâmetros Pátria, Honra e Trabalho.

PÁTRIA - Soberania e Nacionalismo

HONRA – Altivez e Dignidade nacionais

TRABALHO – Direito Social supremo e Independência econômica

Cidadão e cidadã, inscreva-se agora neste patriótico movimento, comunicando seu nome, telefone e endereço para:

Telefone (0xx31) 3201-3396 – Caixa postal 1402 – CEP 3-120-970 – Belo Horizonte – MG

E-mail: novainconfidencia@yahoo.com.br

Visite o site
A PÁTRIA PEDE SOCORRO!

|Voltar para: Índice artigos| Artigos 2001 1ºSem | Artigos 2001 2º Sem |

http://www.revision.com.br/artigos2001_2s/nova_incont.asp   27/01/02

REVISÃO Editora e Livraria Ltda.   Página 1 de 2

CARECAS DO BRASIL

Tá legal, se você chegou a acreditar que as únicas coisas que Ribeirão Preto tem a oferecer são danceterias para mauricinhos e patricinhas cabeças ocas, se enganou. Os Carecas do Brasil chegaram!

Nós somos a nata da juventude operária, e estamos espalhados pelos quatro cantos do Brasil. Estamos preocupados com o Futuro do Brasil e por isso não apoiamos organizações ou partidos políticos que tenham o objetivo de dividir e manipular o povo brasileiro conforme os seus interesses. A nossa Pátria, não poderá sobrevivier se continuar retalhada pelos interesses particulares de políticos, grupos, luta de classes, sociedades secretas, etc.

O Brasil somente alcançará a verdadeira "Ordem e Progresso", se estiver unido e indivisível. A imprensa apátrida e os políticos ordinários tentam de todas as formas nos caluniar e combater, porque estão conscientes de que não toleraremos as traições cometidas contra o povo brasileiro, que eles tanto insistem em ocultar. Nós somos os únicos que ainda cultuam e respeitam os Símbolos Nacionais e os Grandes Heróis do Brasiil.

Criada em :
01 / Jun / 1999

Atualizada em:
06.12.2001

Somos contra o racismo. Não perseguimos e não discriminamos as pessoas de raça negra ou nordestinos, como a imprensa tenta convencer e continua a insistir. Um exemplo de anti-racismo é a nossa própria cultura negra jamaicana com a cultura da classe trabalhadora inglêsa. Quem nos acusa de ser "racistas", não conhece nada sobre nossa cultura e pensamentos. Somos contra o consumo de drogas e defendemos um severo combate as narcotráfico.

Não damos crédito aos boyzinhos e modistas, porque é necessário muito mais que pose e visual para ser um autêntico rebelde. Nós temos o nosso próprio visual rude e agressivo. Nossa música é patriótica, orgulhosa e barulhenta. Quem canta a realidade das ruas somos nós. Não existem tribos rivais que se atrevam nos enfrentar ou não tremam ao ouvir o barulho das nossas botas se aproximando. A nossa causa é a NAÇÃO e não recuaremos diante do perigo. Ainda somos poucos, mas não somos covardes igual ao restante da juventude, que aceita a destruição dos valores essenciais que sustentam uma Nação forte e sadia. Os traidores da nossa Pátria ainda sentirão o peso das nossas botas!

Venha, junte-se a nós. Faça parte de um autêntico movimento de rua em defesa do Brasil.

Carecas do Brasil
Caixa postal, 258
14001-970 - Ribeirão Preto -SP

(O presente Manifesto foi entregue ao jornal "Ação Nacional" e publicado, como Informe Publicitário, no número 9/Ano II, em dezº 2000).

SOBRE O LIVRO

Formato: 16 x 23 cm
Mancha: 27,7 x 44,9 paicas
Tipologia: Horley Old Style 10,5/14
Papel: Offset 75 g/m^2 (miolo)
Cartão Supremo 250 g/m^2 (capa)
1ª edição: 2006

EQUIPE DE REALIZAÇÃO

Coordenação Geral
Marcos Keith Takahashi